初めてでもピタッと決まる！

笹島式 らくワザ着付け術

監修 笹島寿美

はじめに

着物の着付けや帯結びに魅せられてから、一日として着物のことを考えない日はありませんでした。着物を知れば知るほどに、次から次へと疑問が生じてきたからです。

「なぜ日本人は数百年という長い年月、この形の着物を着続けてきたのだろうか。なぜ長い帯を巻き続けてきたのだろうか？」

「なぜ着物の反物の幅は、約一尺（約38㎝）なのか」

「なぜ着物の生地は縮緬《ちりめん》地なのだろうか」

「なぜ着物は、直線でできているのだろうか」

そうした疑問の数々が、この道を歩き続ける出発点になったといえましょう。まさに疑問は夢の始まりでした。見えないもの、わからないものを追い続けてきたのです。

人はいつの世も、生活の中でらくにできることを求めます。「すぐ」「簡単」「短時間」「便利」などです。しかし、和服はこれらからはほど遠いイメージがあります。

私の母は92歳までほぼ毎日を着物で過ごし（盛夏の何日かは簡易服ですが）、下着は着物式を身に着け、生涯を送りました。「腰ひもはすごいね。これで着物がらくに着られて身体がしゃんとする」が口癖でした。それを聞いていた私の中には、新しい疑問が生まれました。

「腰ひも」とは？　なぜ「腰」のひもなのか？

茶毘に付された華奢《きゃしゃ》な母の骨姿は、私に「骨格着付け」の着想を啓示してくれました。長年追究してきた着付けの疑問、着物や帯が受け継がれてきた理由、日本文化の真髄などが、おかげさまで私なりに納得でき、「骨格着付け」が生まれたのです。

そして私も80代を迎え、身体の変化を感じるようになりました。指の力が衰えて帯を持つのがつらくなったり、目や手先が行き届かないところも出てきました。しかしこれらが逆に面白く思え、再び着付けを深く見直し、より納得がいく細部にわたるコツが見えるようになりました。老いと進化がどう関係するのかわかりませんが、現在の私の視点は、これから着物にチャレンジする初心者の方々にも近いようです。

このたび「笹島式骨格着付け」の究極のコツをお伝えしたいと思い、本書を出版する運びとなりました。着物を始めたばかりの方から着物ファンの方まで、皆さまのお役に立つことを確信しております。


着装コーディネーター、帯文化研究家　笹島寿美

初めてでもピタッと決まる！ 笹島式 らくワザ着付け術

目次

笹島note 1

着付けの原動力は、新しい自分に出会える喜び

この半世紀に社会は大きく変動し、人々の感性や習慣も変化しました。日本文化の影が薄らぎ、和服業界もその渦中に飲み込まれましたが、チャンスがあれば着物を着てみたいという人は多く、日本人の着物DNAはまだしっかりと息づいていると感じます。着物を着る魅力は、その日一番の新鮮な自分、「今日の私」に出会えること。着物通でも初心者でも、その喜びや興奮、緊張感は同じようです。

着物の着付けは、スポーツのように身体で学びます。肩や腕、指先を使う着付けは脳を刺激し、身体の機能を円滑にします。正しい位置に結んだ腰ひもは、上半身を支え、姿勢をよくします。また着物や帯の持ち方や着付けの順番を考え、ひもと骨格の関係など身体の構造を知ることも、着付けを助ける大きなヒントになります。着る人それぞれの自然体の美を表し、身体と心、そして着物が喜ぶ着付けを目指すのが「笹島式骨格着付け」なのです。

凡例

＊この本では、着付けのコツをさまざまなページで紹介しています。
関連する項目を以下のマークで表していますので、合わせて参照ください。

らくワザ(P14-23)
着付け全体を通して知っておきたいコツ

決めワザ(各章)
各章ごとに紹介する、
より細部にわたる着付けのコツ

別項目における参照ページ

帯締めの結び方｜P91-92

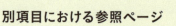

第1章

らくワザの基本とポイント

らくワザを身に付けるための

着物の基本 1

着物とは、人間の骨格に沿って、装う衣服です

着物のつくりを見てください。約一尺幅（約38㎝）の反物を使い、背縫いを中心に左右同じ形につくられています。前後の身頃を脇で縫い合わせ、胸を覆うように衿が斜めに付けられています。これは背と足が身体全体を支え、生命活動の要《かなめ》となる臓器を肋骨が守るという人体の骨格そのもの。また着物は身体をピタリと包むように着付けます。もう一枚、皮膚を重ねるような感覚です。骨格に沿った着付けは、着物の力を最大限に引き出す、とても理にかなった方法であることがわかります。

人間の骨格は、太っていても痩せていても、形に変わりはありません。「骨格着付け」も体型や年齢に関係なく、基本はたった一つの方法。シンプルながら、どんな人の悩みも解決できる万能さを備えています。

一枚の布のような着物ですが、正しく着付けると各部分が異なる役割を果たし、優れた衣服であることがわかります。着物のつくりや機能を理解することも、着付け上手になる早道です。

着物は、上半身は胸やおなかを保護し、下半身は腰から上を支える。腰から下は骨格に合わせて、裾までの大きな布が多様な美しい表情を見せる。

着物は **骨格に従う**

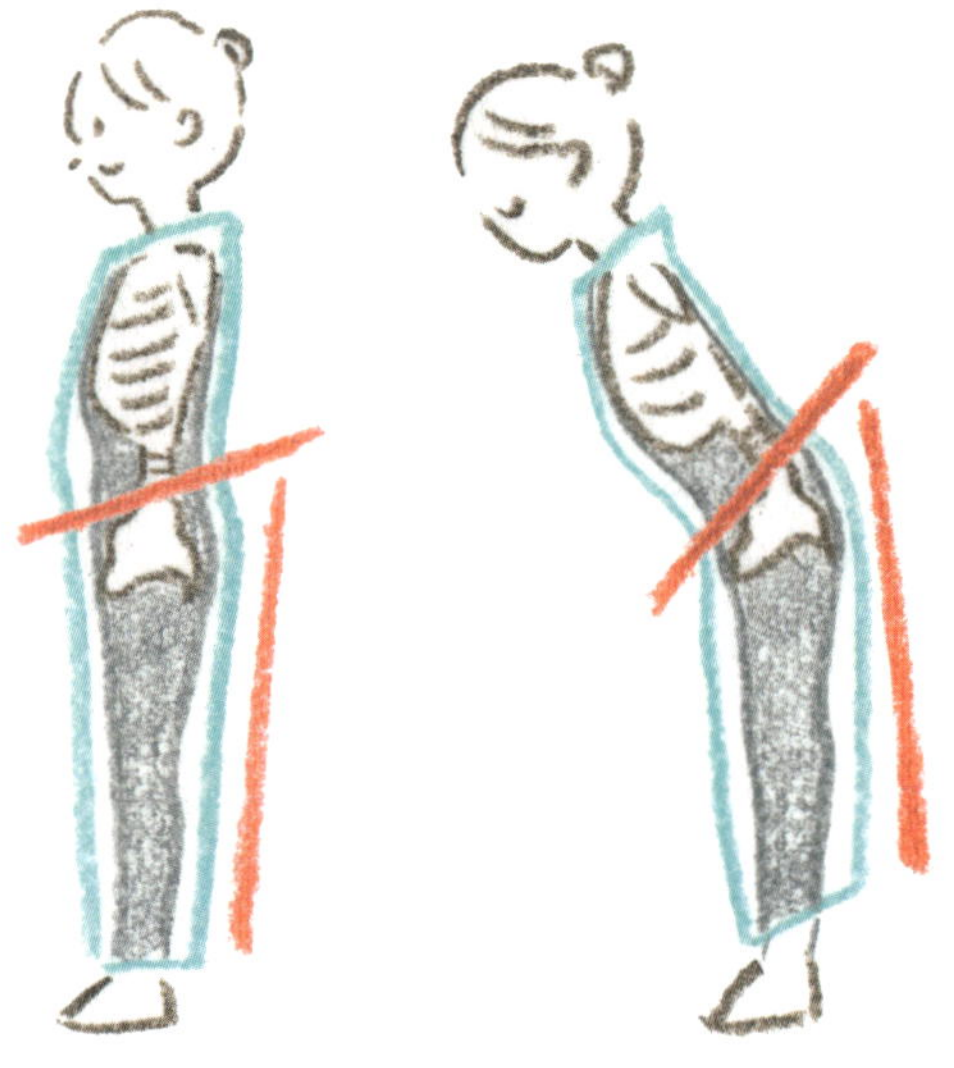

身体をサポートする、着物の役割

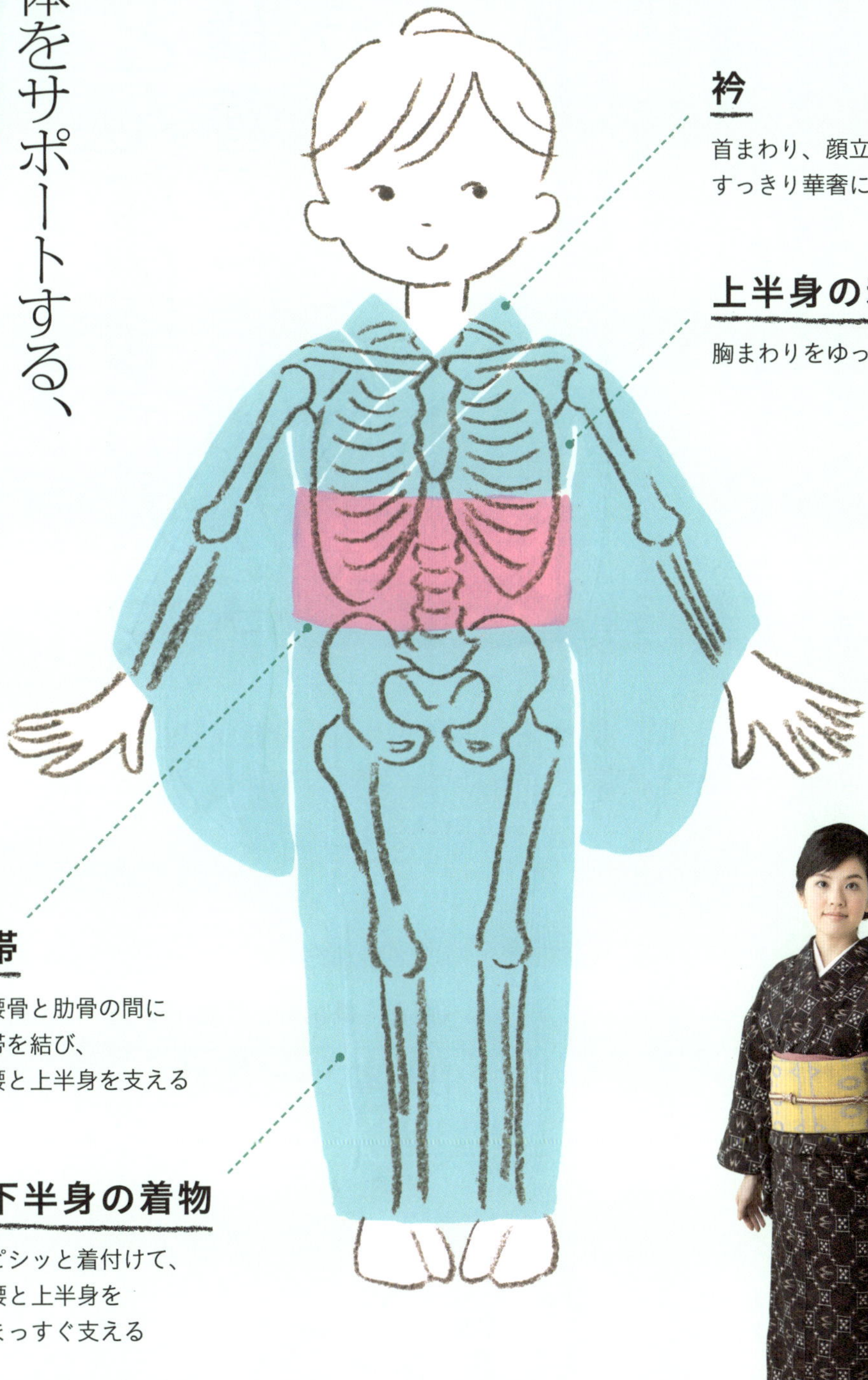

衿
首まわり、顔立ちを
すっきり華奢に見せる
上半身の着物
胸まわりをゆったり包む
帯
腰骨と肋骨の間に
帯を結び、
腰と上半身を支える
下半身の着物
ピシッと着付けて、
腰と上半身を
まっすぐ支える

らくワザを身に付けるための

着物の基本 2

どんな体型の人も、華奢でたおやかなラインになります

私たちが親しんでいる洋服は、最初から形や見え方がデザインされていて、着る人の年齢や体型、好みによって着たいもの、似合うものがある程度決まってきます。着物は洋服と異なり、大きく柔らかい布をどのように着付けて表現するかは、着る人次第で変わります。体型や年齢を問わず、その人が持つ美しさを引き出せるのが、着物の面白いところです。

また着物は身体に密着させて着るので、太っているから、肩幅があるからと苦手に思う人もいますが、「骨格着付け」では、さほど問題にはなりません。なぜなら人間の骨格は、年齢や体型が違っても同じだからです。

女性の身体特有の美しいラインは、この骨格から発しています。太っていても痩せていても、骨格に沿った着付けを正しく行うだけで、華奢なラインが生まれ、たおやかな着姿が現れてきます。

長襦袢の着付けから美しいたおやかなライン

長襦袢は着姿を決める土台。首から肩、背にかけてのラインも、長襦袢の段階でしっかり整えておく。

〈肌着・長襦袢・着物・帯〉を

身体と一体化 させる

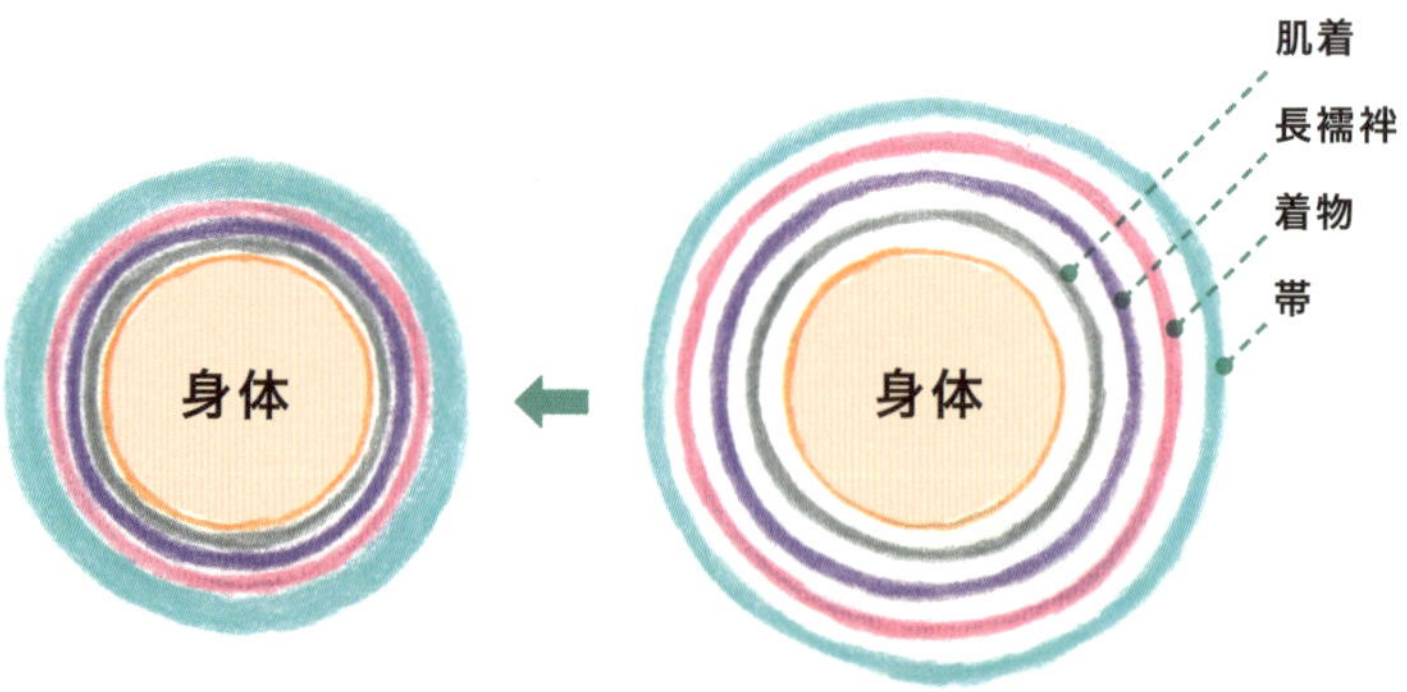

帯の一巻き目は静かに締めて、肌着、補整具、長襦袢、着物全体の隙間をなくし、二巻目で完全に密着させることで身体と一体化させる。帯はその最後の仕上げ。

着物を身体にフィットさせて、
帯が全体をまとめます

らくワザを身に付けるための

着物の基本 3

布目の力が、着物を生き生きと見せてくれます

着物の反物幅は約一尺(約38㎝)、これを直線的に縫い合わせると、身体の幅となり、袖となり、着物の形ができ上がります。衿の一部以外は直線のつくりで、いわば大きな一枚の布です。これを腰ひも一本で結び留めるだけで身体を支える、優れた衣服となります。長い間受け継がれてきたのは、生地と縫製の特徴に理由があります。

布目とは、布地の経糸《たていと》・緯糸《よこいと》の織り目のこと。一般的な着物の生地は洋服地と異なり、緯糸に撚《よ》りをかけた糸を用い、斜め方向の伸縮性に富んでいます。そのため、身体の動きに応じて生地が湾曲したり伸縮したりし、美しいドレープが現れます。また直立すると、布目が戻って整います。かかる力は縫い合わせの部分に集中し、そこから抜けるので生地への負担も減ります。着物の美しさは、動きにあるといっても過言ではありません。布目の力を生かすには、骨盤の上で腰ひもを締めるなど、生地の支点をしっかりキープすること、着付けの動作で布目を崩さないことです。

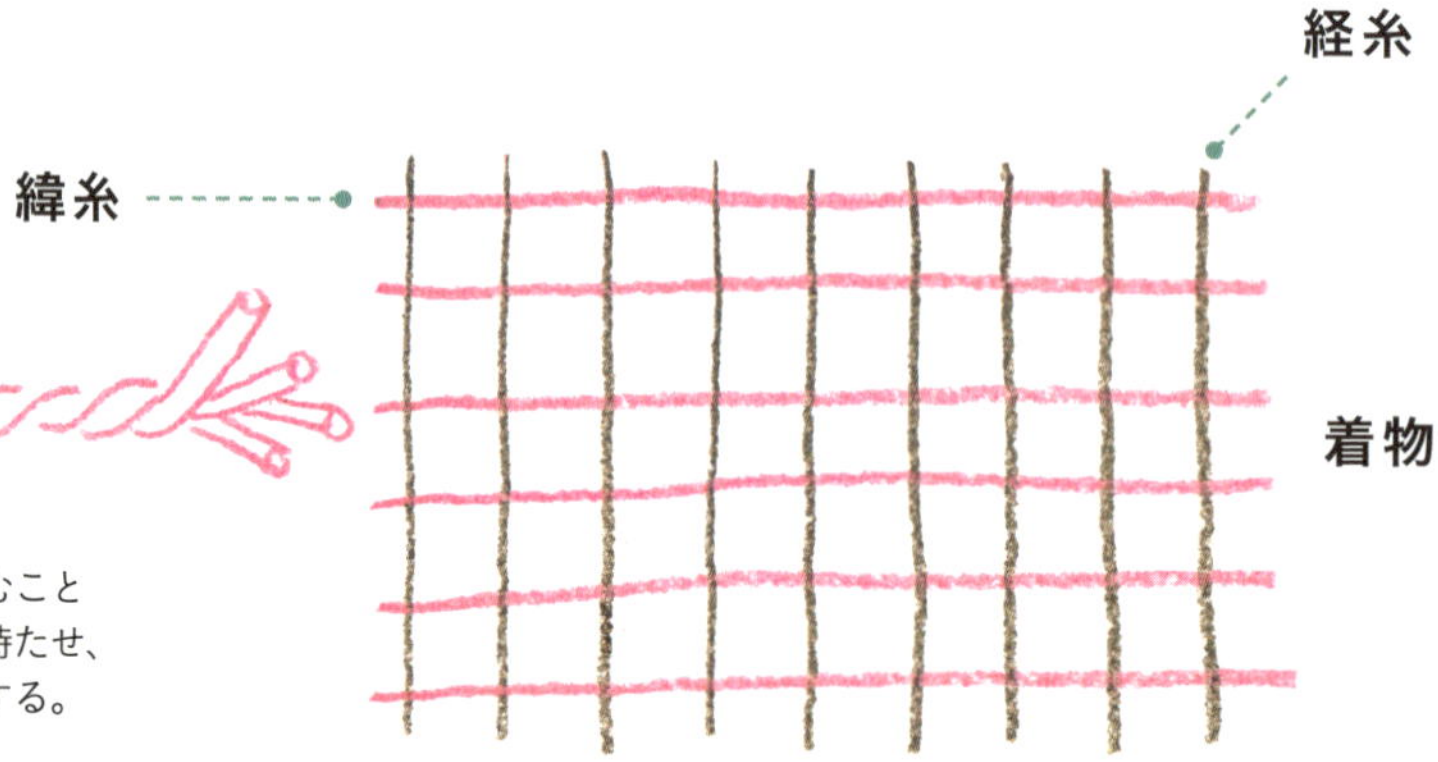

着物地の **布目**

撚りをかけた糸

撚糸《ねんし》を緯糸として織り込むことで、斜め方向に伸縮性を持たせ、身体の多様な動きに対応する。

戻るとき

直立すると、布目がすっと元に戻り、整う。

動くとき

動作に合わせて布目が裾まで斜めの方向に動き、生地にかかる力は脇縫いから抜ける。

動きに応じて、生地が湾曲・伸縮し、
かかる力を縫い目が逃がします

初心者でも**ピタッ**と決まる

らくワザポイント 1

指を伸ばして着物を持ち、布目を正しく保つ

人差し指だけを衿の裏側に出し、残りの指で挟んで持つ。これで裾の長さを決め、上前・下前を合わせる。

✖ NG

握るように持つと、布目が乱れ、整わない

衿先を握って持つと、全体の布目が大きく乱れる。生地の面を意識して、全体を運ぶように動かす。

らくワザ 1

手のひらを身体に向けてピタッと着付けます

一枚布のような着物を上手に着付けるには、持ち方が重要なポイントになります。私たちは物を握って持つことが多いですが、平面の柔らかな布を握ると、いろいろな方向にしわができ、布目が崩れます。この持ち方で裾合わせをすると、上前と下前は布目が乱れた状態で固定され、着付けた後、どんなにしわをのばしても布目は生きず、美しい着姿になりません。

着付けでは手のひらを身体に向け、指を伸ばして挟む持ち方が基本です。ある一点を持ち、動かすことはほとんどありません。生地の面に沿って持ち、全体を運ぶといった動作が中心です。

指を伸ばして衿を挟んで持ち、手のひらを身体に向けて上前全体を脇に運ぶ。上前の生地が、垂直にきれいに落ちている。

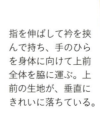

背中では手の甲を
身体に向けます

親指と残りの指で
両衿を挟んで持ちます

帯あげも垂直に
布目を整えます

帯の布目を保って
着物に合わせます

初心者でもピタッと決まる

らくワザポイント 2

腰ひもは骨盤の上で前下がりに結ぶ

腰ひもは後ろの第４腰椎《ようつい》あたりで交差させ、じわーっと締める。腰に手を当てお辞儀をすると、上下に大きく動く骨が第４腰椎。

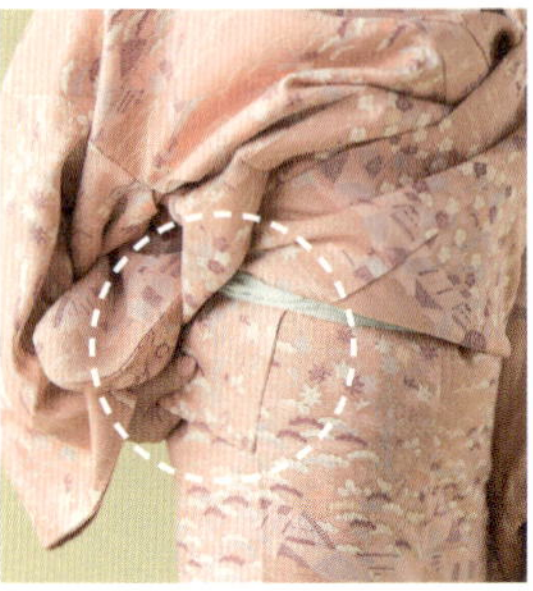

腰ひもが衿先を固定し、上前をしっかりキープ

腰ひもを結んだ後に、衿先を整える。衿先がひもの上に出たり布目が崩れていると、上前が動いて安定せず、しわができる。

らくワザ 2

ひもは骨格に合わせてじわーっと結ぶ

長時間、身体に負担なく美しい着姿を保つためには、ひもや帯の正しい位置、締め方をマスターする必要があります。

着付けのひもと帯は、弾力のあるおなかの周辺に集中していますが、役割によって結ぶ場所が異なります。たとえば腰ひもは最も安定のよい骨盤の上を通し、腰骨左右の突起部分で結び留めます。「締める」というと「強く」「ぎゅっと」締める人が多いですが、着付けでは肌着や長襦袢、着物の間にできた隙間をなくし、身体に密着させることが目的です。「じわーっと」徐々に圧縮するつもりで結びます。

肋骨を締め付けない伊達締めの後ろＸがけ

肋骨を圧迫して苦しくならないように、後ろは大きく交差させ、左右を下ろして前にまわす。

着付けのひも、帯の位置、結び方の図解

胸ひも

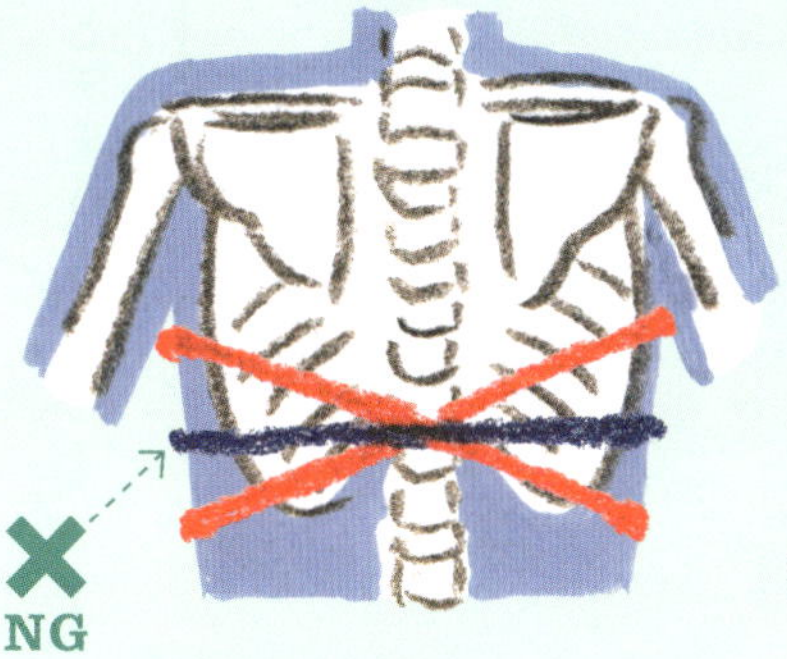

背はXがけで肋骨を圧迫しない

肋骨を締めすぎないように後ろで交差させ、前はひもが重ならないように上下にずらして締める。

帯締め

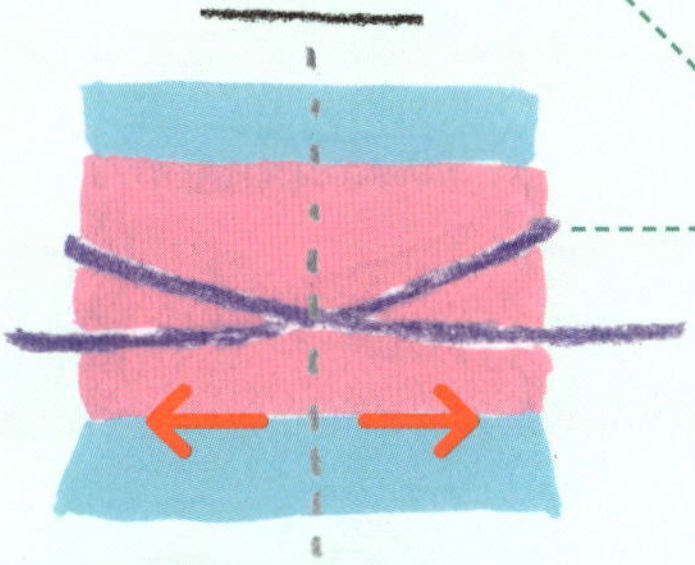

結ぶ前に交差させ、左右に締める

後ろは第４腰椎を通り、前は帯幅の中央になるように締める。少し前上がりのラインとなる。

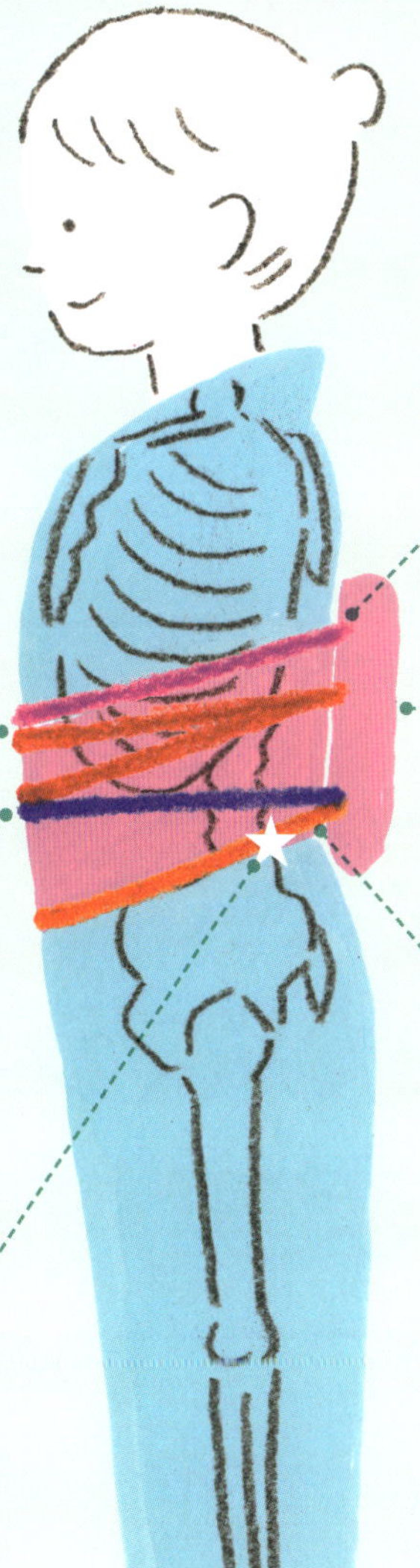

帯枕のひも

帯の上端で結び、おさめる

帯の上端に沿って、前下がりに結ぶ。

帯

腰骨と肋骨の間に結ぶ

前下がりに付いた腰骨の上側に帯を巻く。上半身を支え、腰椎にかかる負担を帯がサポート。

第４腰椎

お辞儀をしたとき大きく動く腰の骨

5つある腰椎のうち、下から2つ目の骨。腰に手を当て、お辞儀をしたときに大きく上下する部分。

腰ひも

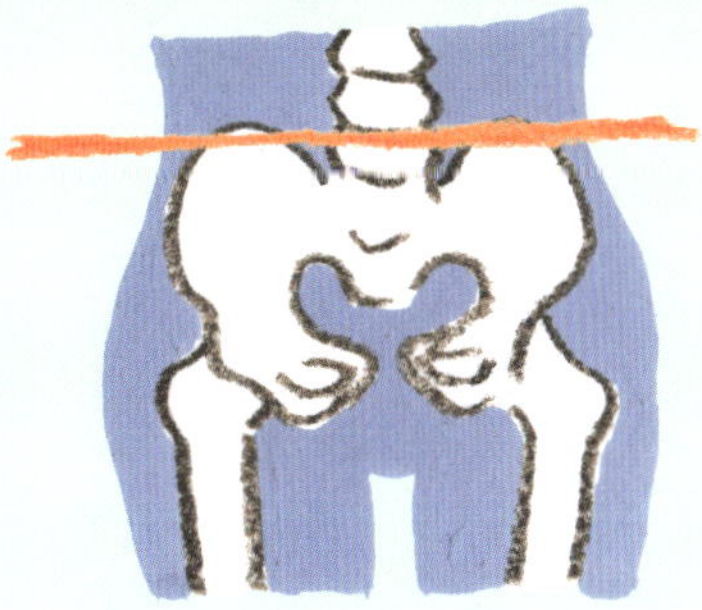

左右の骨盤の突起上で結ぶ

おへその下から骨盤の上を通り、後ろが第４腰椎を通るように結ぶ。

初心者でもピタッと決まる

らくワザポイント 3

らくワザ 3

空気抜きでたおやかなラインをつくります

空気抜きは、しわを取るだけでなく、着物や長襦袢、肌着の間に入り込んだ空気を抜き、身体にピタリと密着させるワザです。

たおやかなラインの土台づくりは、長襦袢の上半身にあります。衿まわりや肩、胸、胴は凹凸が激しく、隙間ができやすい部分。長襦袢を羽織り、衿合わせをしただけでは、生地が身体に馴染んでいません。胸ひもを締める前後に、背や脇の縫い合わせの部分をゆっくり静かに引き下げ、隙間の空気を外へ逃がします。長襦袢がピタッと身体に付き、ふっと軽くなる感覚を得たら、空気抜きが完成したサインです。

長襦袢の両脇には背中から寄せたしわなども重なり、隙間が多い。2回に分けて静かに引き下げる。

着物も長襦袢と同様に空気抜きで仕上げる

着物も長襦袢との間に隙間が生じるので、空気抜きをする。引き下げる場所は、おはしょりの背縫い、脇縫い。

首から肩にかけてのたおやかなラインが美しい

着物と長襦袢が身体に沿い、骨格由来のラインが美しく現れた着姿。柔らかい着物なので華奢な印象に。

空気抜きの方法

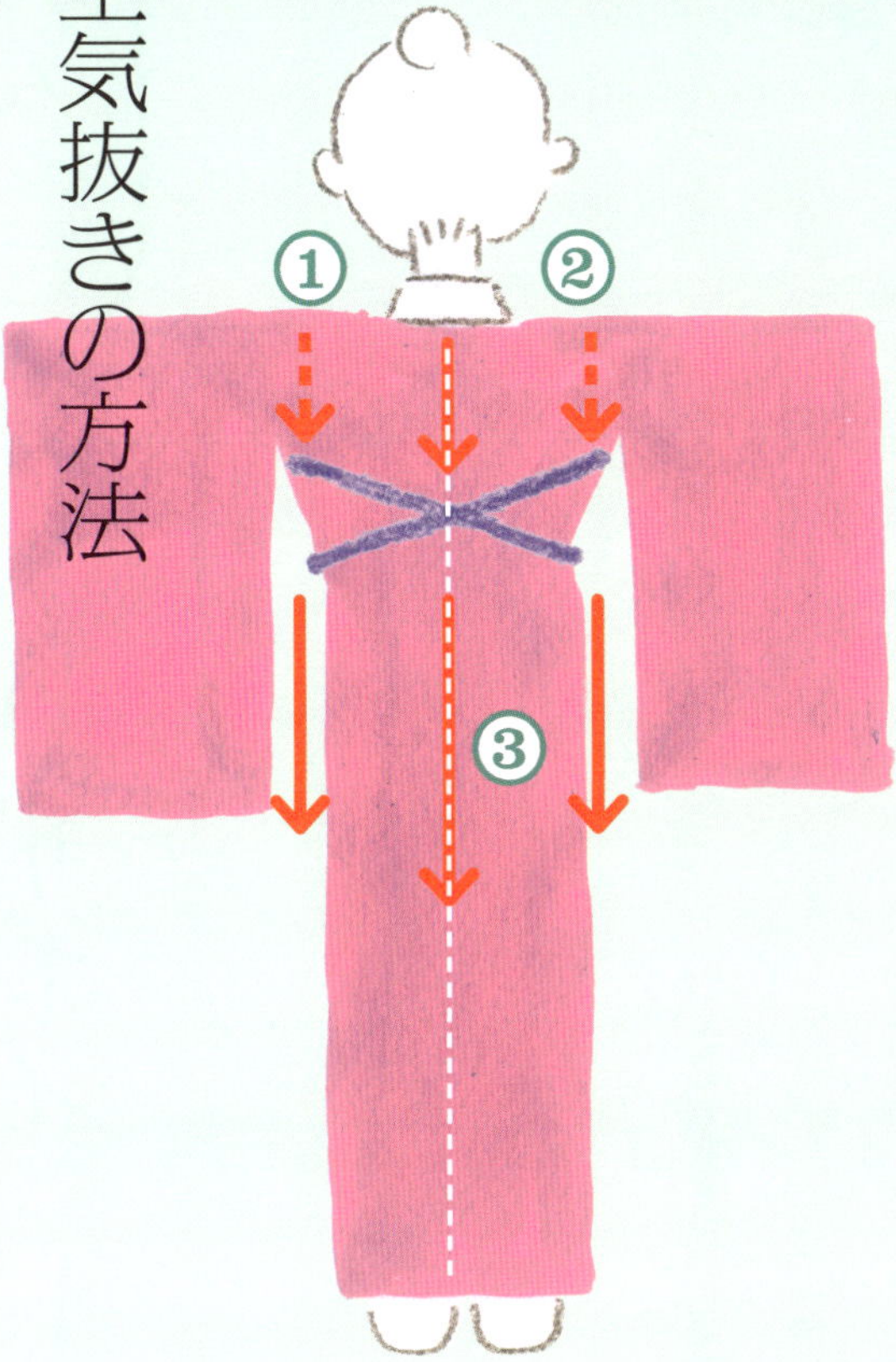

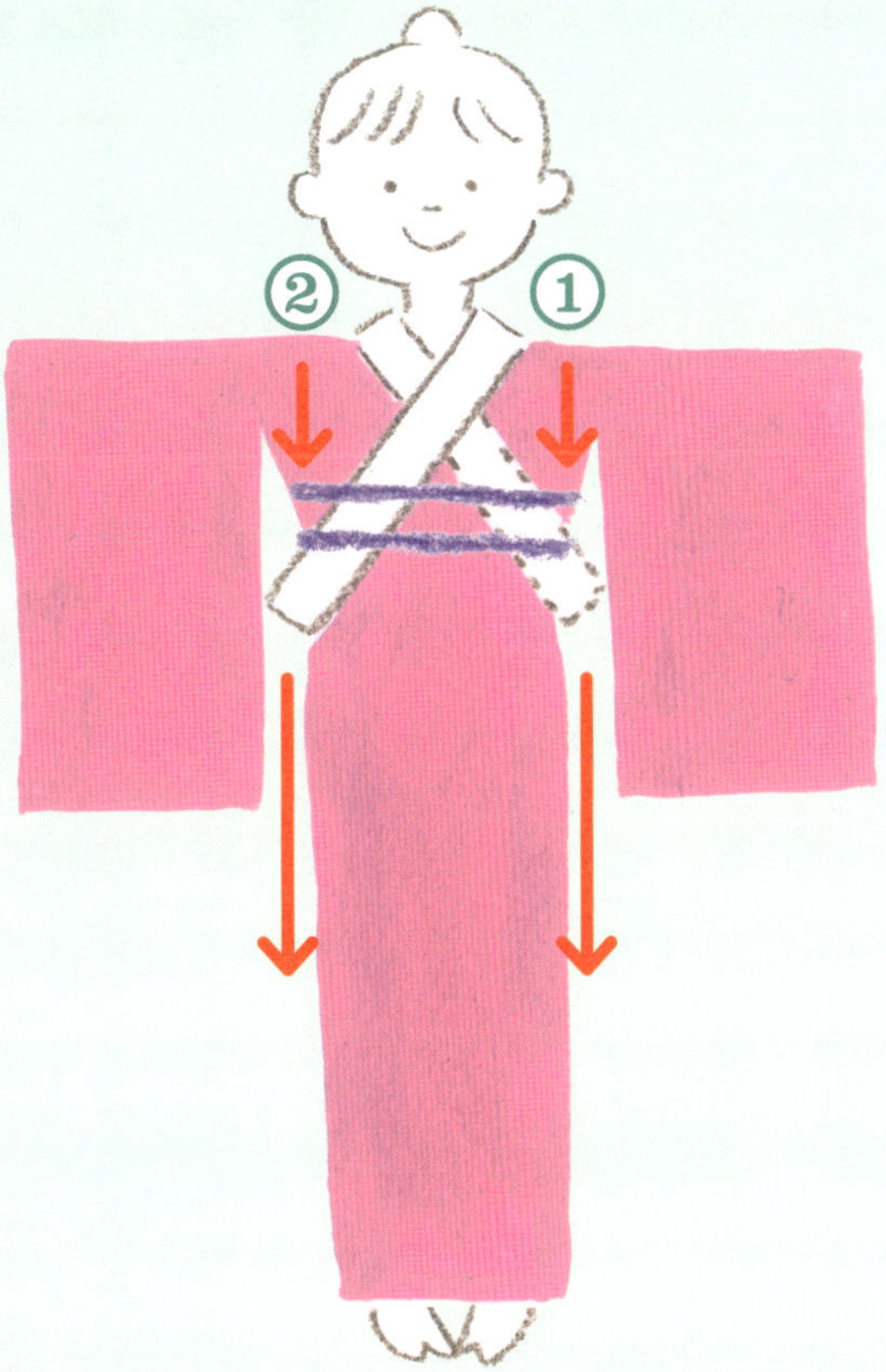

① 左脇縫い

伊達締めを右手で押さえ、ウエストあたりの左脇縫いを握る。真下に20cmほど2回に分けて引き下げる。

② 右脇縫い

左手の手のひらで伊達締めを押さえ、右脇縫いを引き下げる。引き下げた布で腰下が膨らむがそのままに。

③ 背

背縫いをつまみ、静かに引き下げる。衣紋を確認する。①〜③はトイレなどでのお直しのときにも同様に。

初心者でもピタッと決まる

らくワザポイント 4

のどのくぼみのあたりで衿合わせをし、半衿は控えめに出して上品な着姿に。胸ひもの位置までは角度を保ち、布目を通して美しい衿の表情に。

らくワザ4 着崩れ知らずの美しい衿合わせ術

衿まわりの表情を決めるのは、ここでも長襦袢です。バストの上で衿を両手で深く持ち、のどのくぼみを目安に衿の内側ラインを合わせ、角度を決めます。この動作は身体から長襦袢を離して行い、衣紋が詰まるのを防ぎます。

衿合わせの角度を保つ決めどころ、衿の終点はウエストの上あたり、胸ひもが通るところです。衿の端を持ちながら手をこの位置まで下げ、しっかり決めます。ここをおろそかにすると衿が不安定になるので、ていねいに行います。その下は、おはしよりとなります。

《衿》の合わせ方図解

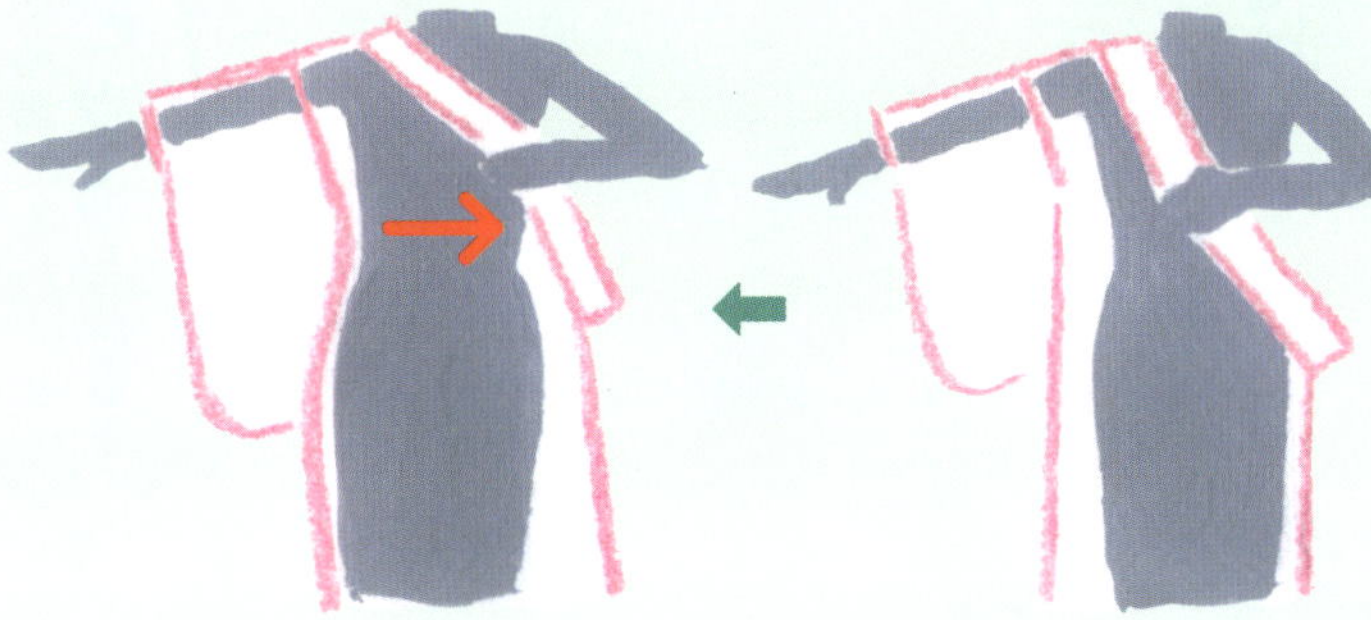

衿合わせ前の準備。バストトップの高さで左右の衿を持ち、長襦袢の脇が身体の側面に付くまで、同時に深く引く。

身体から長襦袢を離して衿合わせをする。

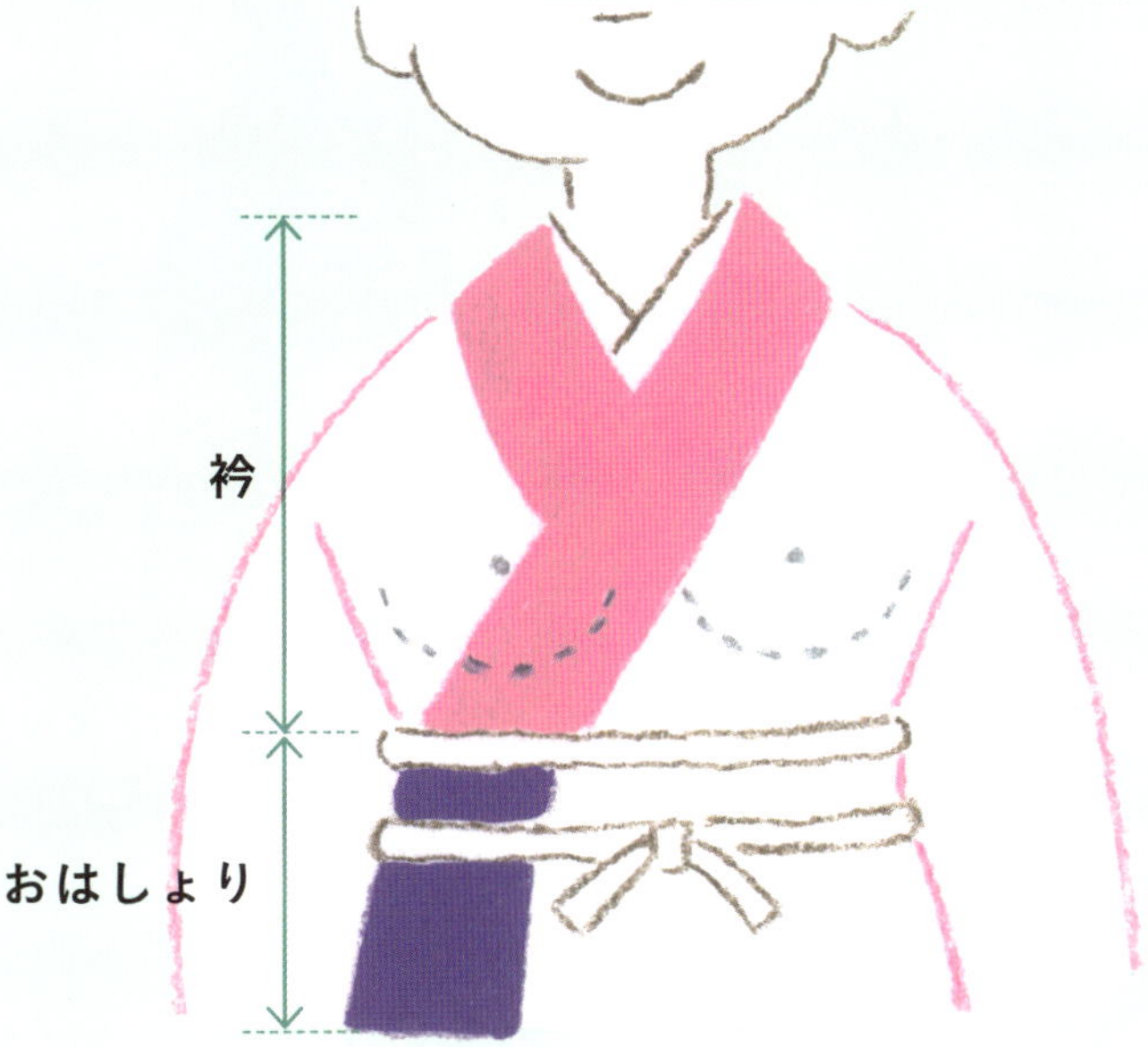

決定版！崩れない長襦袢の衿合わせ（＊P44参照）

① 後ろに衣紋を送る

背縫いを背骨に合わせ、後ろに衣紋を送る。

② 身頃を引き寄せる

下前と上前をぐーっと引いて合わせ、長襦袢の両脇縫いを身体の側面に付ける。

③ 衿を持ち、身体から離す

指を伸ばしてバストトップあたりの衿を持ち、両手を身体から離す。

④ 角度を決める

衿の内側ラインで、角度を決める。

⑤ 衿合わせをウエスト位置でキープする

手をウエスト位置まで下げながら、衿を身体に沿わせる。

⑥ 胸ひもをかける

後ろにまわしたひもは、背のしわをのばしてから前にまわし、結ぶ。

初心者でもピタッと決まる

らくワザポイント 5

名古屋帯のお太鼓はキリッと仕上げる

名古屋帯の仕上げ。指を伸ばして両手をお太鼓に入れ、指を下に向けて決め線をしごき、布目を整える。

らくワザ 5 着る人を引き立てる帯結びのコツ

帯には、その人らしさが最も表れます。帯のデザインだけでなくお太鼓の位置や大きさ、仕上がりの雰囲気にも人柄や好みが感じられます。しかし自分らしい帯の形、ベストの位置がわからず、手探り状態という人は多いようです。

「骨格着付け」では、その人の骨格にぴったりの帯位置やお太鼓の大きさを教えてくれます(左ページ図)。

帯を巻くのは、腰骨と肋骨の間。自然と前下がりのラインになり、上半身を支えます。巻くときは帯の上端を持ち、布目が乱れないよう、着物にピタリと沿わせて巻きます。

京袋帯でも銀座結びで活動的に

帯枕を使わず、ひもで舟形のお太鼓をつくる銀座結び。格子柄の京袋帯で楽しい街着のスタイルに。

骨格でわかるお太鼓の位置

礼装着

お太鼓を少し高く大きめに。
たれ先も長めに格調高く。

お洒落着

一重太鼓は少しコンパクトに
整えて、活動的な印象に。

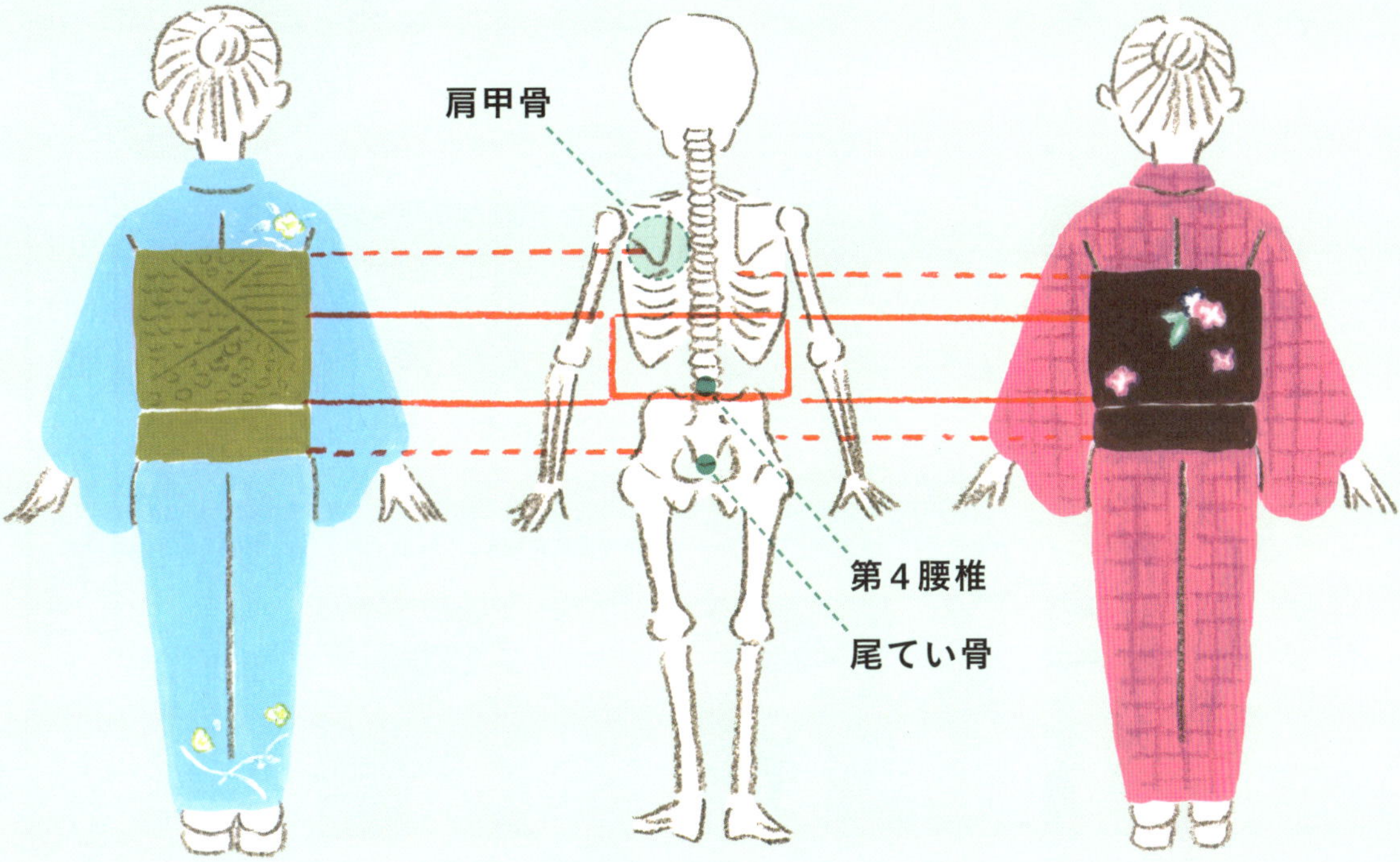

ボリュームを出して格調高く結ぶ黒留袖の袋帯

肩甲骨の下側に帯枕を付け、お太鼓の高さを出す。たれ先も１〜2㎝ほど長くして、お太鼓をボリュームアップ。

帯は前下がりに巻く

帯は腰骨と肋骨の間に巻き、上半身を支える。自然な前下がりのラインがおなかをスッキリ見せる。

笹島note 2

着付けの支点！ ゆるまない腰ひもの結び方

腰ひもは着物の支点となる最も重要なひもです。身体に負担をかけず、しかも長時間ゆるまないように結ぶコツを紹介します。また素材による性質の違いで結び方も変わってきます。

端はからげて仕上げる

ひもの種類にかかわらず、端は巻いたひもにからげて、ゆるまないように留める。

絹の幅広のひも

絹は体温が伝わると着物と一体化して伸縮し、馴染んでいきます。幅が広いひもは2回からげて締め、ひもの端を最後のところで巻いて留めます。

1
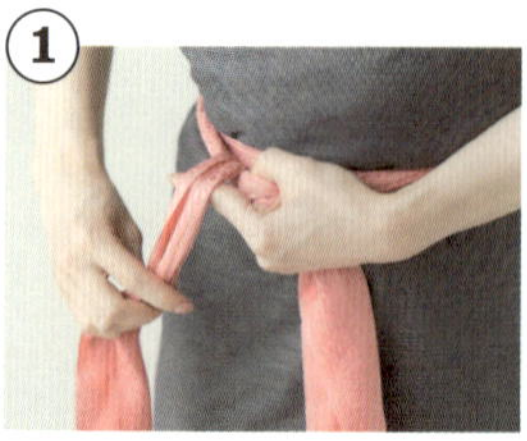

ひと結びし、左手で結び目を持つ。左の人差し指を伸ばして右端を上にかける。

2
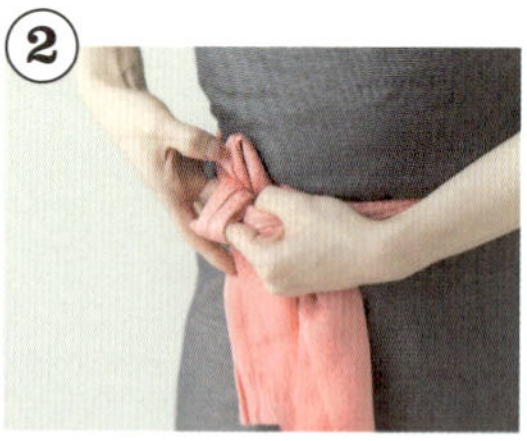

人差し指も一緒に巻くようにして、下から結び目にくぐらせて上に出す。

3
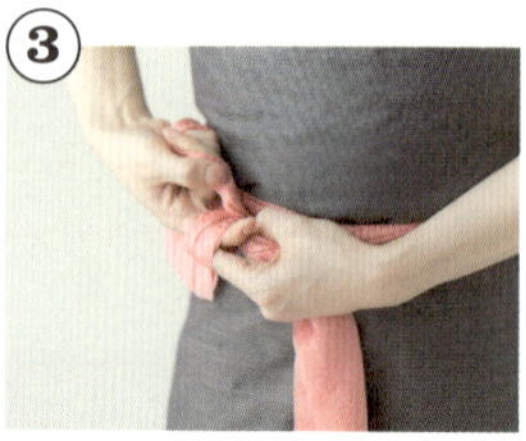

上に出したひもの端を右手で持ち、右の人差し指も輪に入れる。

4
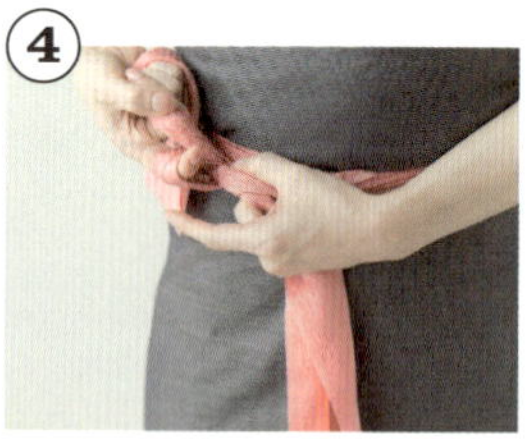

右手でひもの端と結び目を身体に平行に持つ。

5
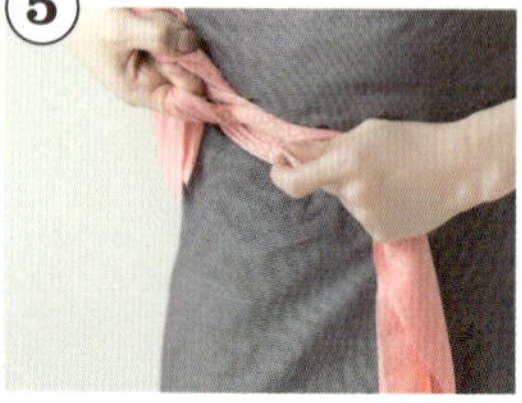

左右の手を同時に引く。

6
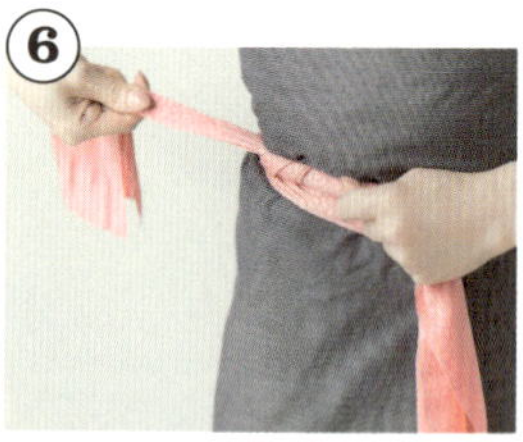

適度に締まったら左手の結び目を離し、左右に引く。

モスリン、綿

モスリンや綿製でひもの幅が細いものは、ゆるみやすいのでしっかりと結びます。仕立てがしっかりしているひもは、結び目がかさばるので結ぶ位置に気を付けます。

1
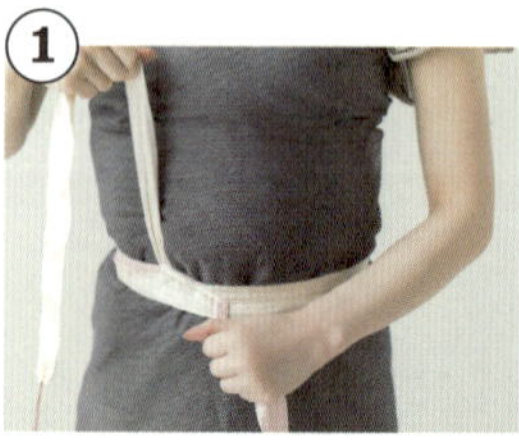

しっかりとひと結びし、片方の端を結び目にからげる。

2
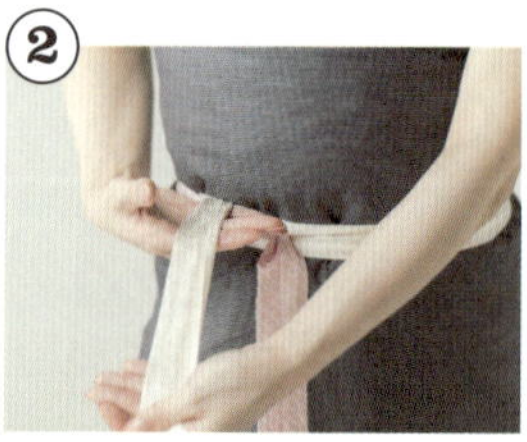

右端を身体の前に出し、指を伸ばした右手にのせる。

3
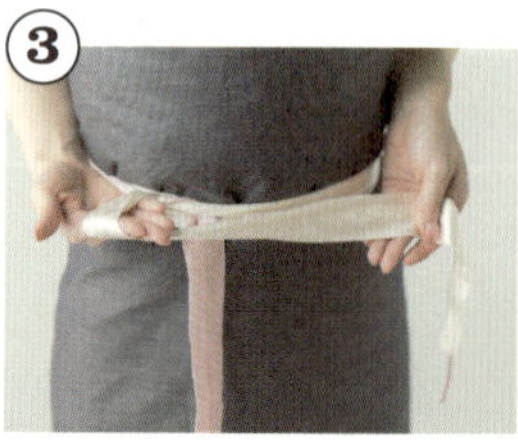

右端を返し、右手にかける。

4
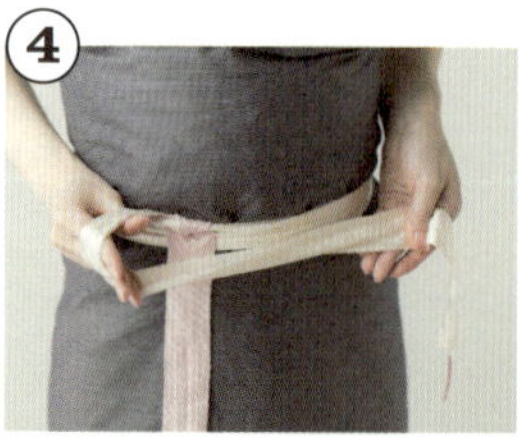

右手を手前に回転させて、ひもで輪をつくる。

5
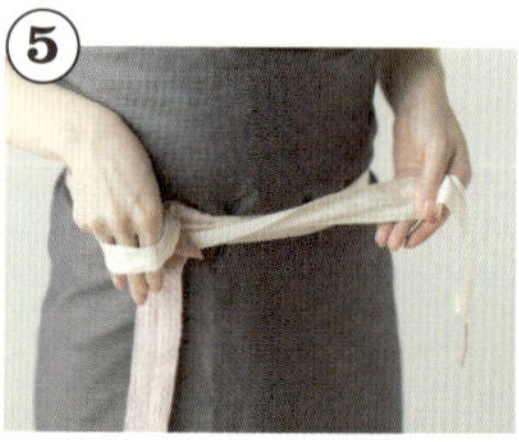

輪から出した右手の指先で、下ろしておいた左のひもをつまむ。

6
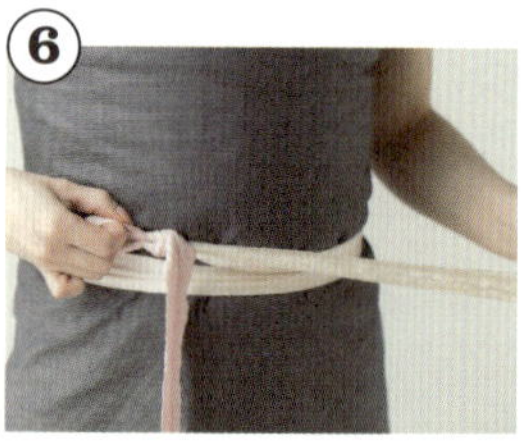

つまんだ左のひもを輪に通し、片結びをする。

第2章

肌着と補整、長襦袢の着付け

着付け小物を用意する

ひも

・**腰ひも**…着物用1本
・**胸ひも**…長襦袢用1本
　　　　　　着物1本
（＊仮ひも……帯結び用など
　必要に応じて用意）

大きく柔らかい布で身体を包み、その一つ一つをひもで結び留めるのが着物の着付けです。結ぶ場所や目的に応じて身体への負担が少なく、着付けをするときに扱いやすく、効果的なひもを選びます。着物全体を支える腰ひもはしっかり締まるもの、衿元を保つ胸ひもは幅広で身体に馴染むものがよいでしょう。

絹は体温で
柔らかくなり、
腰ひもに最適よ

ひもの結び方｜P24、52

絹　腰ひも
幅が広く縫い目がない笹島先生製作の絹製腰ひも（茶房 野の花）。体温が伝わると伸縮して着物と一体化する。

絹　胸ひも
正絹の博多織の伊達締め。緯糸《よこいと》を強く打ち込んである織物。しなやかで張りがあり、締めた後もゆるみにくい。

絹　胸ひも
胴裏で手づくりした少し幅広の胸ひも。洗い張りした胴裏を再利用した。滑りがよいので、帯結びなどの仮ひもにも向く。

太鼓判
太鼓判

化繊　腰ひも
滑りがよい化繊の腰ひも。仮ひもにも向く。薄手のものは避け、しっかりとした生地を選ぶこと。ゆるみやすいので、結び方に注意。

綿　胸、腰ひも
しっかり仕立てられた綿の結び目は体温が伝わってもかさばりは変わらない。モスリン同様、胸ひもに向く。

モスリン　胸、腰ひも
一般的なウール素材の腰ひも。しっかり仕立てられたものは結び目がかさばる。胸ひもにも向く。

帯まわり

・**帯枕、帯板**…各1点
・**着付けクリップ**…2個

帯の役割はその下に着た長襦袢や着物を身体に密着させ、一体化させることです。従って帯板は、帯が身体に沿うように堅すぎず、反発力が強すぎないものを選びます。帯枕は帯山にしわが出ず、お太鼓の布目がきれいに仕上がるものがおすすめ。

着付けクリップ

先端の内側がゴム製で平らに加工された着付け専用のクリップ。挟む力が強く、堅めの帯でもしっかり留まり、跡がつかない。

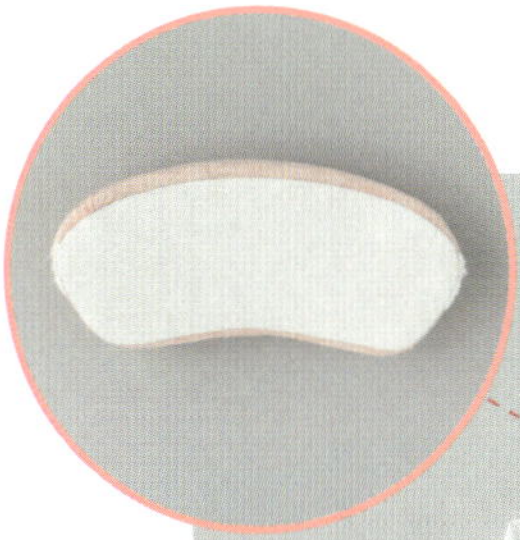

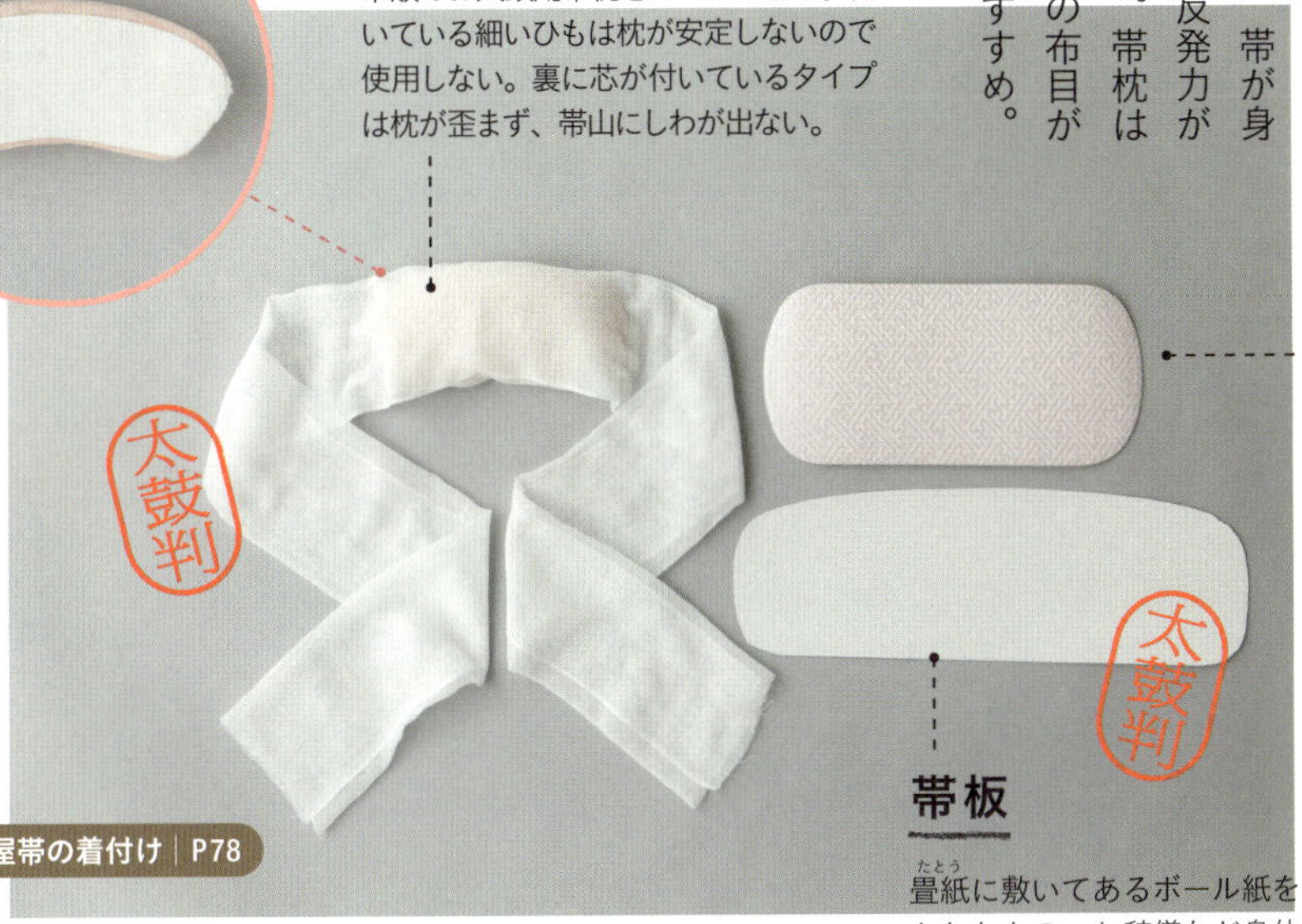

帯枕

市販のお太鼓用帯枕をガーゼで包む。付いている細いひもは枕が安定しないので使用しない。裏に芯が付いているタイプは枕が歪まず、帯山にしわが出ない。

帯板

市販の帯板。短いタイプを選ぶ。脇までまわる長いタイプは、帯がその反発力で身体から離れようとするので避ける。

帯板

畳紙《たとう》に敷いてあるボール紙をカットしたもの。お辞儀など身体の屈折がらくで、帯地に馴染むので使いやすい。

名古屋帯の着付け｜P78

着付けがらくになる 便利小物

「指先の力が弱くなり、今まで簡単にできたことが難しくなった」という笹島先生が、初めて考案した着付け用の小物です。加齢のほか身体が硬い、手先が不器用など悩みのある人は、着付けをサポートしてくれる道具も大いに活用しましょう。

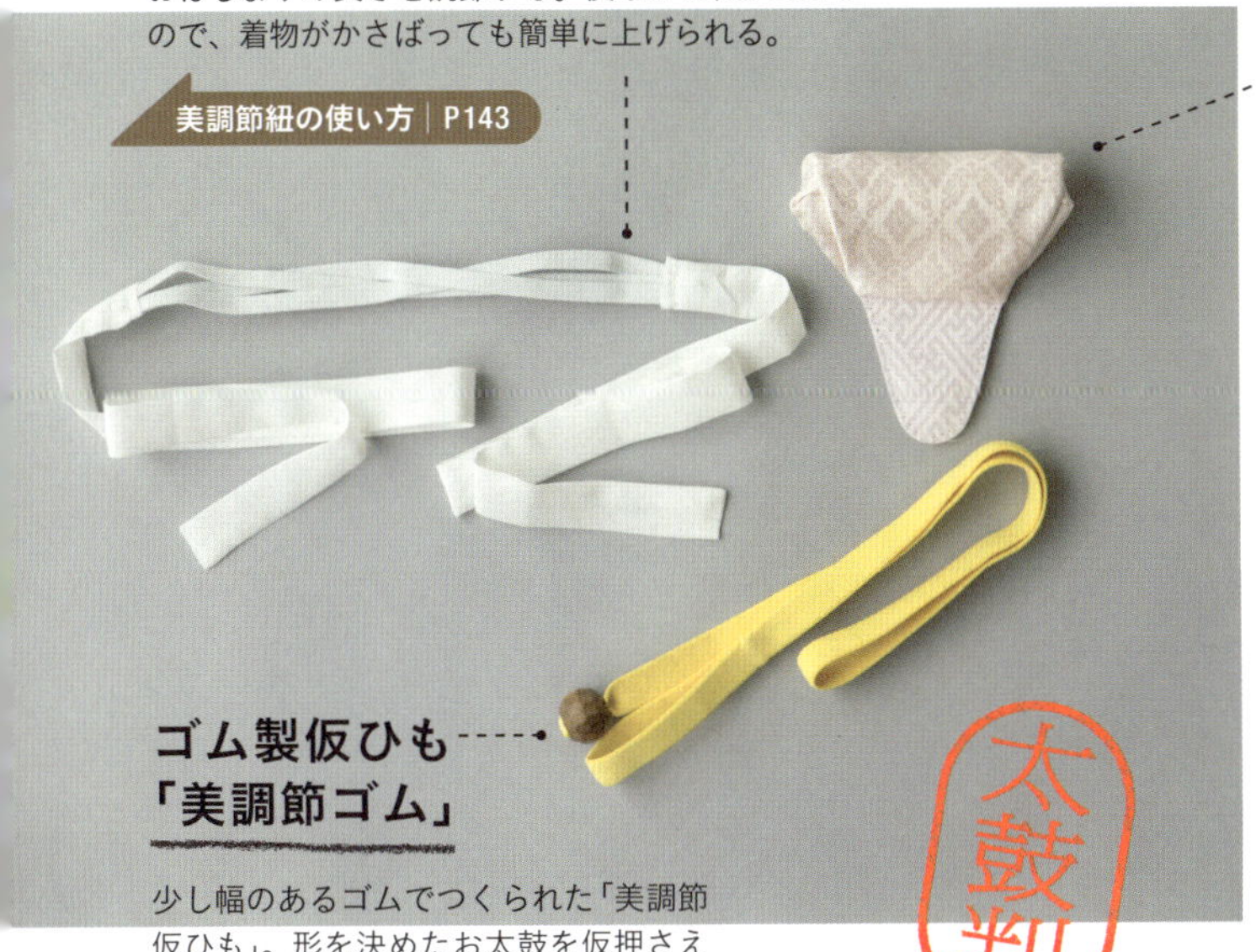

おはしょり調節用「美調節紐」

身丈の長い着物を着るとき、腰ひもの上に付けて、おはしょりの長さを調節する。後ろが3本のゴムなので、着物がかさばっても簡単に上げられる。

美調節紐の使い方｜P143

帯枕受け「美調節枕」

「美調節枕」は帯の上端に入れ、帯枕を受ける道具。身体が動いても、帯枕が傾いたり下がるのを防ぎ、帯山のラインをきれいにキープする。

美調節枕の使い方｜P77

ゴム製仮ひも「美調節ゴム」

少し幅のあるゴムでつくられた「美調節仮ひも」。形を決めたお太鼓を仮押さえする。木製の玉に引っ掛けて留める。（便利小物3点／きもの処 梅田屋）

美調節ゴムの使い方｜P77

肌着・補整を用意する

着付け上手は準備から始まります。長襦袢や着物を形づくる肌着と補整は、身体がらくで動きやすい形や素材を大切に選びます。

肌襦袢
裾よけ
足袋

肌襦袢の合わせは、
バストトップを包める
サイズを選びましょう

肌着

肌襦袢

洋装の下着に慣れていると、ゆったりとした和服の下着に不安を覚えるようです。しかし直線裁ちの布を重ねて装う着物では、その一枚一枚が自由に自然に動ける状態に仕上げることが大切です。肌に直接着る肌着が筋肉の動きを妨げ、圧迫するものでは着物姿の美しさも半減してしまいます。肌襦袢には通気性のよいさらし（木綿）で、ゆったりとした形を選びましょう。

裾よけ

裾よけは、和装のペチコートです。布をまとう着物は、身体の動きがストレートに表れます。特に腰から足元にかけての線が美しいのが着物の特徴です。足に直接触れる裾よけは、キュプラなど足さばきがよくて歩きやすく、長襦袢に馴染む素材のものを選びます。

補整

女性の身体は豊かな曲線と弾力があります。柔らかく直線裁ちの着物が着崩れないように、着付けの土台として身体の補整が必要です。常に動く腰骨のくぼみにはタオルを、おなかや胸など弾力があり、動く部分にはさらしを巻いて動きを抑え、整えます。

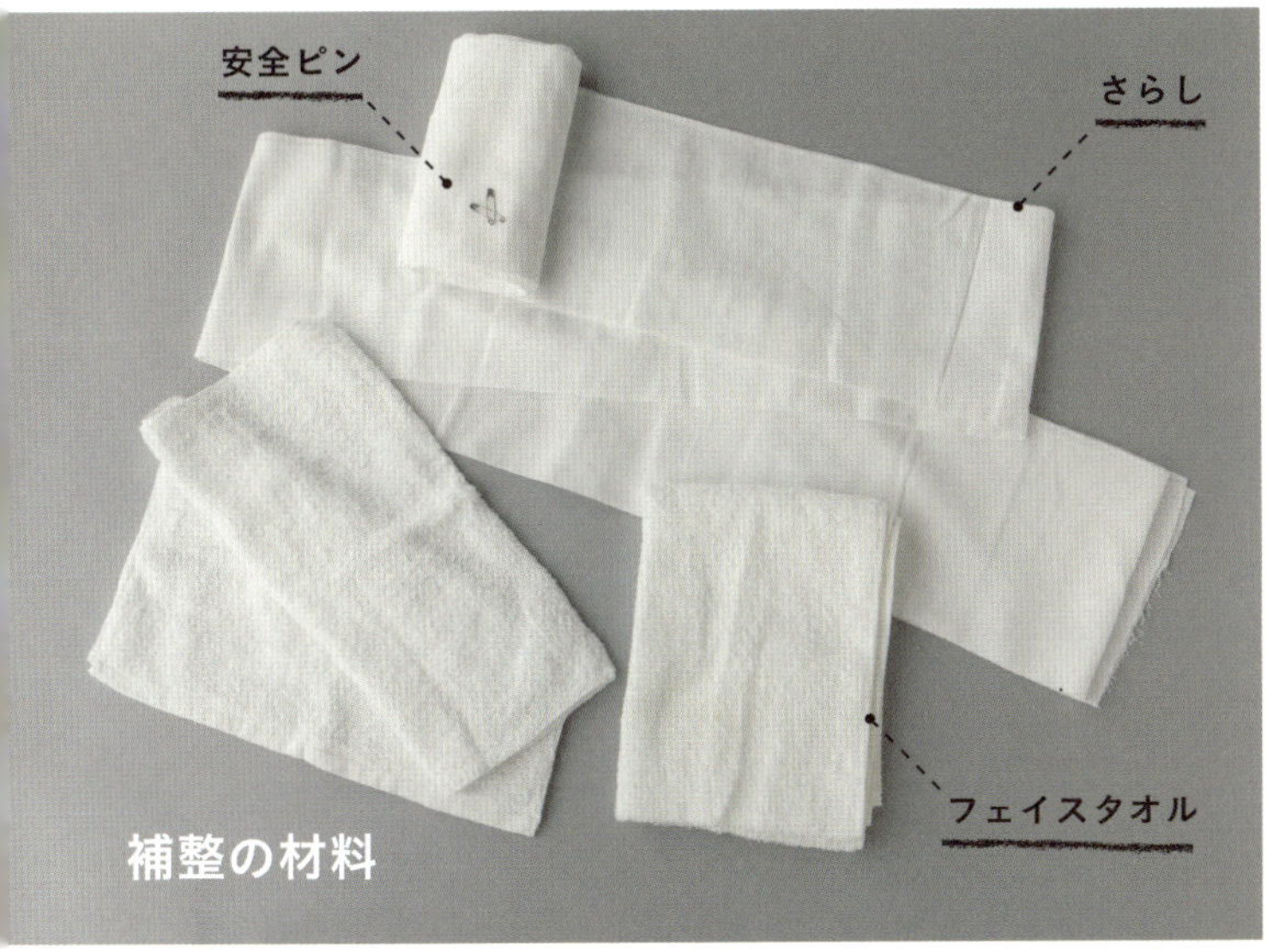

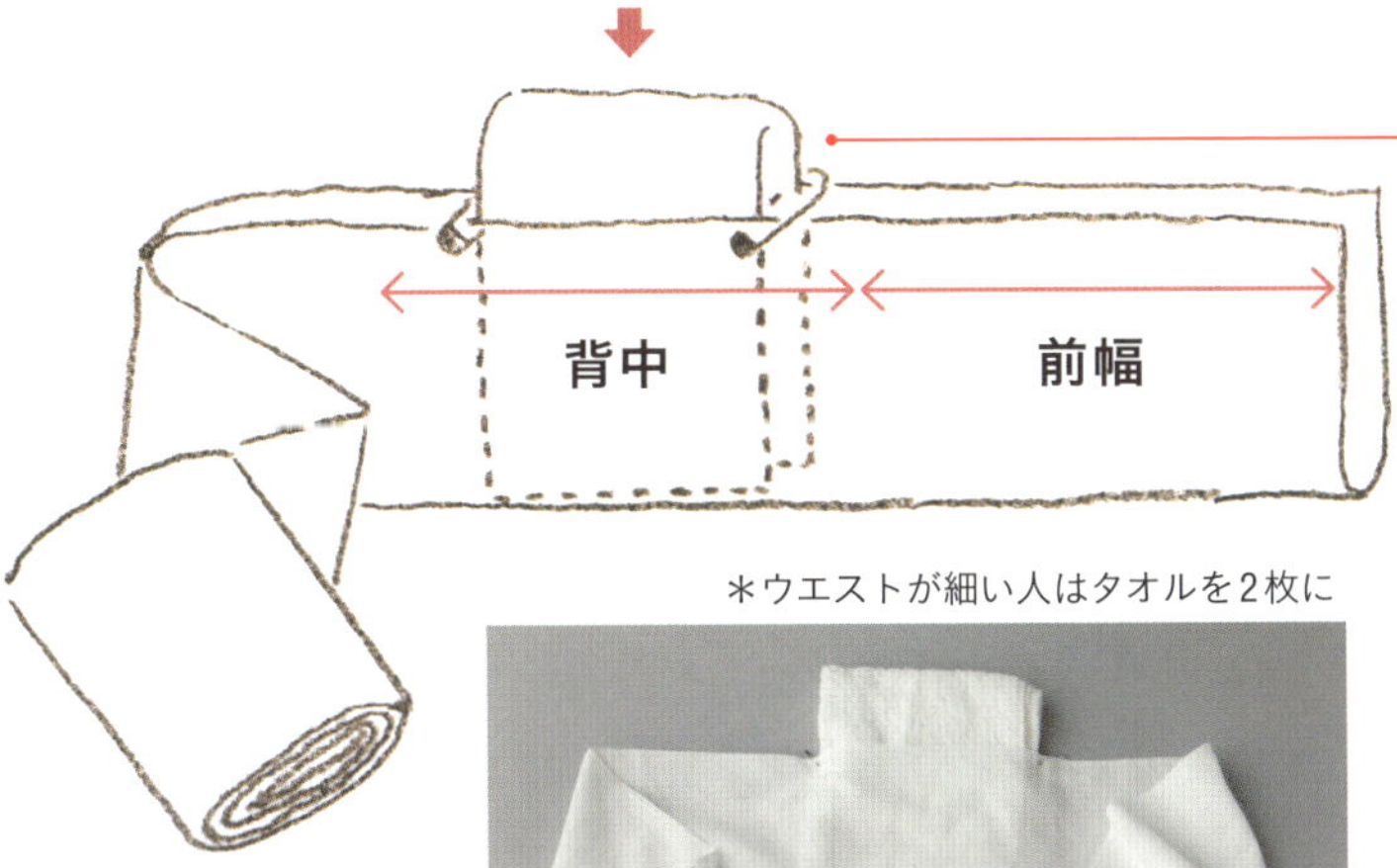

＊ウエストが細い人はタオルを2枚に

さらしは目の粗いものが身体に馴染む。身体を4巻きする長さを取り、幅を2つに折る。一巻き目の腰骨位置にタオルを入れ、動かないようにさらし上部を安全ピンで留める。

フェイスタオルの畳み方

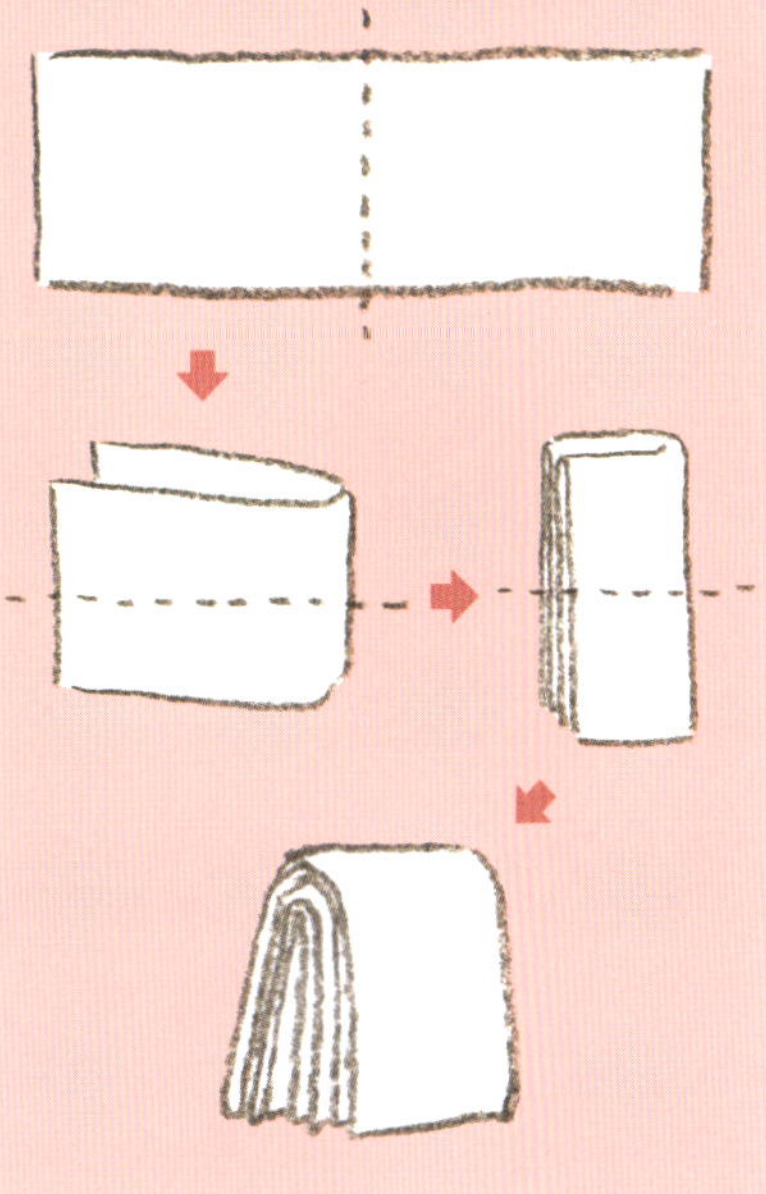

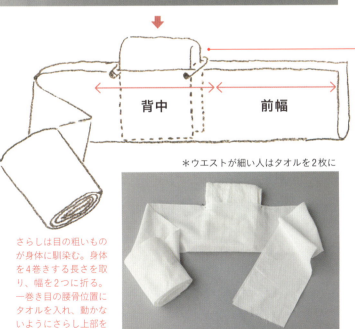

肌着の着付け

決めワザ 1

裾よけはふくらはぎで短めに

長襦袢や着物は、裾よけの自由な動きを窮屈にします。そのため裾よけを長く着付けると裾が足の間に挟まり、歩きにくくなります。裾の長さはふくらはぎを目安に、短めに着付けましょう。

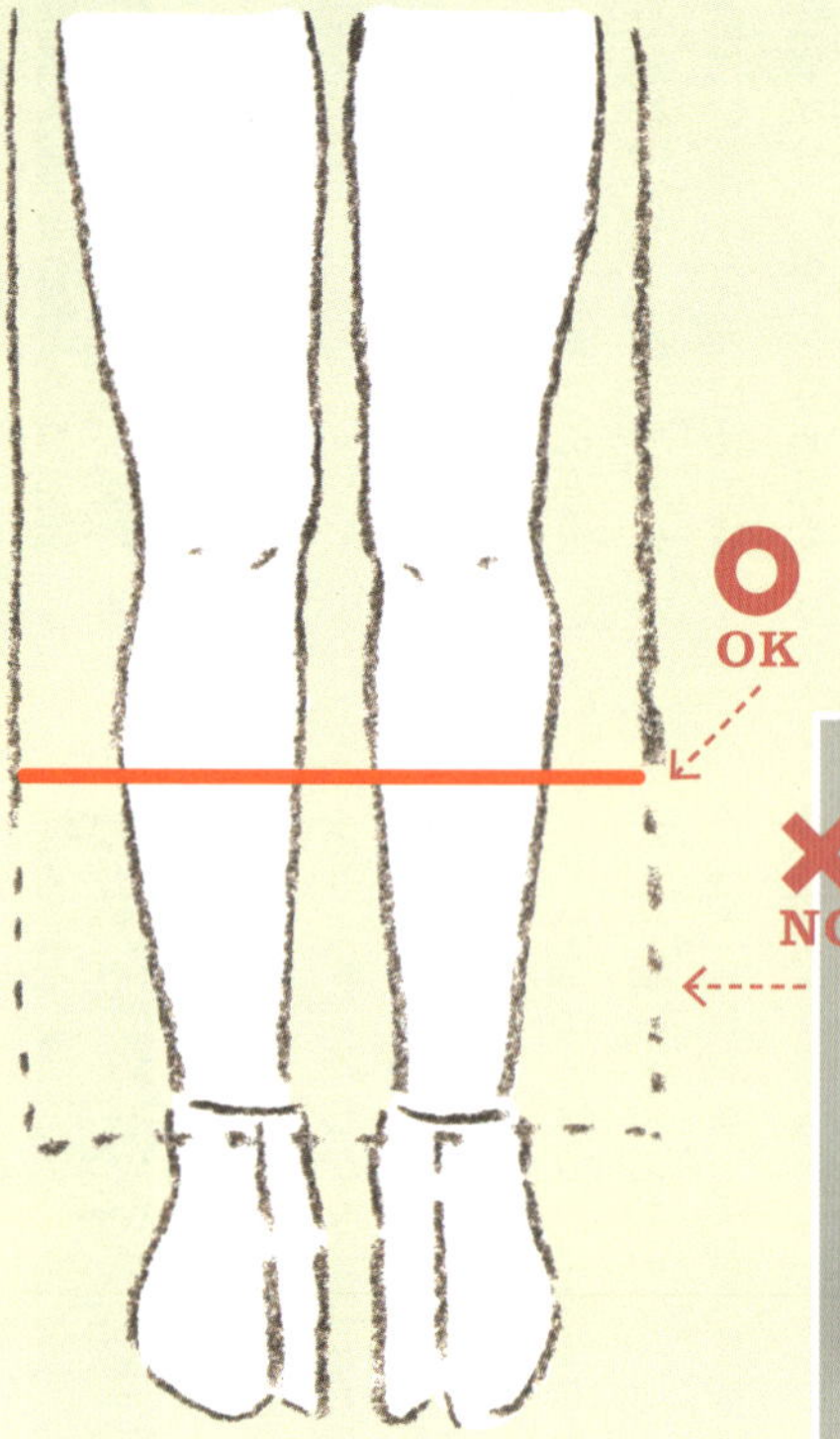

細いひもは、ゆるめに蝶結びにして残りのひもをていねいに挟んで、おなかまわりをきれいに整えておきます。

＊撮影のため肌襦袢を着用していますが、本来は肌襦袢より先に裾よけを着付けます。

決めワザ 2

締め付けNG 肌着はゆったり着る

肌襦袢と裾よけは腕や肩、足が動きやすいよう、身体に密着させず、ゆとりを持たせて着付けます。ピタリと着付けると肩や腕に負担がかかり、疲れの原因となります。おなかや腰の部分は汗や体温に反応してゆるんだり、食事の前後でも変わるので、裾よけのひもはゆるく結びます。肌襦袢も肩まわりなどゆったり着ます。

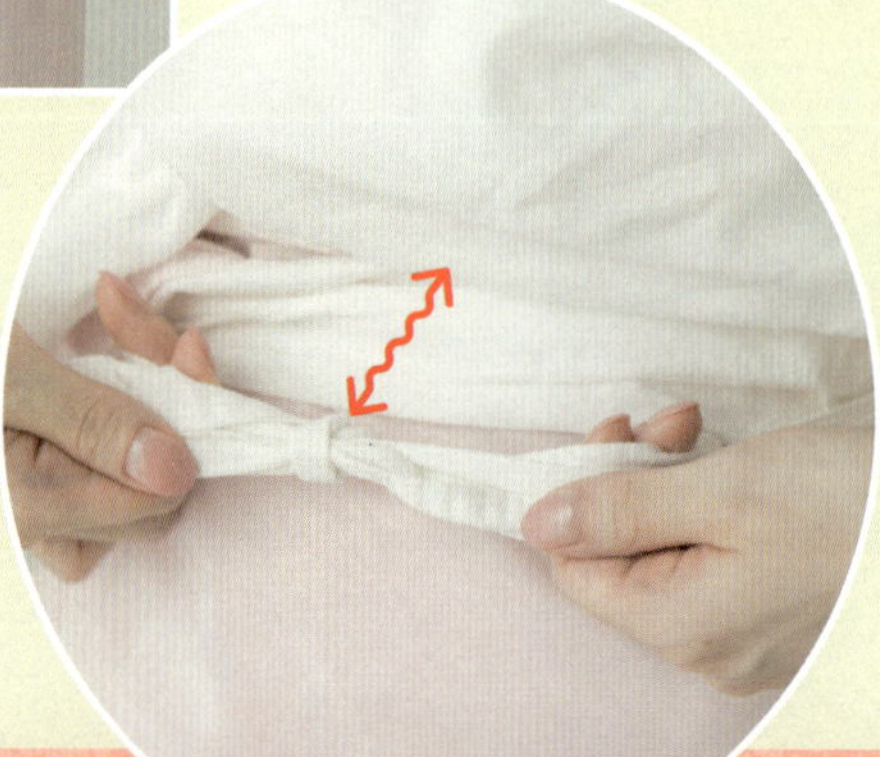

裾よけのひもは、手の指が入るくらいゆったりと結ぶ。

肌着の着付けの手順

裾よけをふくらはぎで着付ける

1
決めワザ
1
▶P30

膝下15〜18㎝に裾を決め、長い部分はウエストで折り下げる。上前の幅を決め、下前の余分を左脇で折り返す。

2

右手の指を伸ばし、布目を崩さないように上前を合わせる。左脇に出た下前の上端を折り下げ、裾が斜めに下がるのを防ぐ。

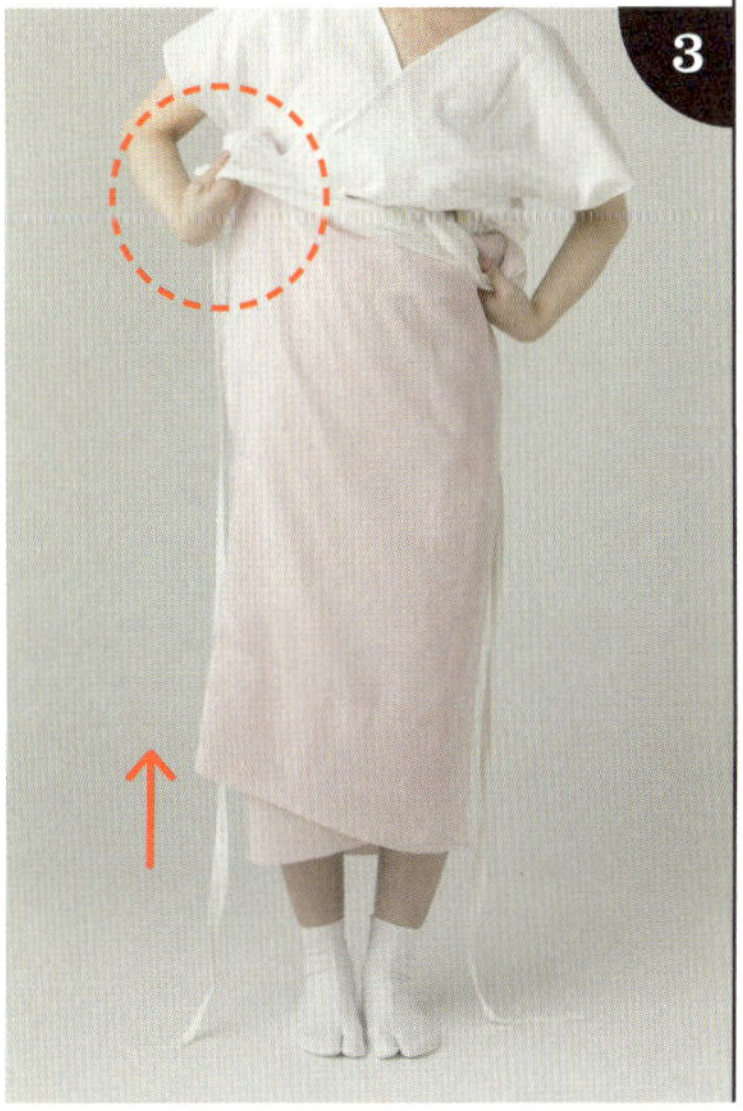
3

指を伸ばしたまま、上前の上端を持った右手首を回転させて返し、裾を引き上げる。左右のひもを後ろにまわす。

＊撮影のため、肌着の上から裾よけを着付けています。本来は裾よけのみです。

4
決めワザ
2
▶P30

ひもを後ろで交差させ、前に戻して結ぶ。おなかの中央を避け、左右どちらかの脇でひもをゆったり結び、端をからげて始末する。

らくワザ
2
▶P16-17

5

裾よけの着付け完成。裾はふくらはぎの長さで、足の動きを邪魔しない。

肌襦袢を着る

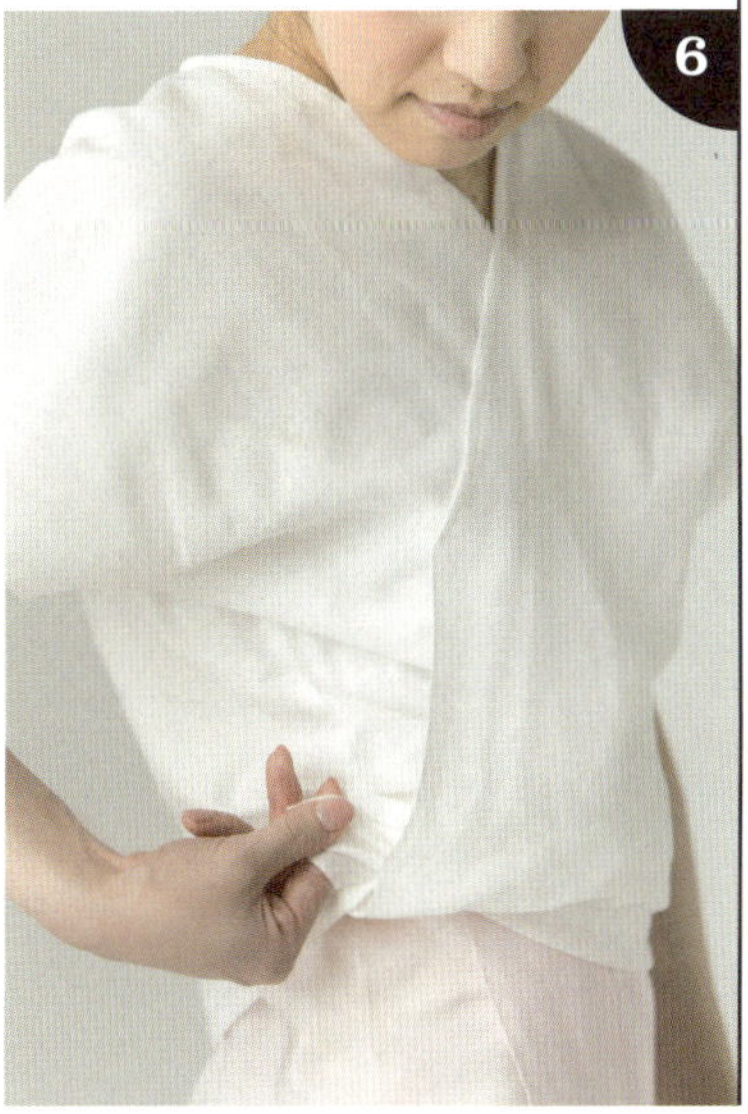
6

肌襦袢は下前と上前を合わせ、背縫いが背骨の上にあるか、確認して着る。上前の裾を裾よけのひもに挟んで留めておく。

補整の着付け

決めワザ

腰のくぼみを補い、胸とおなかをさらしで押さえる

人は、骨格と肉体で構成されています。着物は直線で人形《ひとがた》を表していますが、私たちは大きな着物を身体に沿うように着付けをして装いを完成させます。さらに歩く、座るなど動きの中で着姿を保たなければなりません。そのために必要なのが、補整です。骨格が動くと、それに伴って筋肉が動きます。しかしおなかとバストは弾力があり、骨格に関係なく縦横無尽に動きます。着崩れを防ぐためには、直線裁ちの着物が沿うよう、身体の大きな凹凸を整え、さらしを巻いて動きを押さえます。

＼タオル１枚で見返り美人！／

さらし＋タオル 補整で **3**点をカバー

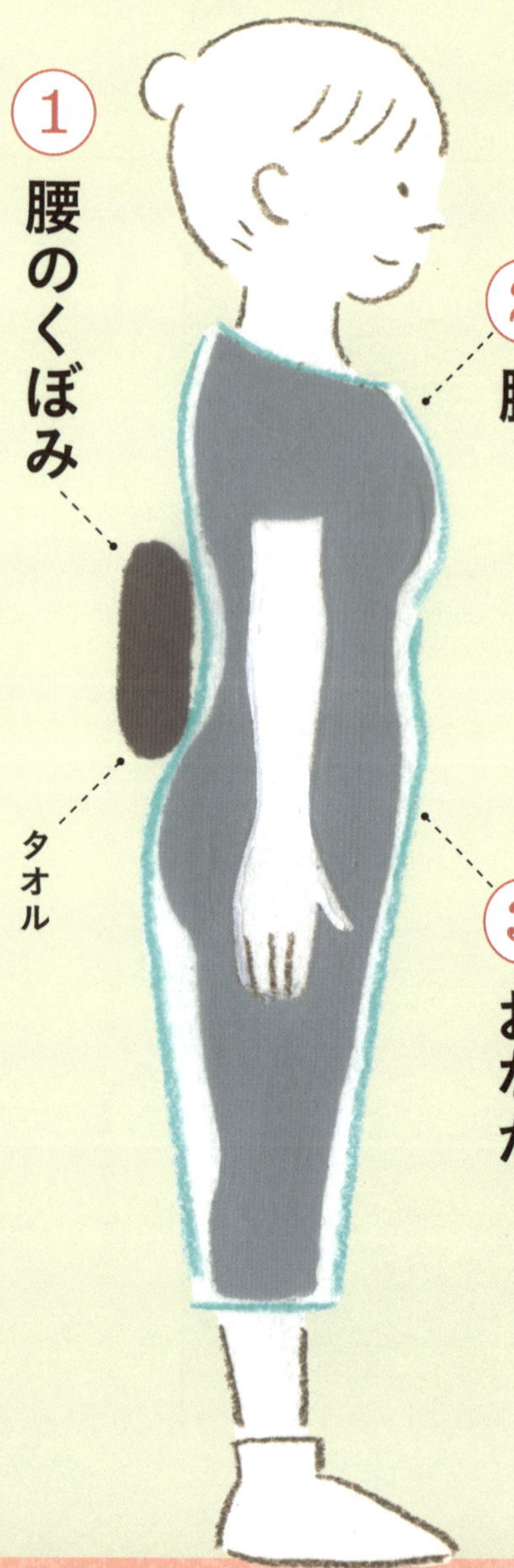

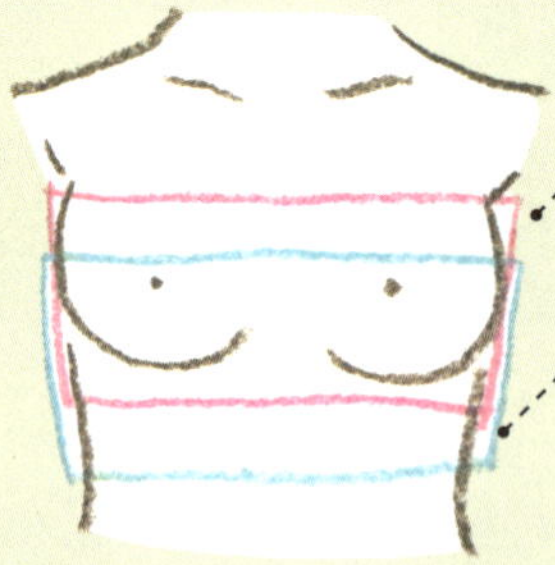

一巻き目は腕の付け根に沿わせ、バスト上のラインに、二巻き目は少し下にずらし、乳首上を通るラインで巻く。

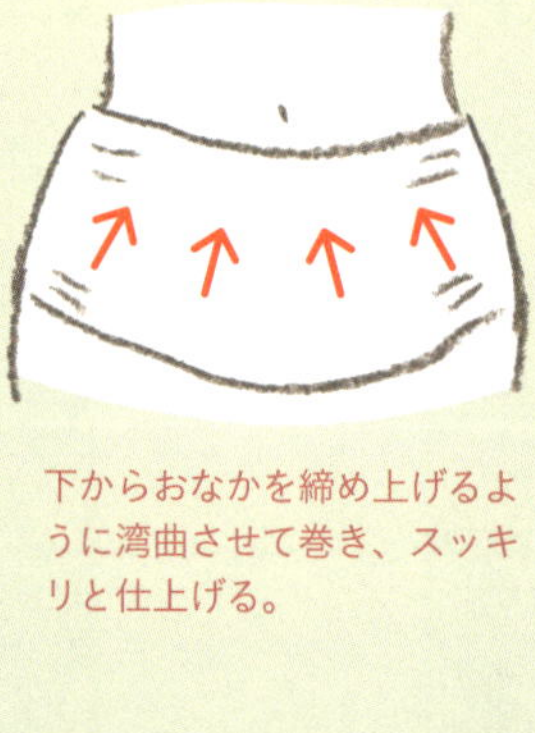

下からおなかを締め上げるように湾曲させて巻き、スッキリと仕上げる。

背は筋肉の動きに合わせ、さらしを斜めに上げる

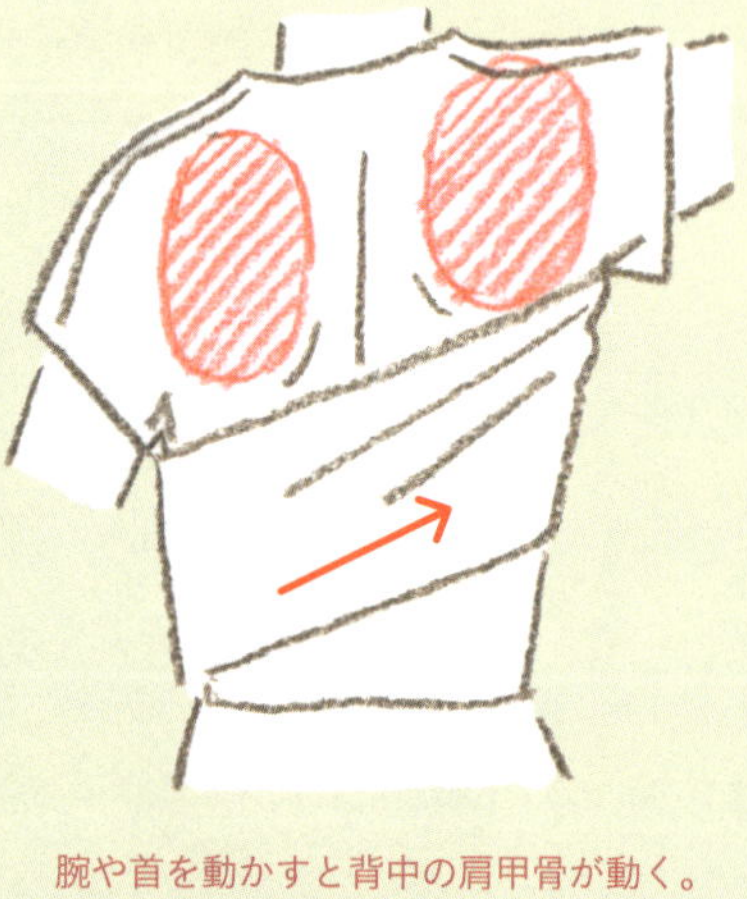

腕や首を動かすと背中の肩甲骨が動く。肩甲骨は背中の筋肉と連動し、斜め方向に動くので、背中のさらしも斜めに上げる。頂点を腕の付け根にピタリと付け、バストにまわす。

補整の着付けの手順

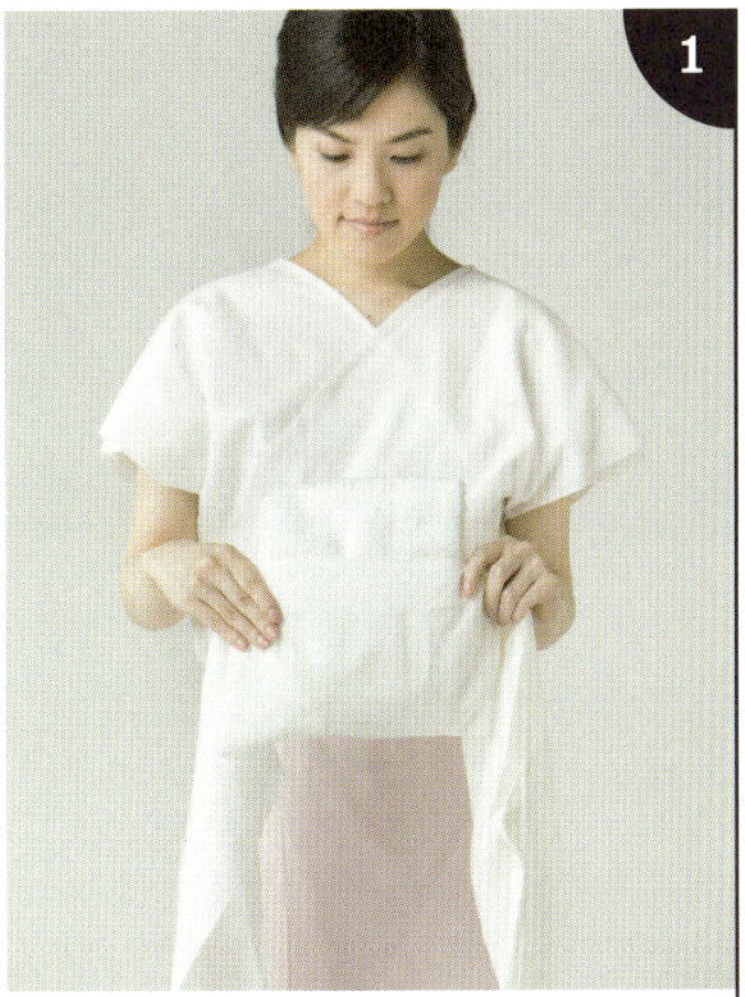
1

腰に当てるタオルの部分を両手で持つ。さらしも帯と同じように二つ折りの上端を持つ。

2

片方の手でタオルの上を持ち、後ろにまわす。

3

タオルが上方向であることを確認し、腰のくぼみにピタリと付ける。左右の手でさらしの上端を持ち、前にまわす。

腰のタオルは
くぼみにピタッと
密着させます

タオル部分を下げる

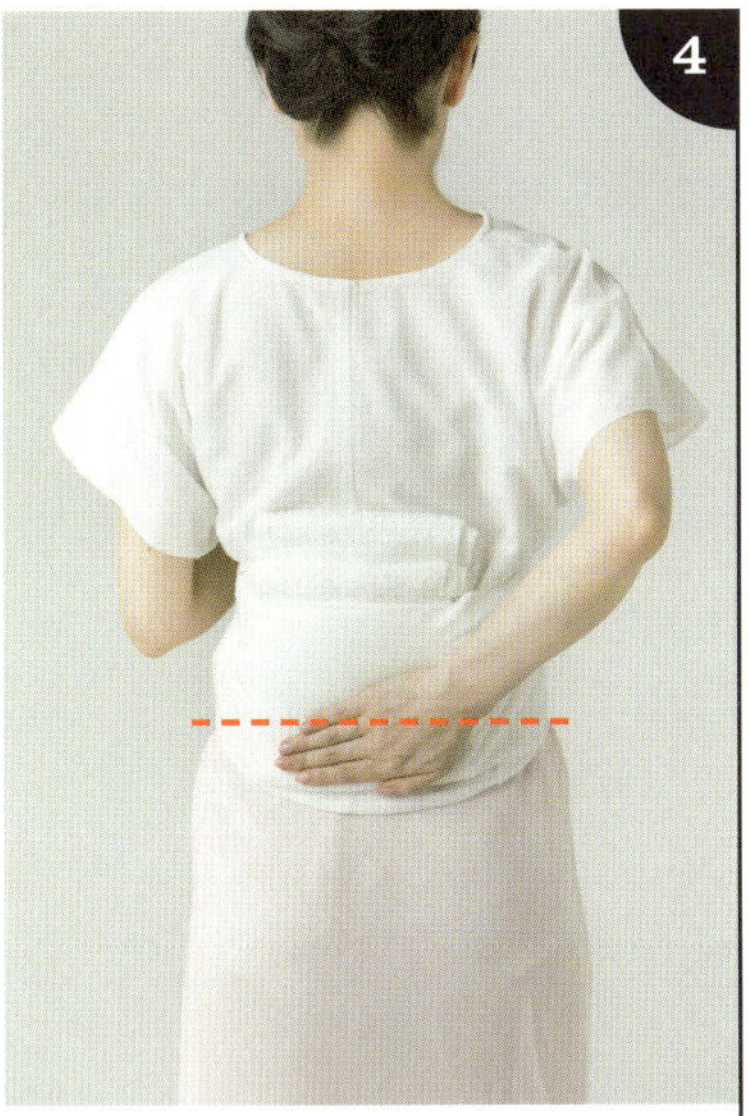
4

巻き始める前に、タオル全体を親指の位置まで下げておく。小指の位置には腰ひもや帯、お太鼓の決め線、帯締めが当たる。

5

先端をウエストの位置で脇の後ろにまわし、さらしが水平になるように身体に巻く。さらしを巻く方向は左右どちらでもよい。

おなかを持ち上げる

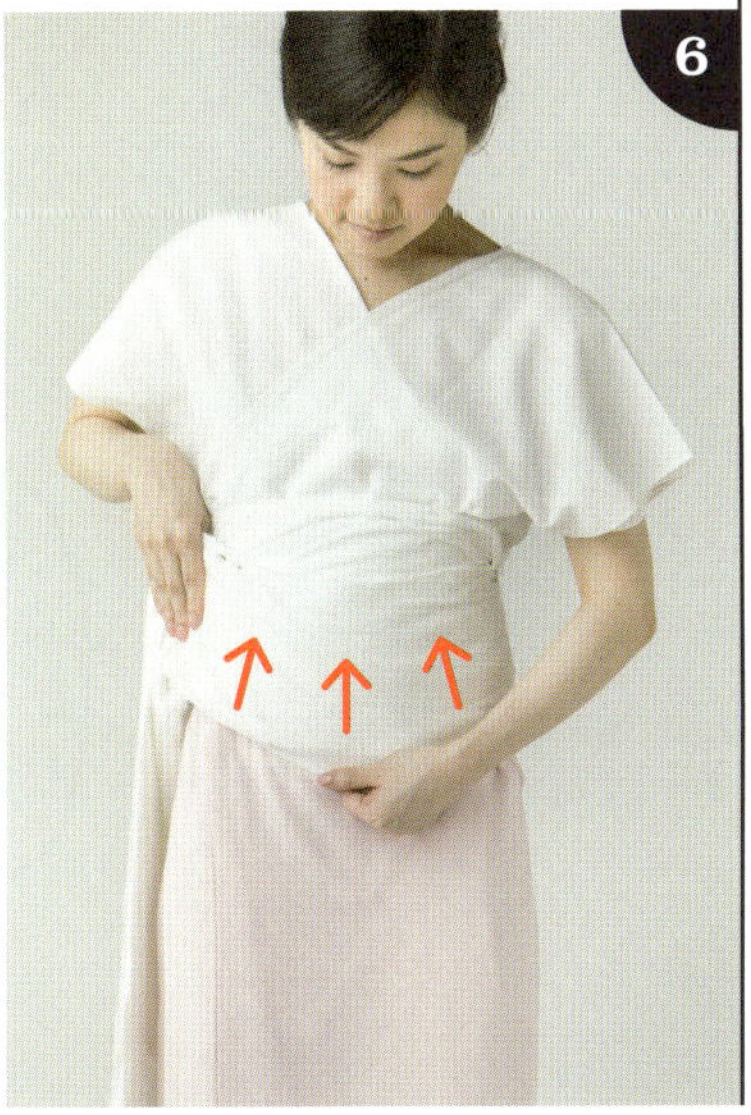
6

さらしの上下を両手で広げるようにして持ち、脇からカーブさせておなかを持ち上げるように一方の脇へまわす。

背のさらしを斜めに上げる

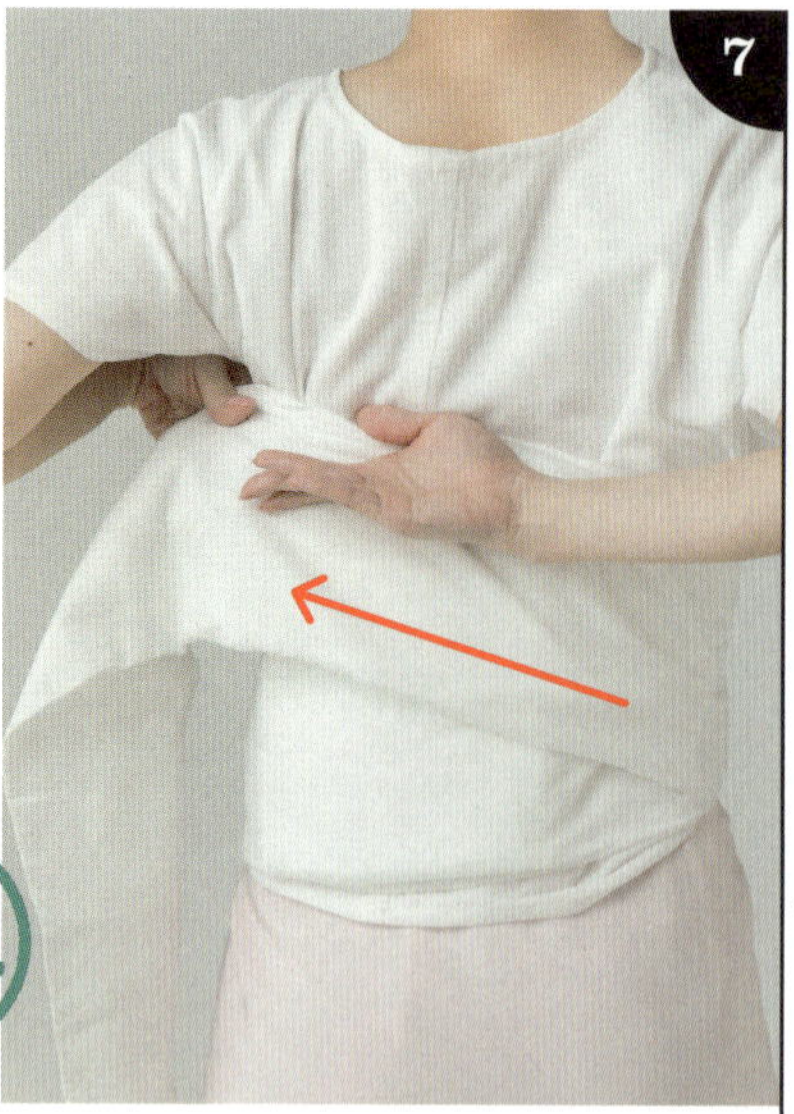

7

左手でさらしの上端を持ち、脇から腕の付け根を目指して斜めに上げ、右手に渡す。下のわを持つとさらしが落ち、よじれるので注意。

らくワザ 1

► P14-15

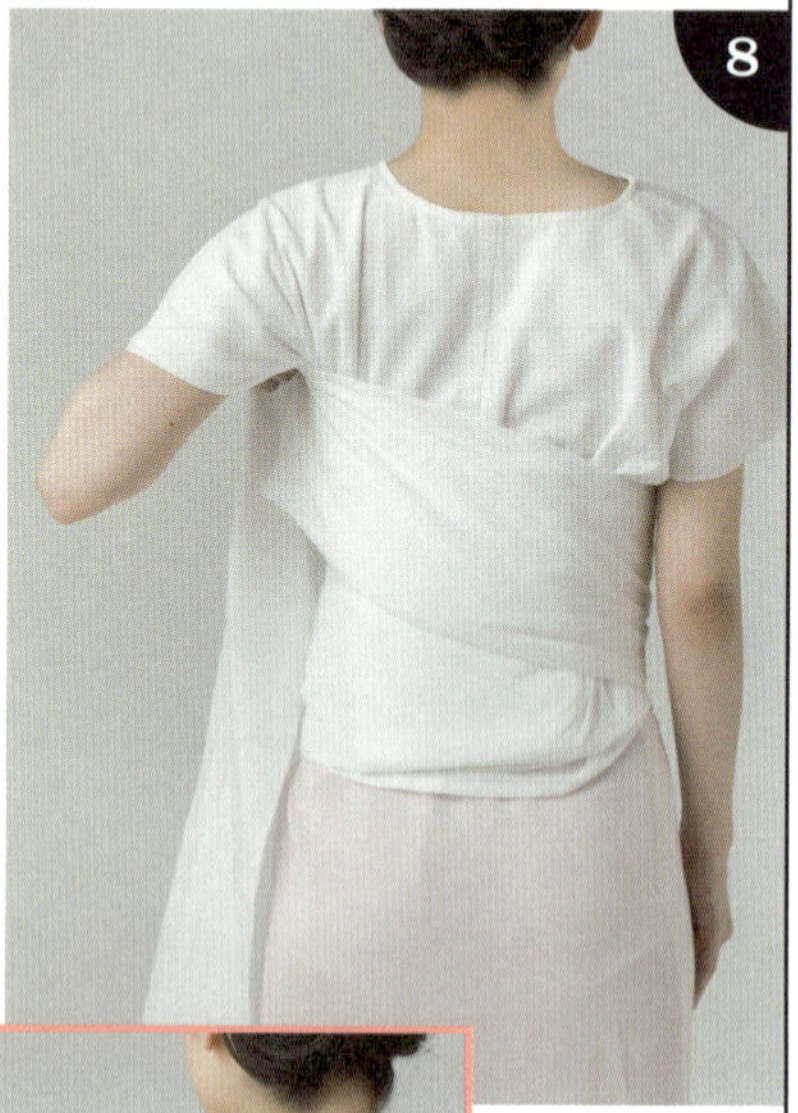

8

背中にピタッと布が付いている。腕の付け根より下の位置で胸にまわすと、後で胸に巻いたさらしが下がるので避けること。

胸を一巻き目

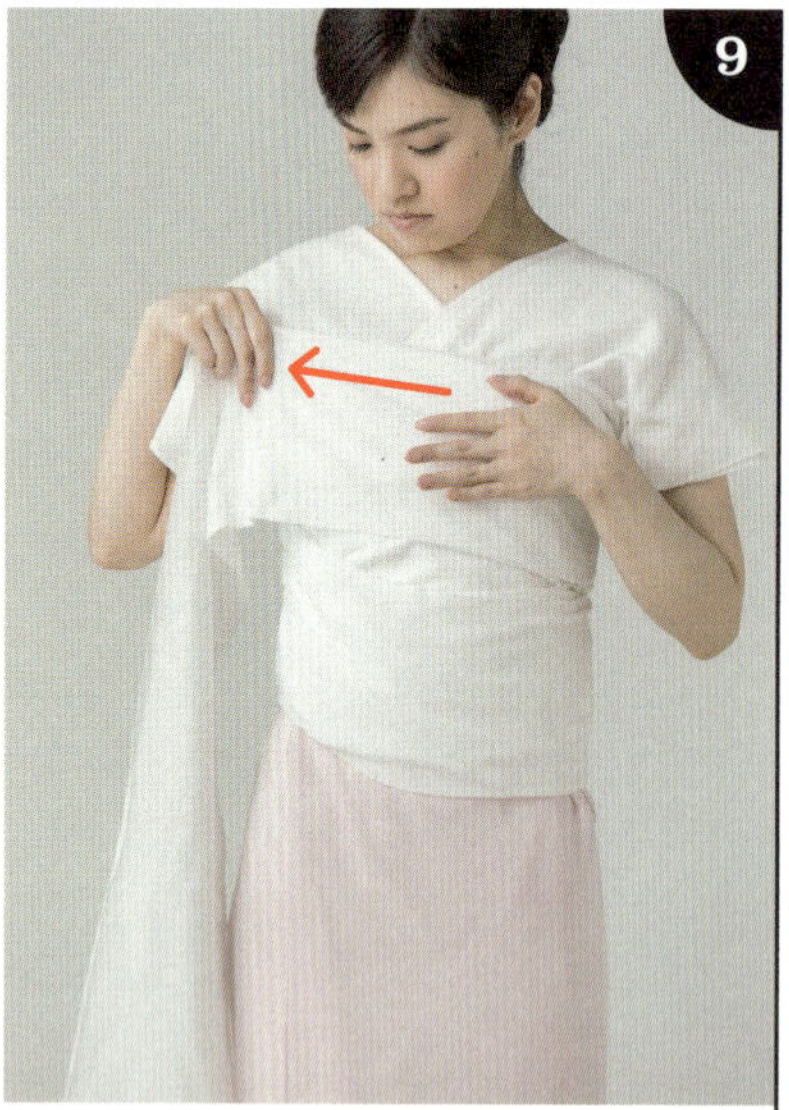

9

バストの上をさらしの上端が通るイメージで巻く。手のひらでバストの上をなで、なるべく平らに整える。

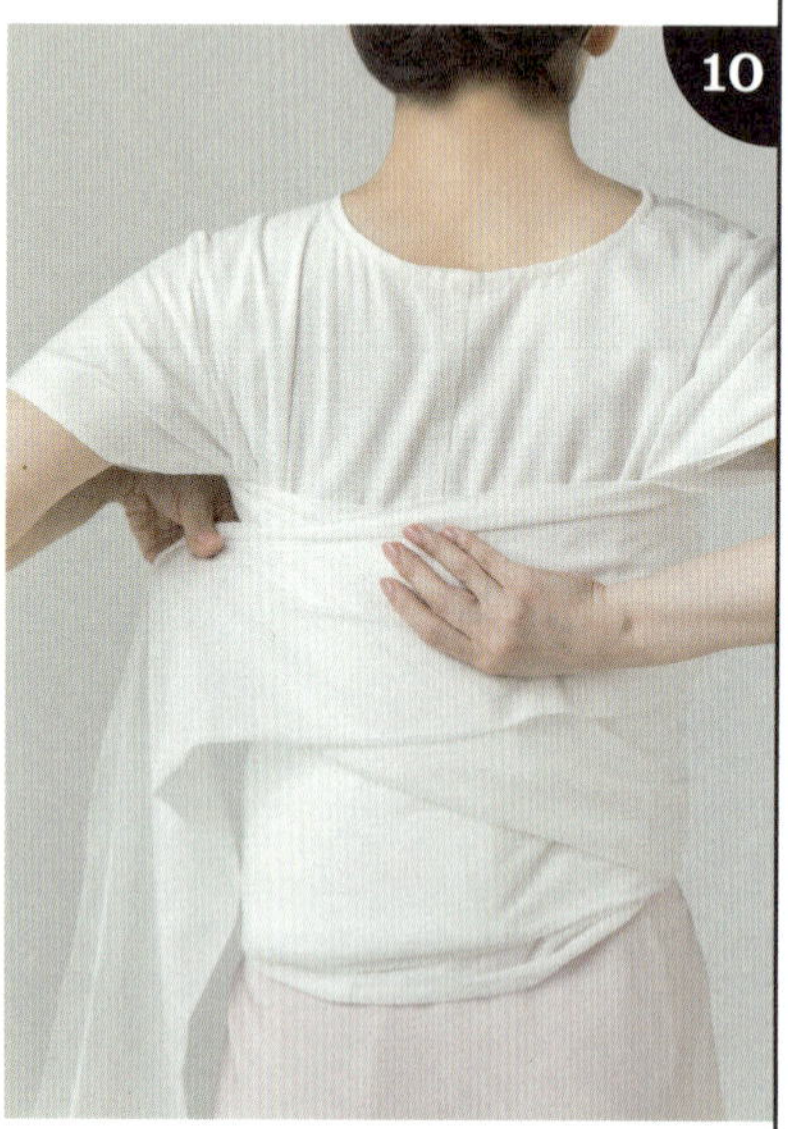

10

右腕の付け根を通し、さらしを後ろにまわす。背中は少し下げて巻く。必ず片方の手で上端を持ち、もう一方の手で布目を整えること。

胸を二巻き目

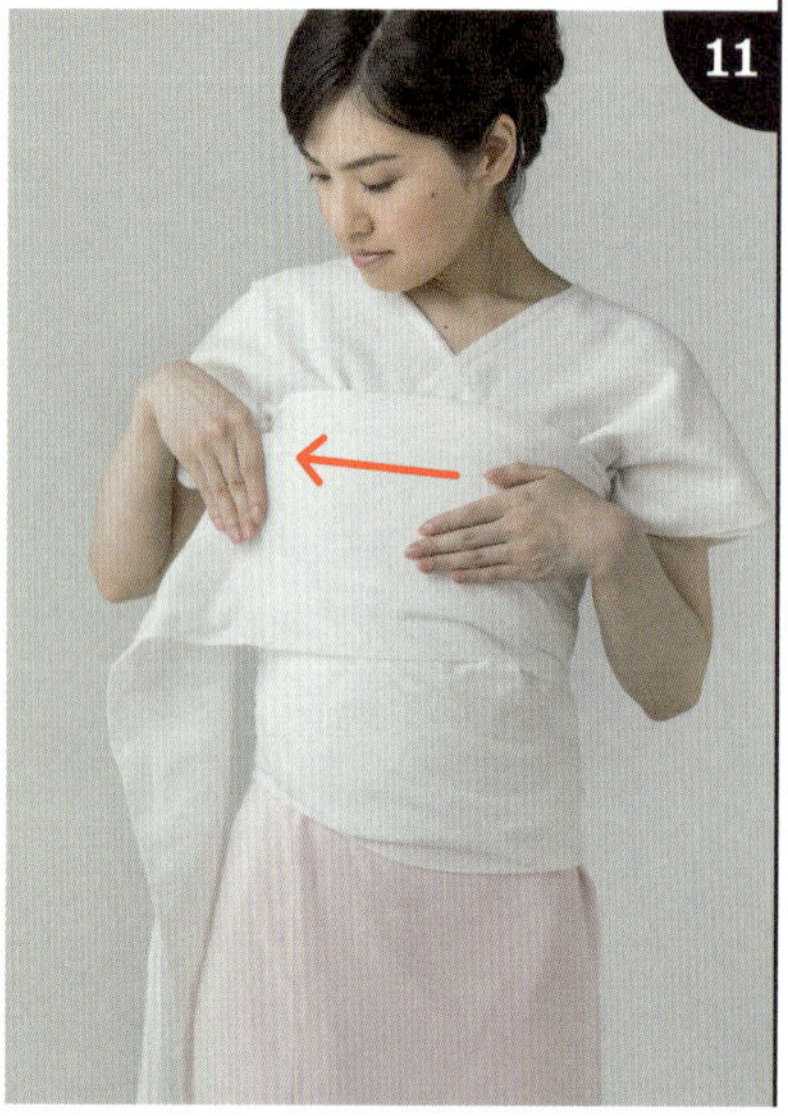

11

一巻き目より下、さらしの上端が乳首から約4cm上を通るように巻く。バストはそれ自体で揺れるので、しっかりと補整する。

胴に巻き、端を挟む

12

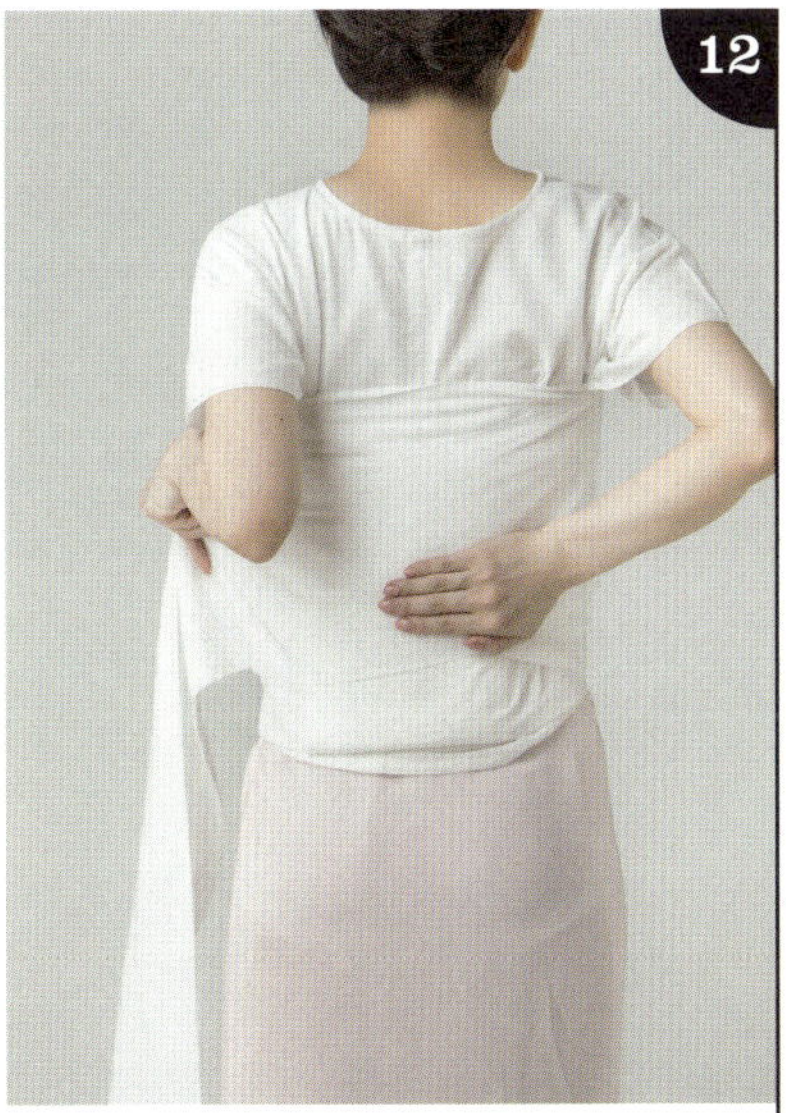

再びさらしを後ろにまわし、少し下げた位置に巻く。

13

前にまわしたさらしは、乳首の下あたりに上端がくるように付ける。柔らかい内臓の上に布を重ねて保護する。

14

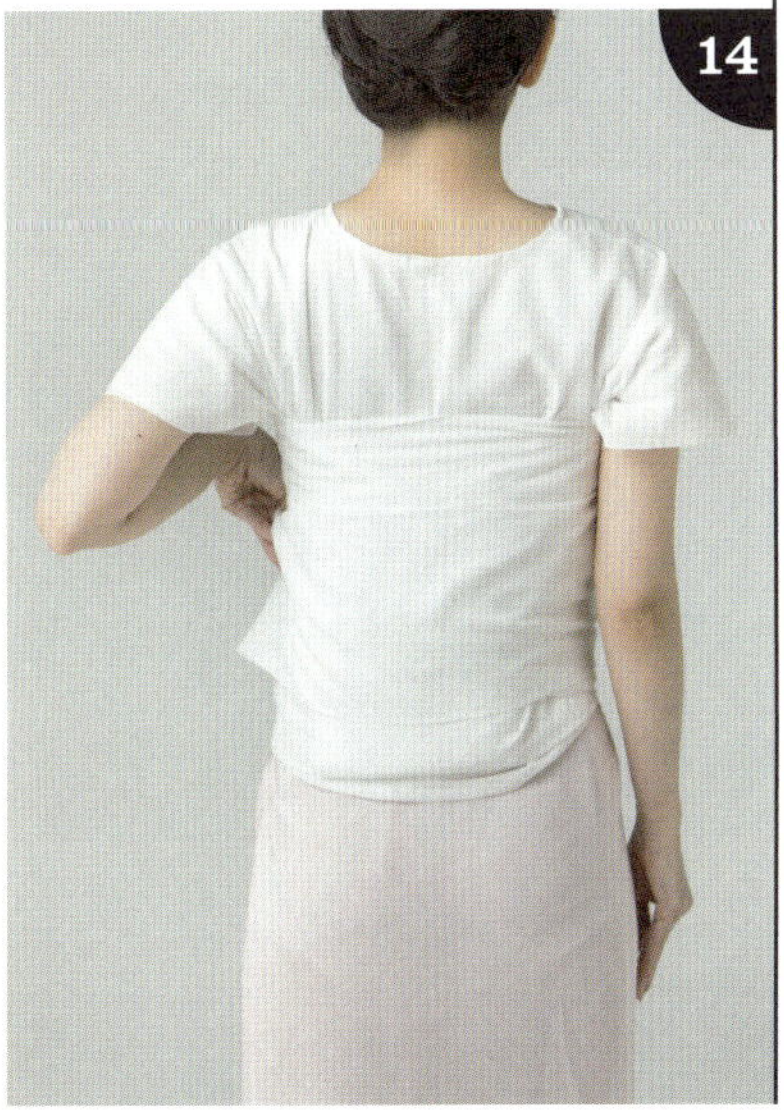

巻き終わりの位置は体型により異なるが、弾力のあるおなかや胸の上は避けること。身体の中央に巻いたさらしに少し挟んで留める。

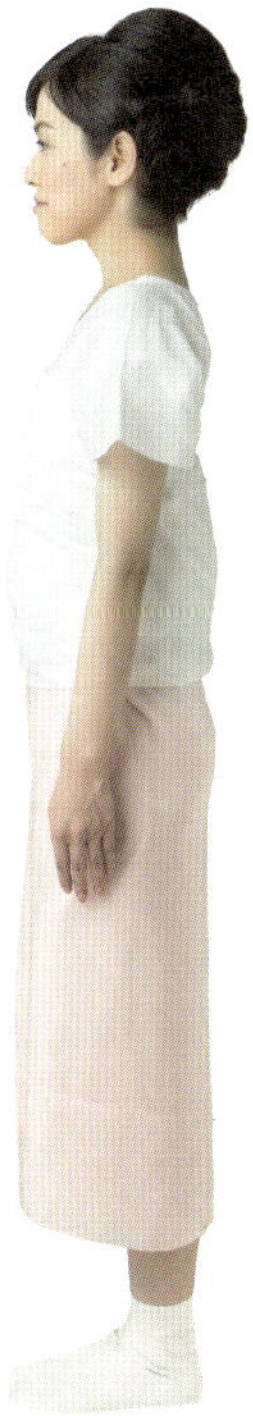

SIDE

BACK

半衿・衿芯、長襦袢を用意する

長襦袢は、着姿の土台となる重要なアイテムです。
美しい衿元やたおやかなラインは、衿付けと長襦袢の着付けでつくられます。

半衿と衿芯

長襦袢には半衿を付けて着ます。衿芯は薄地の半衿をピンと張らせ、衿元を生き生きと演出するサポート役。プラスチック芯が主流ですが、「骨格着付け」では、身体に馴染む木綿の三河芯をおすすめしています。

三河芯に半衿を付け、それを長襦袢に縫い留めます。半衿は長襦袢の中央部分だけに留めるので、身体や長襦袢の動きに影響されず、独立して美しい衿元を保つことができます。

幅広の三河芯は約10㎝幅にカットします。堅い三河芯を縫うには、表面にコーティングと磨き処理を施した木綿糸「カタン糸」がおすすめです（写真は東洋カタン糸50）。滑りがよく摩擦に強いので、針がらくに進みます。

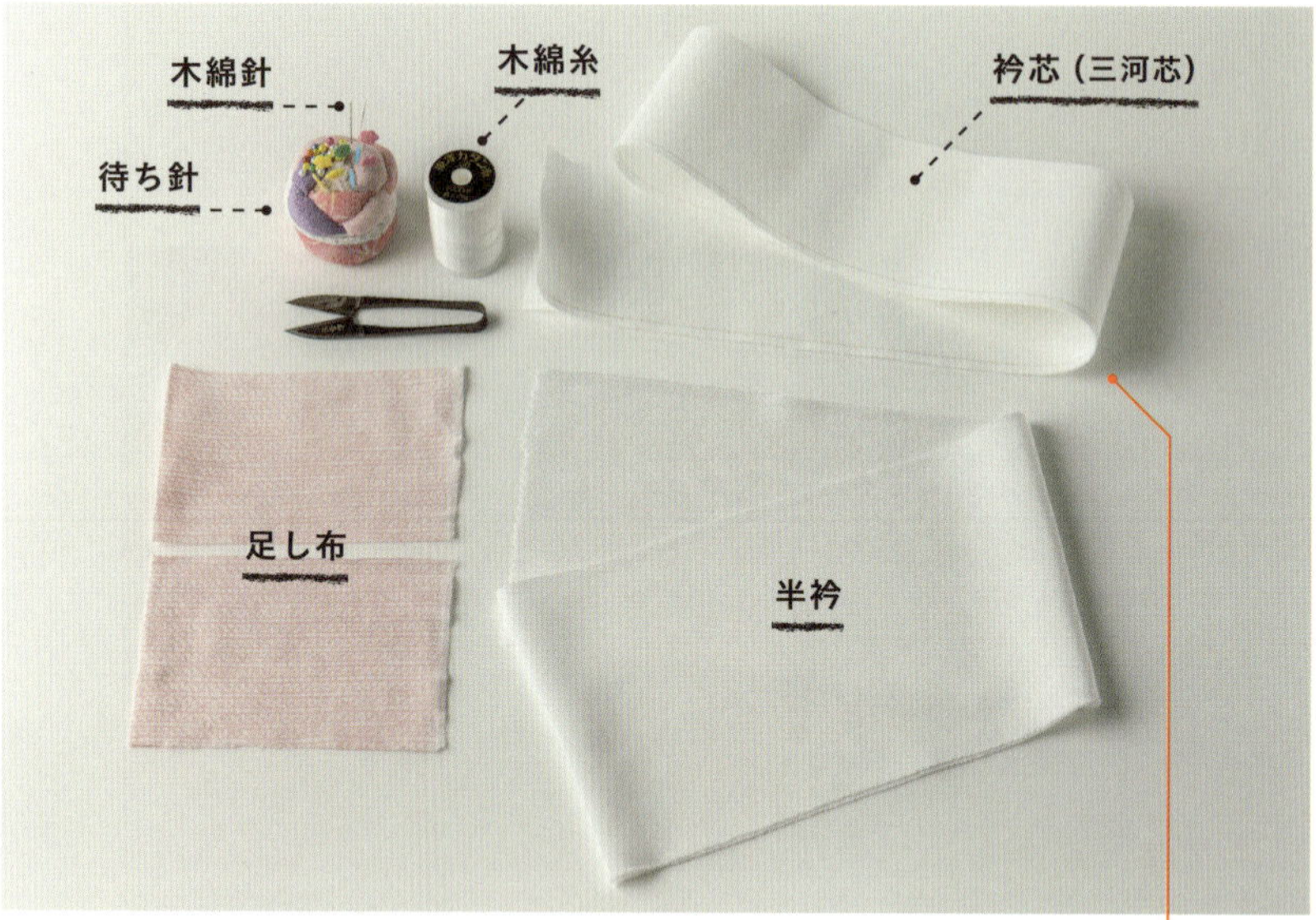

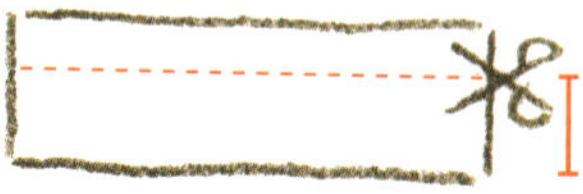

幅を約10㎝にカット

プラスチックの衿芯は衿が浮きやすい

肩や胸、鎖骨の凹凸に馴染まず、衿が浮く。また衿の形に合わせて湾曲させると、その反発力で衿が動き、衣紋が開きやすい。

長襦袢

着物の下に着るものと、長襦袢選びをいい加減にしていませんか？ 衿や衣紋、たおやかなライン……着姿をつくるほとんどの要素を長襦袢の着付けが決めています。

一部式の長襦袢は手間が少なく、らくに着付けられるので、初心者にもおすすめです。衿合わせが正しくできれば、着るだけで裾すぼまりの美しいラインに仕上がります。長襦袢で大切なのは、寸法が合っていること。小さいと着崩れ、大きいと調整が必要です。

長襦袢は身体に密着させて仕上げるので、素材は伸縮性に富む絹がいちばんです。一枚目は着物に関係なく、合わせやすい色柄を選ぶといいでしょう。

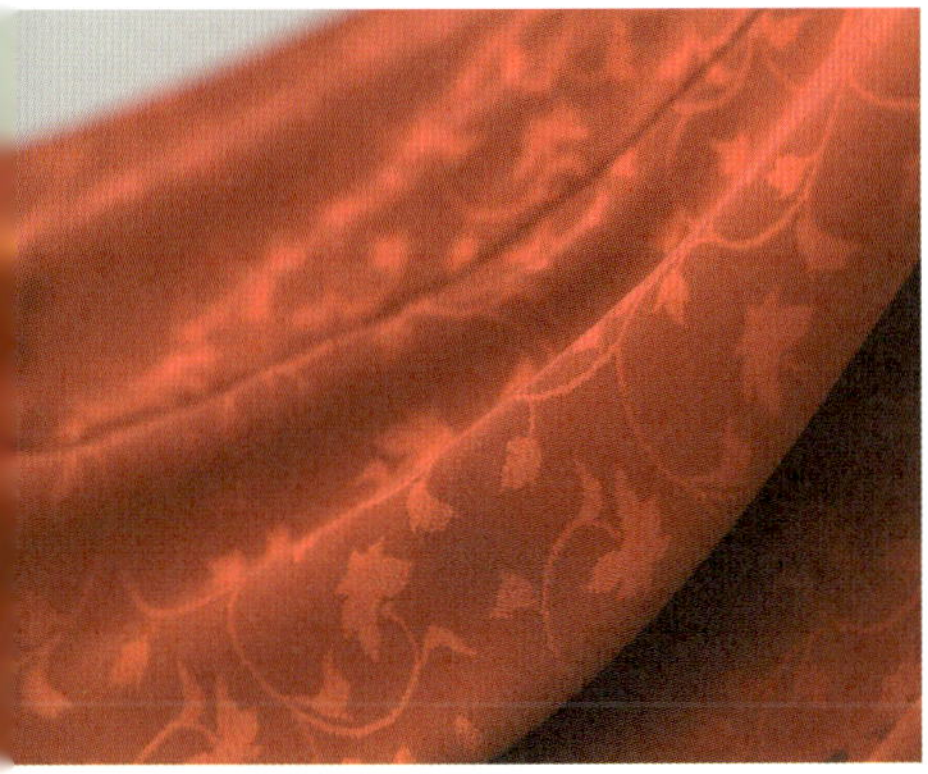

地紋入りの長襦袢

笹島先生が長襦袢選びで大切にしているのは、生地の素材と織り。滑らかな平織りは避け、地紋が織り込まれたものや変わり織り、縮緬《ちりめん》など伸縮性のある素材でつくります。左の写真は更紗《さらさ》文様が地紋に織り込まれた鮮やかな真紅の長襦袢。紬のほか、江戸小紋などにも合わせて楽しみます。

長襦袢（一部式・袷）

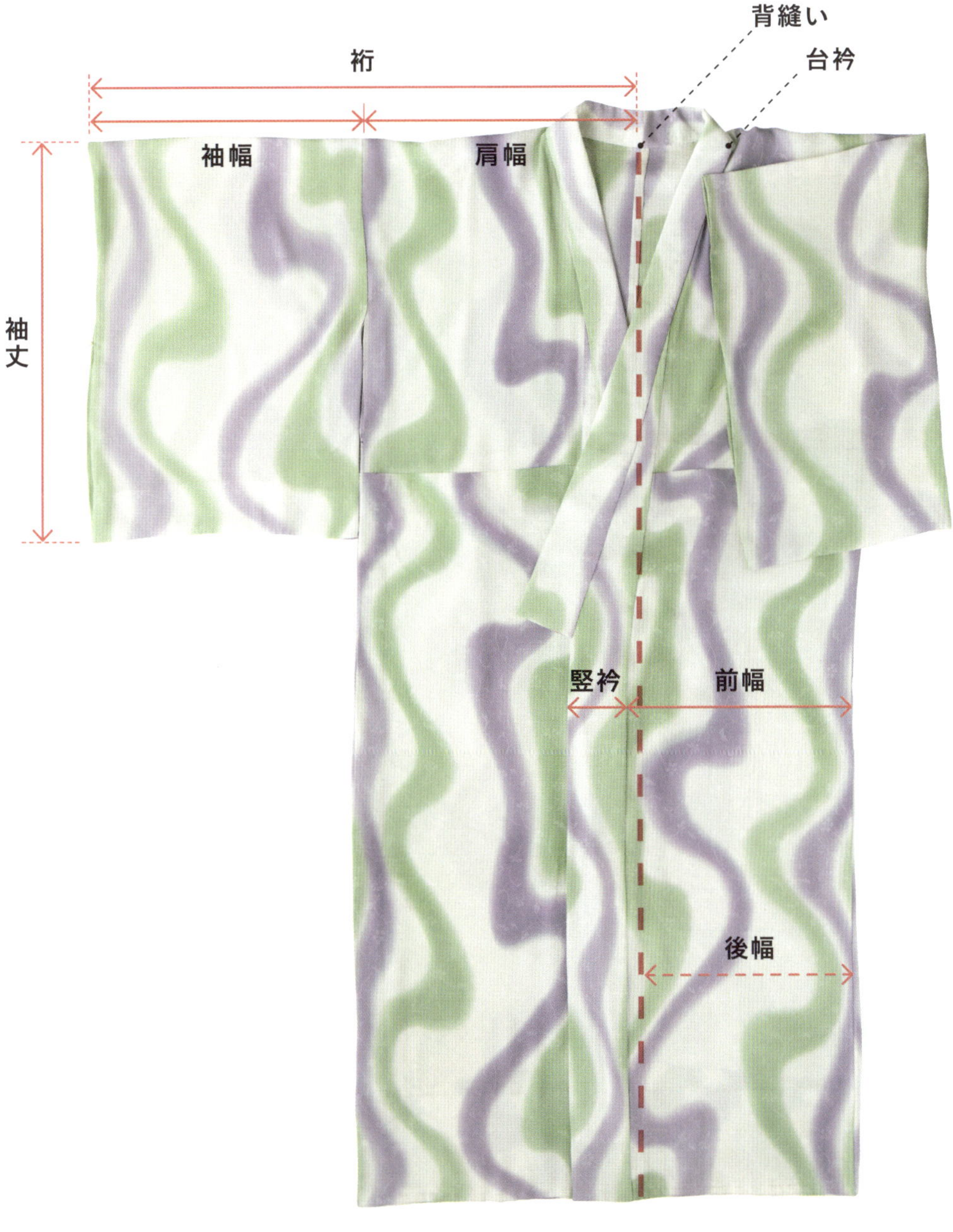

半衿・衿芯付け

決めワザ 1

〈半衿・衿芯〉ユニットで長襦袢は動いても、半衿は動かず

着ているうちに衿合わせが崩れ、左右が均等でなくなるのは、長襦袢の動きに半衿が従って動くためです。

長襦袢の台衿は腰まで続いています。着物と違っておはしょりがないぶん、激しく動く腰やおなかの上では、長襦袢の衿も動いています。台衿に半衿を端から端まで付けると一緒に動いてしまいますが、半衿と芯で片面と中央を付け、あとは自由にしておくと、長襦袢に引っ張られずに美しい衿元をキープできます。

まず三河芯を半衿でくるむように付け、衿のユニットをつくります。長襦袢に付ける側は、待ち針で留めるだけ。これを台衿の中央部分、左右30〜33㎝の間に縫い付けます。

半衿・衿芯ユニット

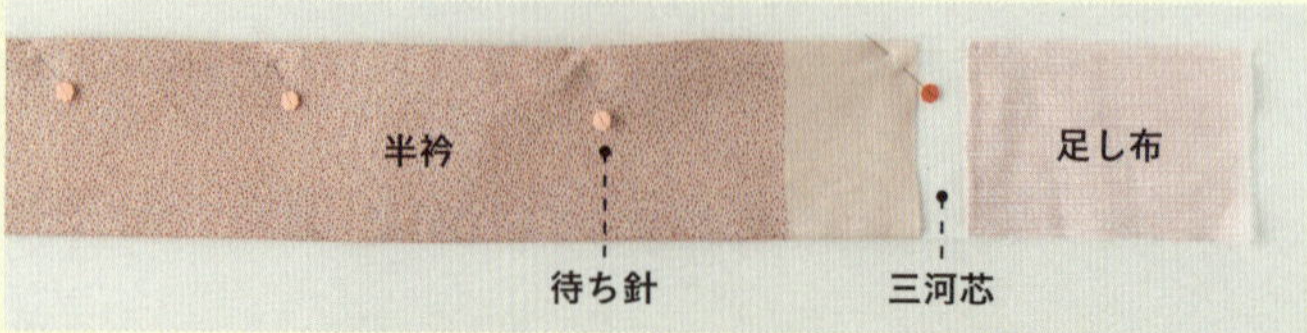

半衿
足し布
待ち針
三河芯

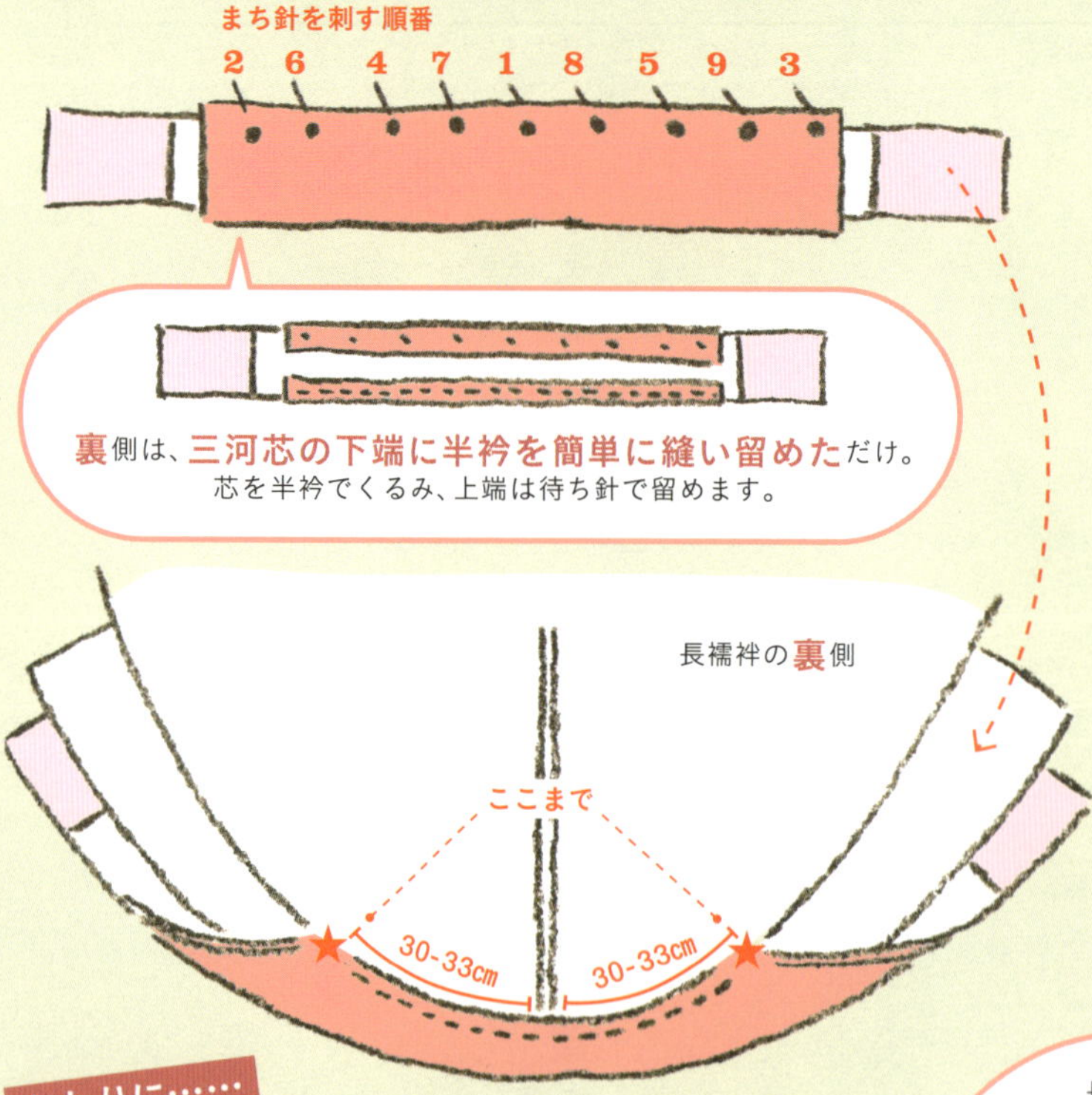

まち針を刺す順番
2 6 4 7 1 8 5 9 3
裏側は、三河芯の下端に半衿を簡単に縫い留めただけ。
芯を半衿でくるみ、上端は待ち針で留めます。
長襦袢の裏側
ここまで
30-33㎝
30-33㎝

衿は下端がフリーだから、長襦袢に連動せず、きれいな角度を保てます

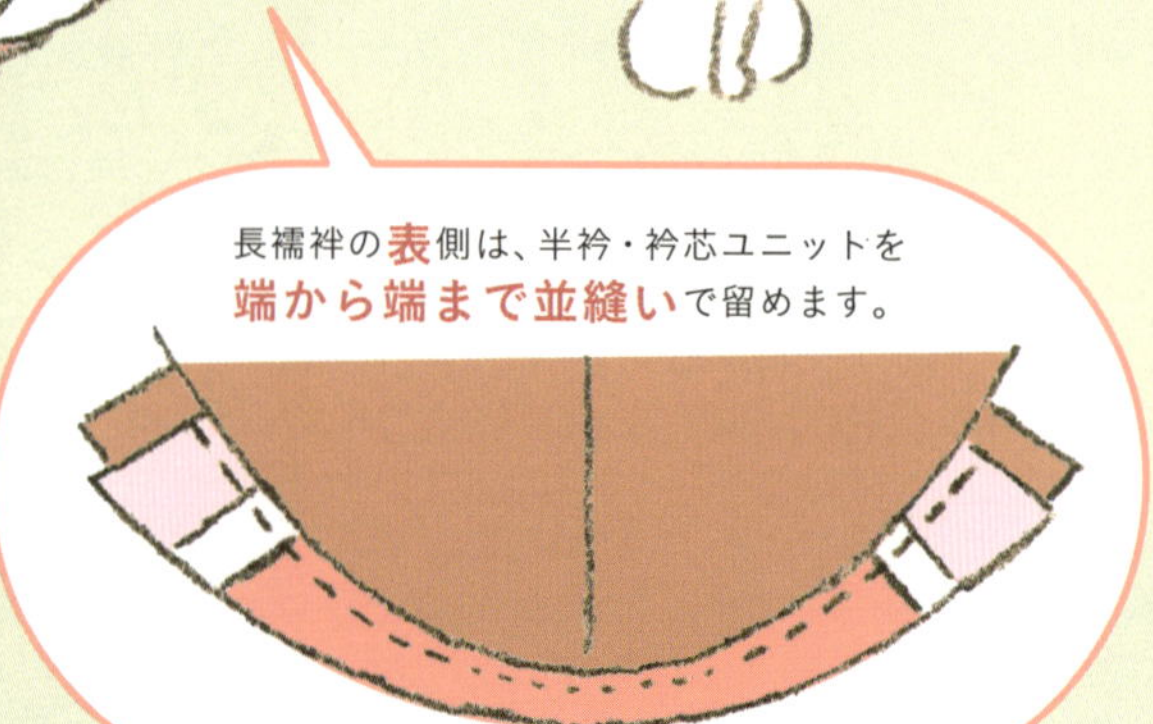

長襦袢の表側は、半衿・衿芯ユニットを
端から端まで並縫いで留めます。

かわりに……

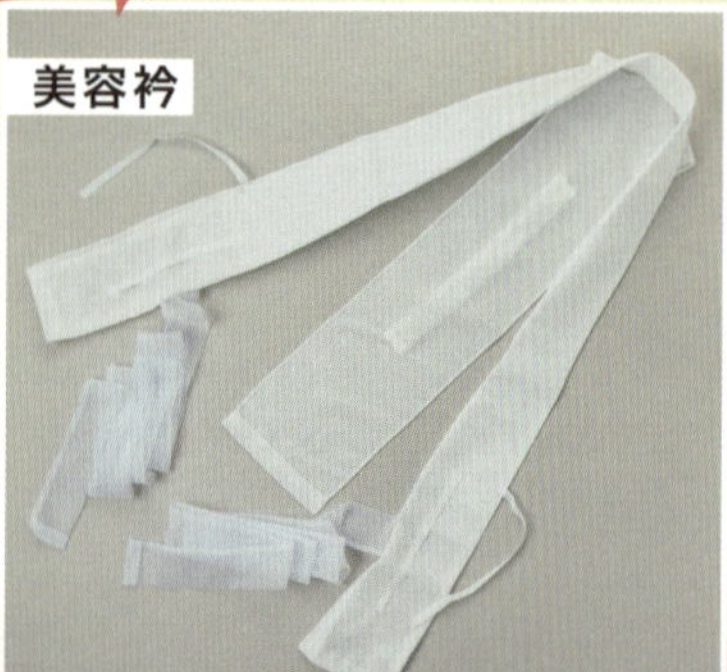

美容衿

半衿・衿芯ユニットをつくるのが面倒な人は、市販の美容衿でも代用できる。長襦袢の台衿にかぶせるだけで、付いているひもは使わない。そのほか半衿付き三河芯などもある。

決めワザ 2
首まわりのカーブを保ちながら縫う

裏側の台衿では、首まわりのカーブを保ちながら、半衿・衿芯ユニットを縫い付けます。台衿のほうにゆとりを持たせ、半衿は短く張って持ちます。台衿と半衿の間に大小の隙間ができますが、これを壊さないように針を進め、並縫いします。

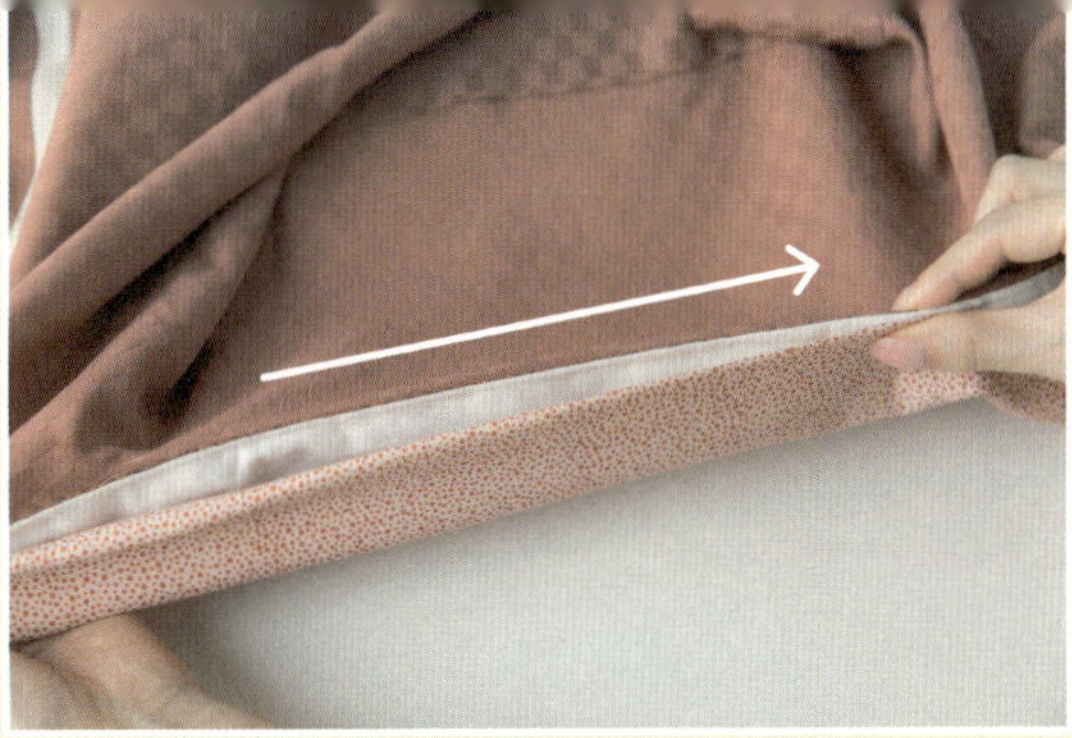

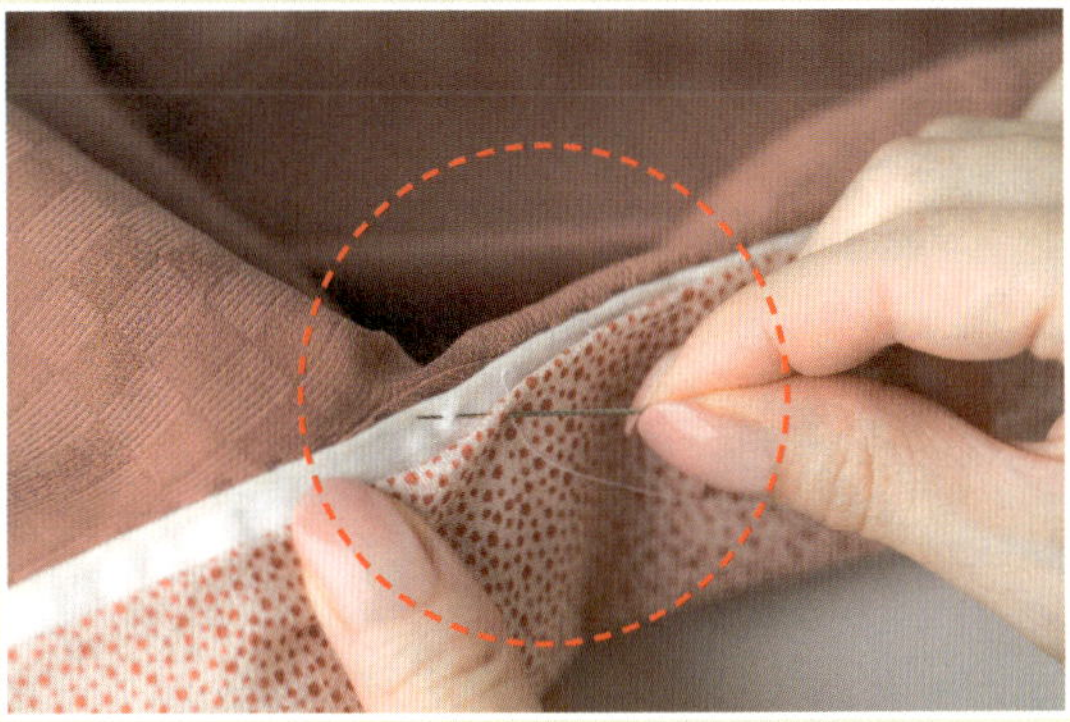

上／左手で背縫い、右手で30から33cmのところを持つ。長襦袢側にゆとりを持たせ、手前の半衿はピンと張って短めに。下／長襦袢側の縫い目を少し大きめに取って、衿のカーブを保つ。

決めワザ 3
体温できれいに馴染む お手製の〈紙衿芯〉

A4用紙を斜めに折り畳んだ紙の衿芯を2つ用意し、着る直前に長襦袢の裏側、台衿と半衿の間に左右のそれぞれの端から入れて仕上げます。紙の衿芯は三河芯の補強です。体温で着物と馴染み、自然な衿元をサポートします。着物のボリュームとのバランスで、より強度が必要な場合は、二枚に重ねるなど調節も簡単です。

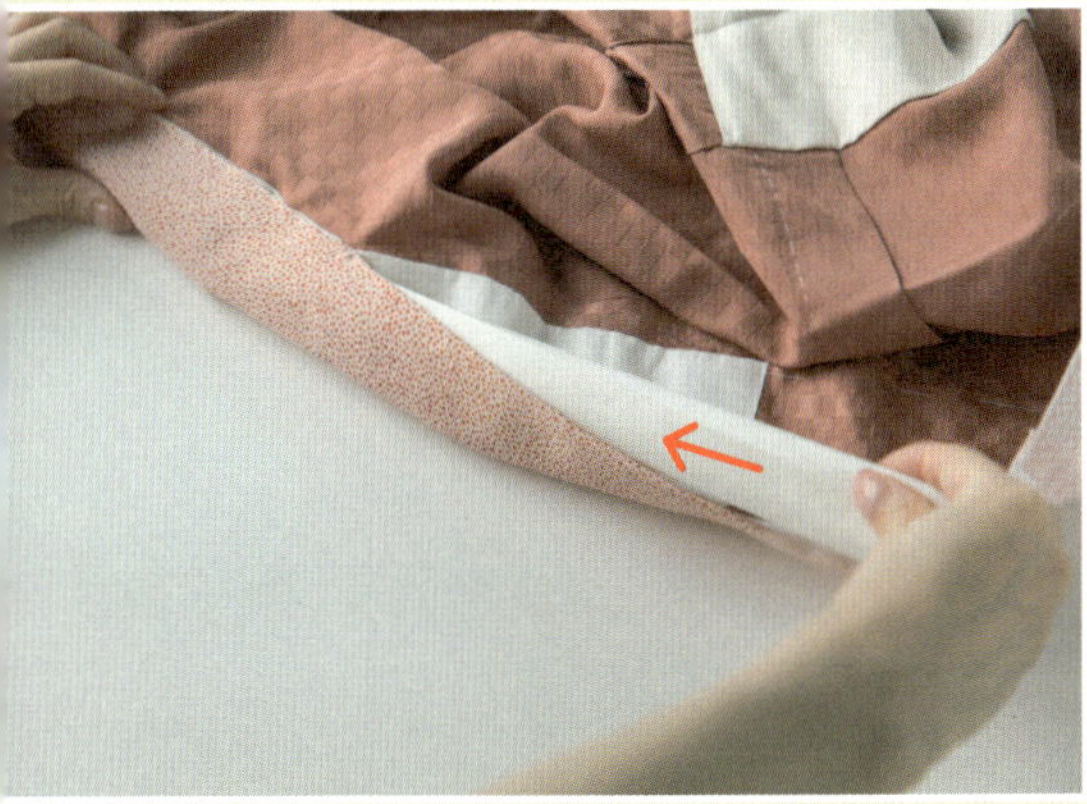

紙衿芯は裏側の台衿と半衿の間に差し込む。用いるのはレポート用紙や便箋など。コピー用紙は堅すぎて不向き。

紙衿芯の折り方

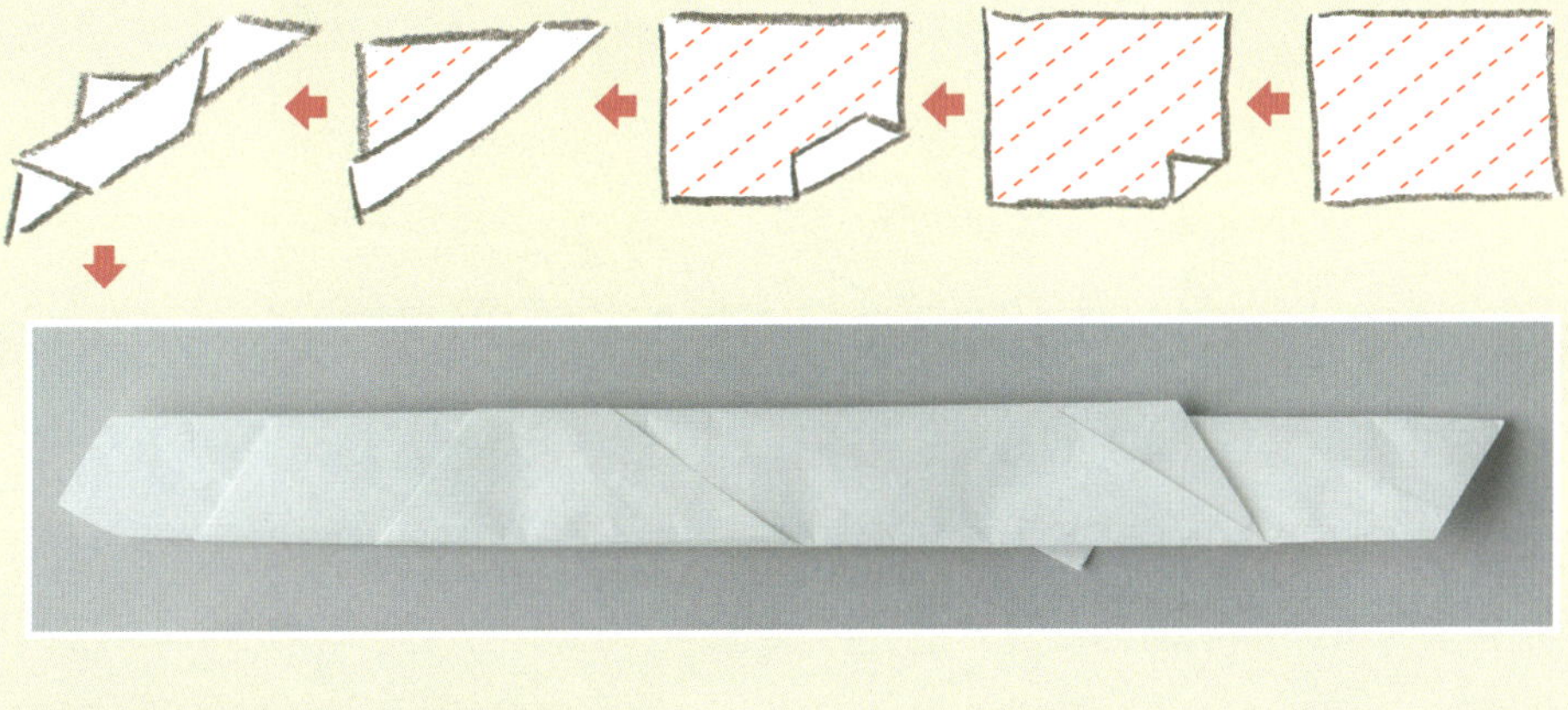

半衿・衿芯の付け方の手順

足し布を付ける

1

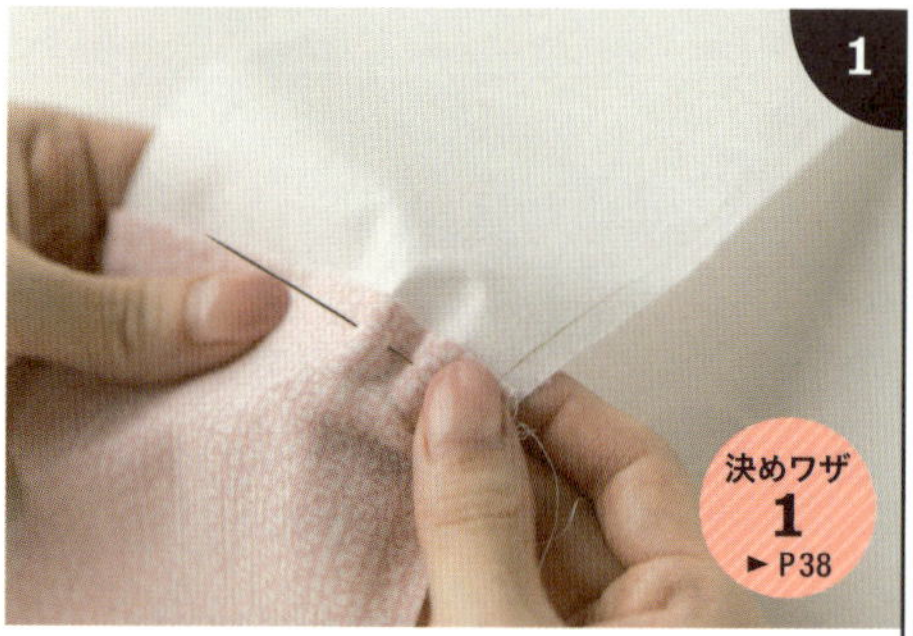

三河芯に足し布をつける。足し布はさらしなどの余り布を三河芯の幅約10cmに切ったものを使用する。

2

三河芯の両端に足し布が付いた状態。三河芯と足し布、二枚の布の重なりはここでは1cmほど。

三河芯に半衿を付ける

3

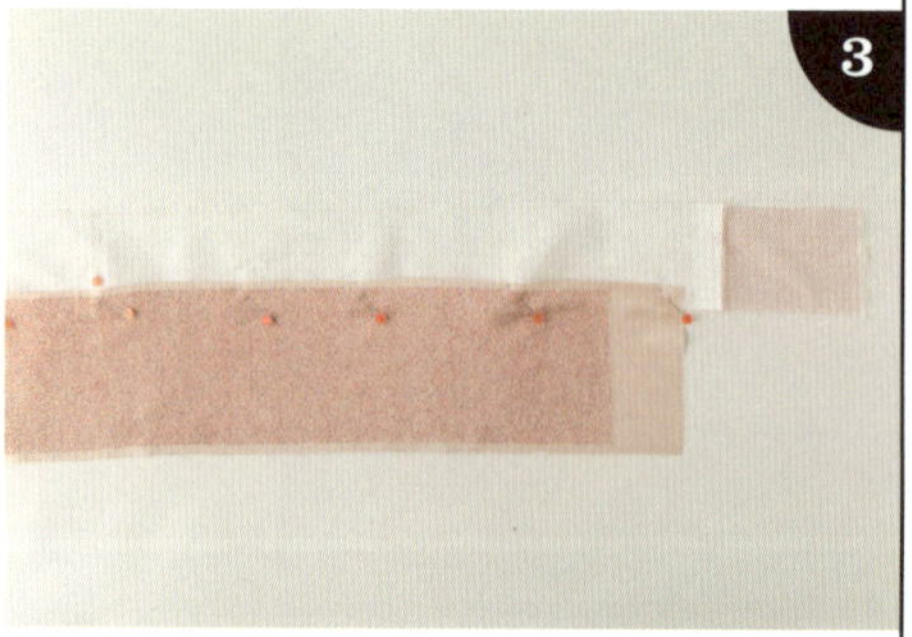

足し布が付いた三河芯を横に置き、その上に半衿を表を出してのせる。縫いやすいように待ち針で留めておく。

4

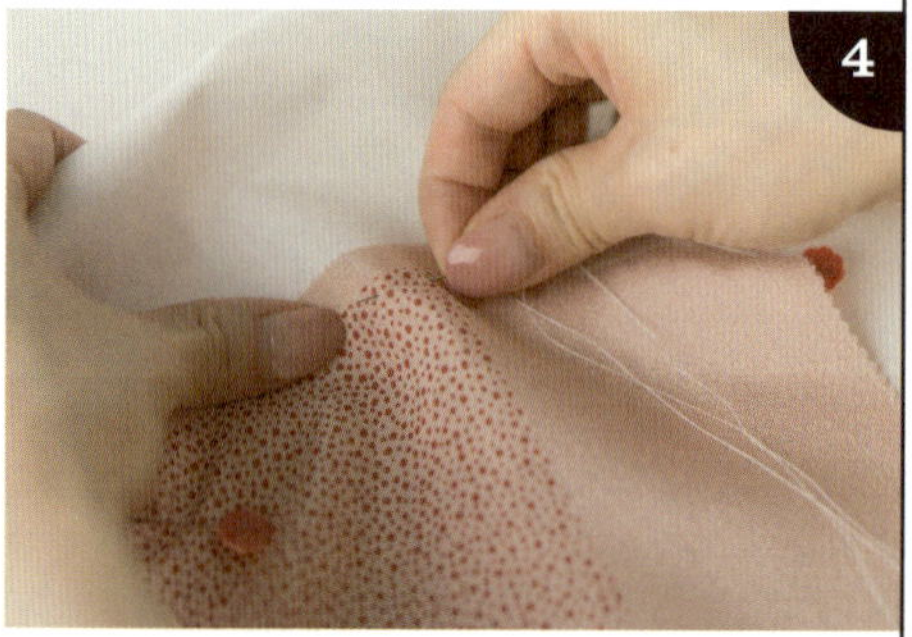

三河芯と半衿を縫う。このときのコツは大きい針目で縫うこと。長襦袢に付いたときに歪みを吸収し、衿の安定を助けてくれる。

5

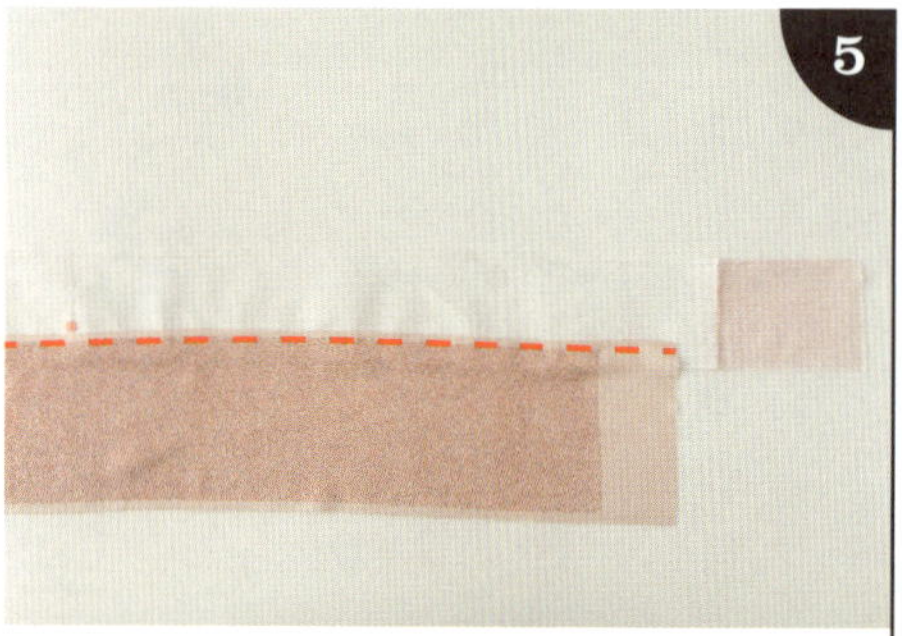

三河芯と半衿が付いたところ。半衿の柄や刺繍部分など、着物を着たときに衿元にのぞかせたい部分の調節はこのときの重なり加減で決まる。

三河芯を包む

6

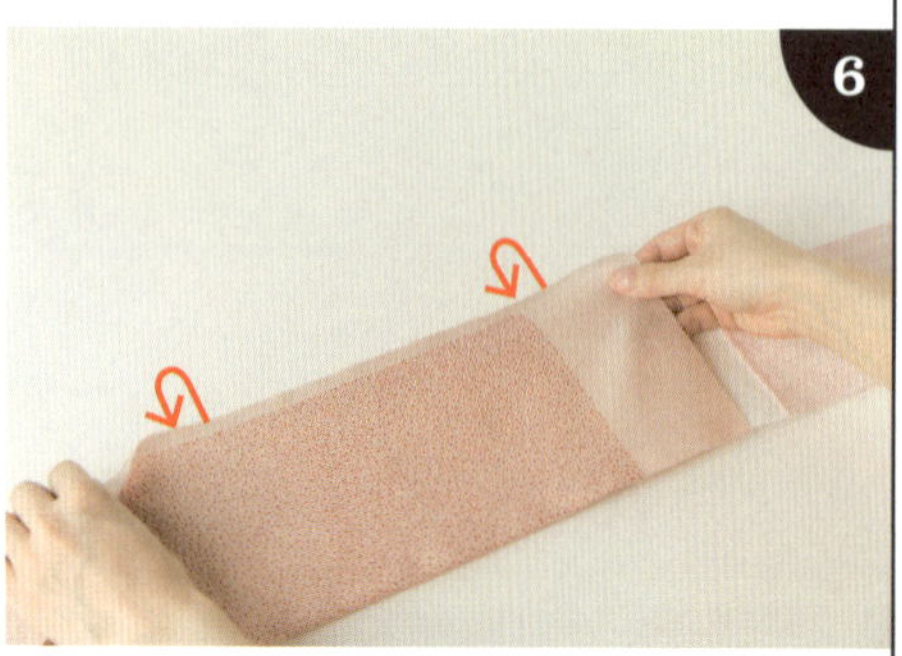

三河芯に半衿が付いたら、半衿を裏に返す。縫った部分が手前となる。半衿が斜めにならないように気を付けながら、三河芯を包む。

7

半衿が三河芯に対して斜めにならないように気をつけながら、待ち針を留めていく。三河芯の端まで半衿がこなくても大丈夫。

8

中央となるところに待ち針で印を付けておく。あとで長襦袢に取り付けるときにわかりやすい。

9

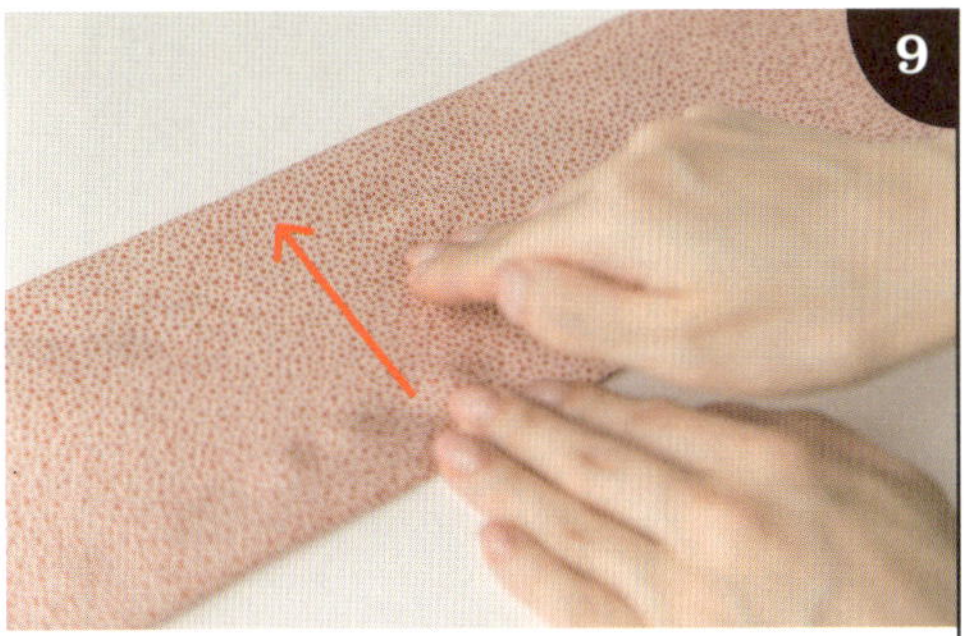

手前から上に向かって、半衿を指先でこすると、間に入り込んだ空気が抜ける。このひと手間ですっきりとした美しい衿ができる。

10

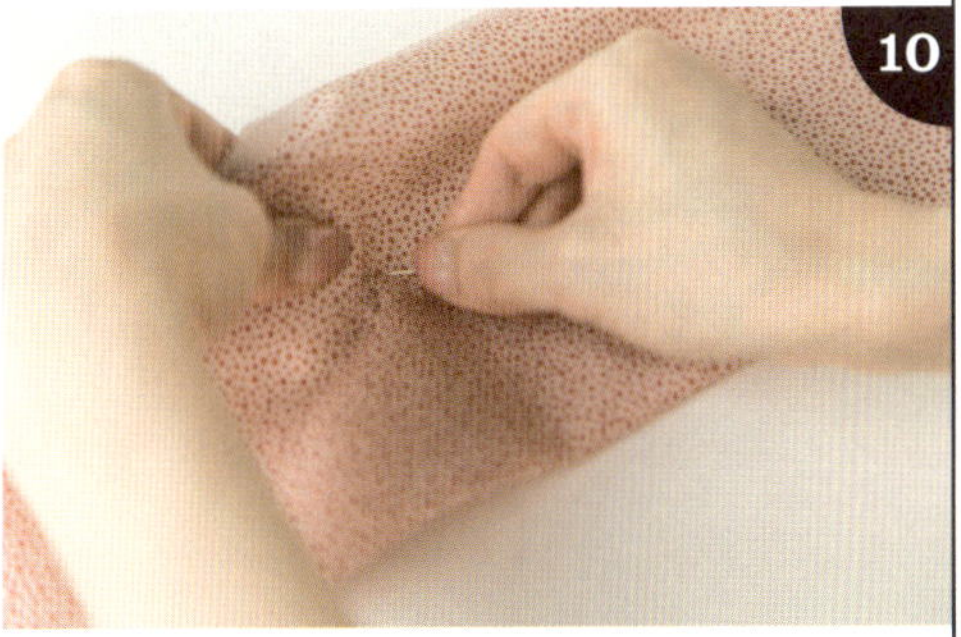

三河芯と半衿の間の空気を抜いたら、上部を待ち針で留めていく。待ち針は下から斜め上に出るように留め、次の作業がしやすいように。

半衿・衿芯ユニット完成

11

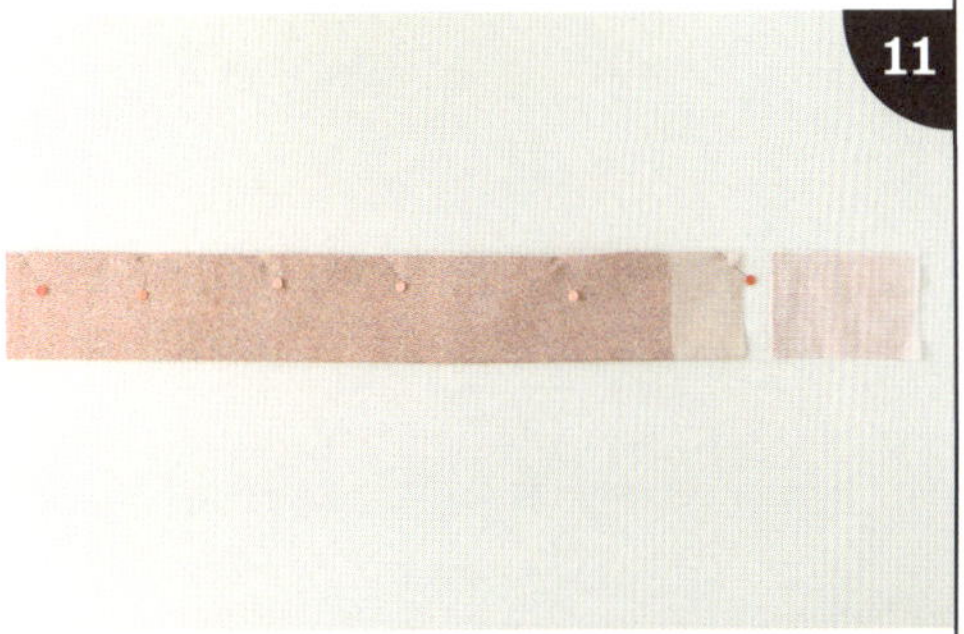

待ち針が留められ、長襦袢に縫い付ける準備ができた。余分な空気が抜けたことで半衿の布目が整った。

長襦袢の表側に半衿を付ける

12

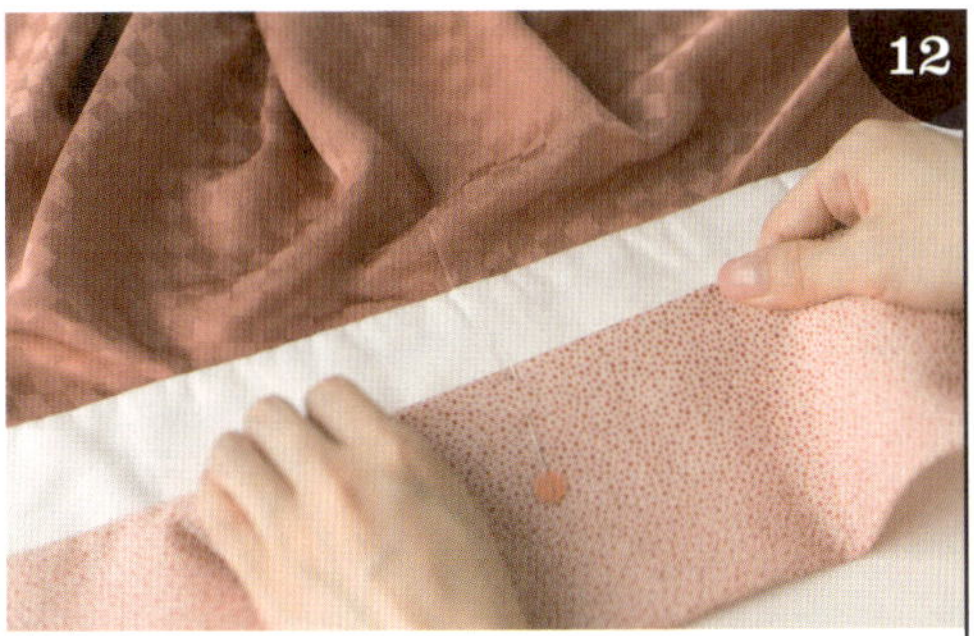

長襦袢に半衿を付ける。長襦袢の表の衿が手前にくるようにして置く。待ち針で留めたままの状態の半衿を重ねる。

13

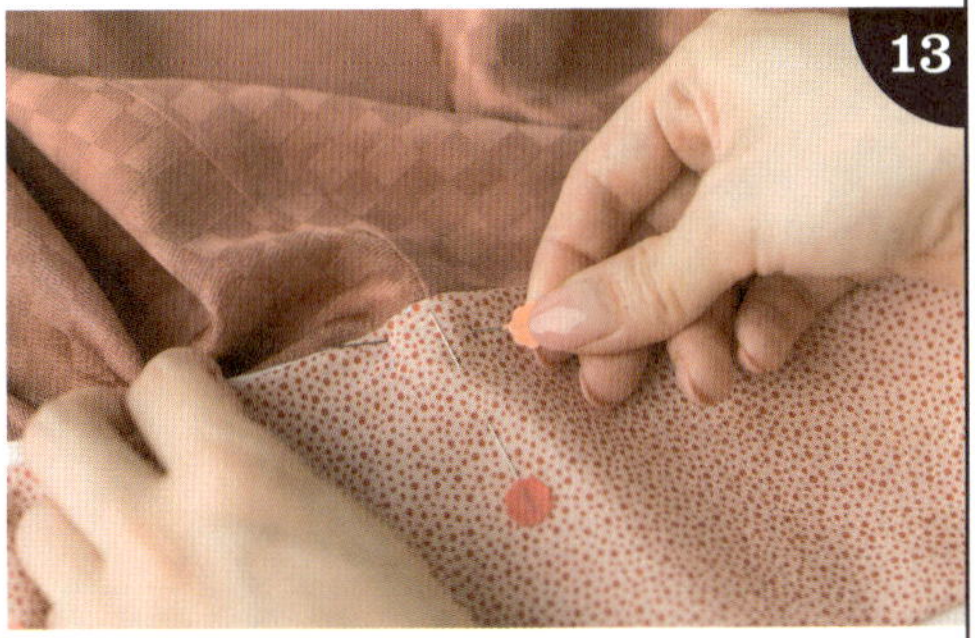

待ち針で留めた半衿の中央を長襦袢の背縫いに合わせる。まずは背縫い、衿先へとさらに待ち針で留めていく。

14

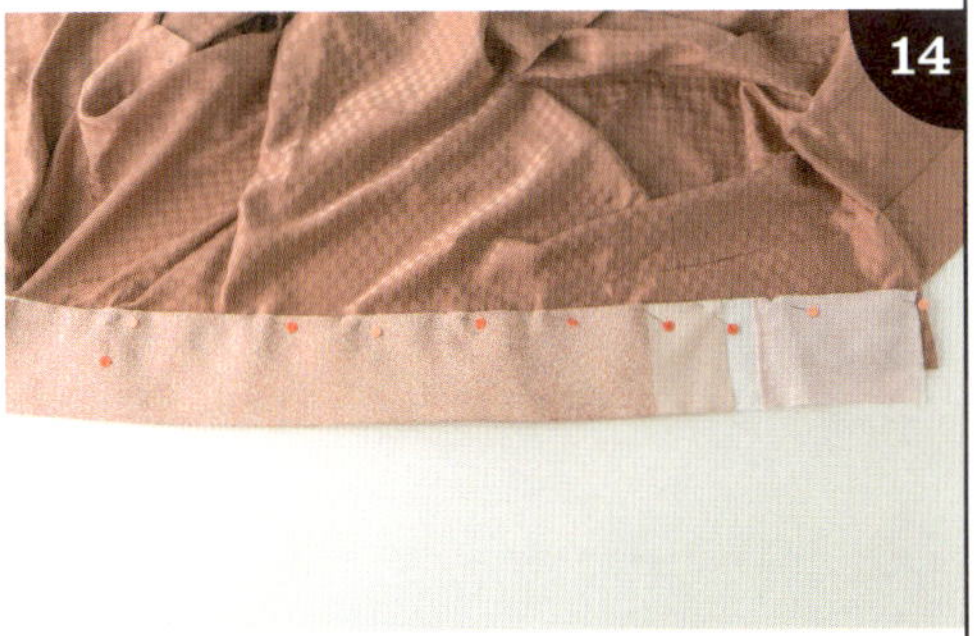

背縫いから片側の衿先まで待ち針を留め終えたところ。片側ずつ留めていくと限られたスペースでも作業がしやすくなる。

15

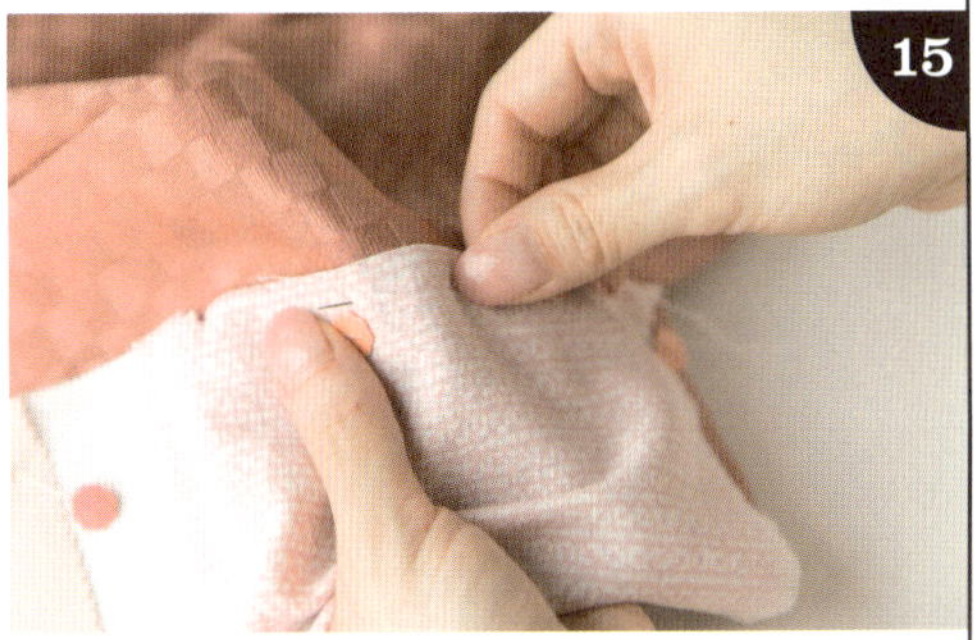

長襦袢の衿先から背縫いへと向かって縫う。このときも大きい針目で縫うこと。背縫いまできたら、反対側の衿先へ向かい、同様に縫っていく。

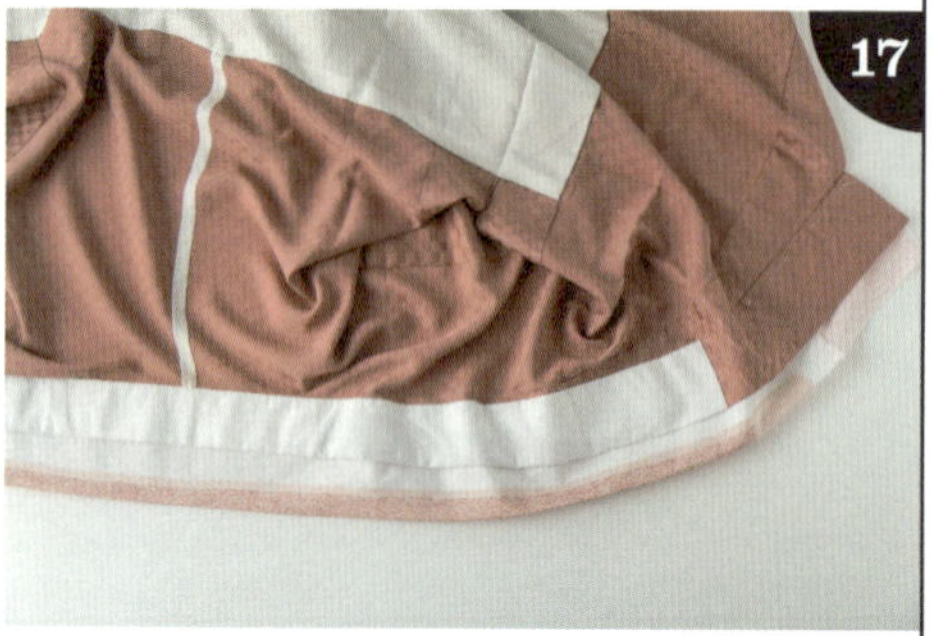

長襦袢の表側に衿が付いたところ。大きな針目できれいに仕上がった。この針目が手や首の動きからくる歪みを吸収してくれる。

内側を縫う

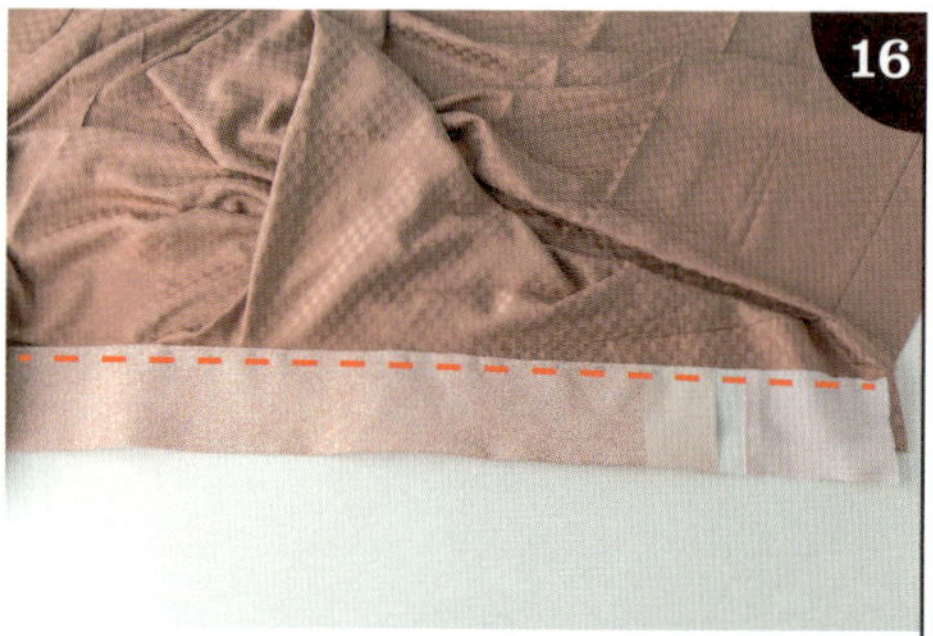

長襦袢の表側に衿が付いたら、裏返す。表側は端から端まで縫い付けたが、裏側は背縫いから左右に30〜33cmほど縫うだけ。

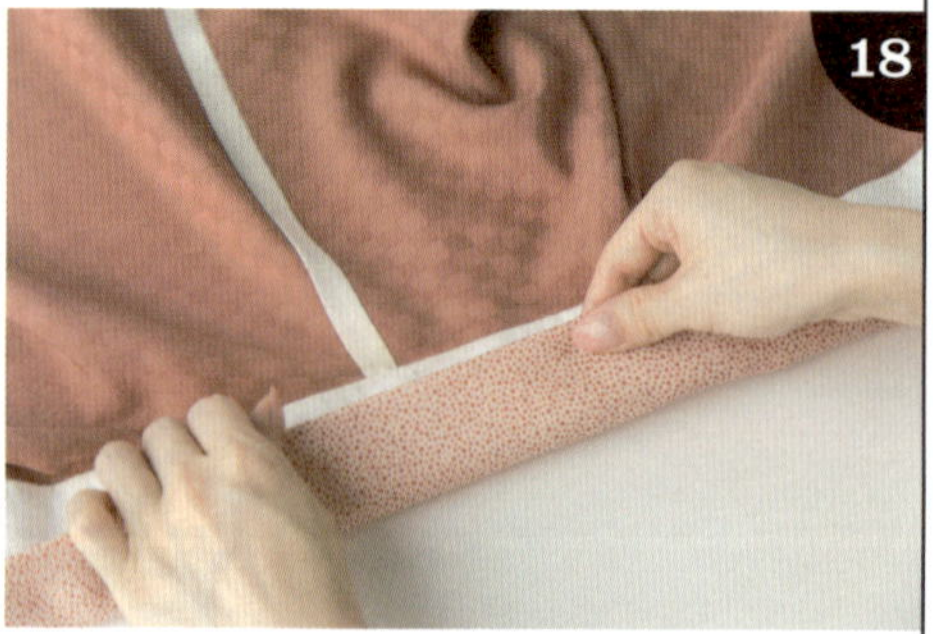

半衿を長襦袢の衿が隠れるまで折り返す。

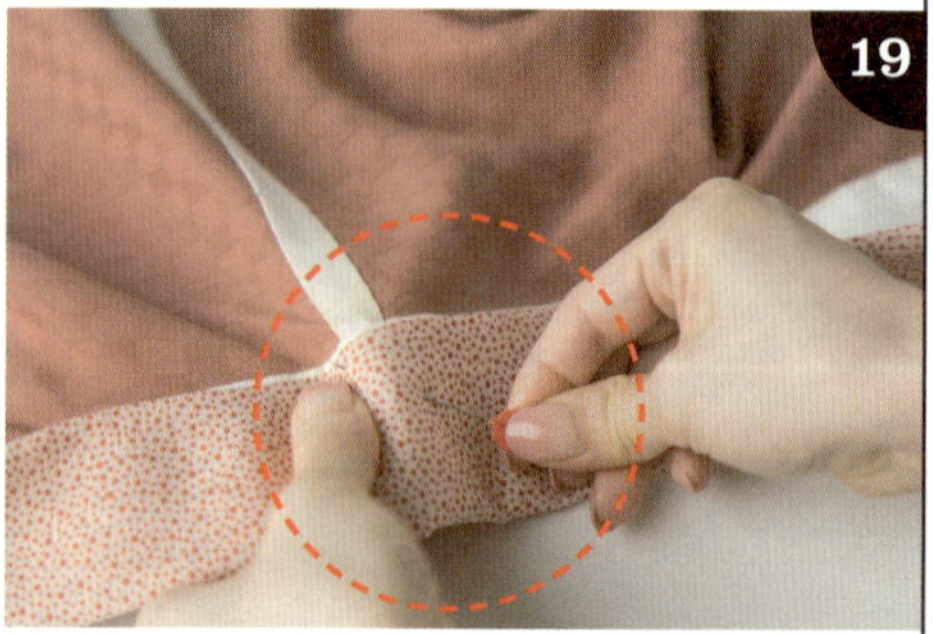

今までと同様に、背縫いを待ち針で留めてから片側ずつ留めていく。

首まわりのカーブを縫う

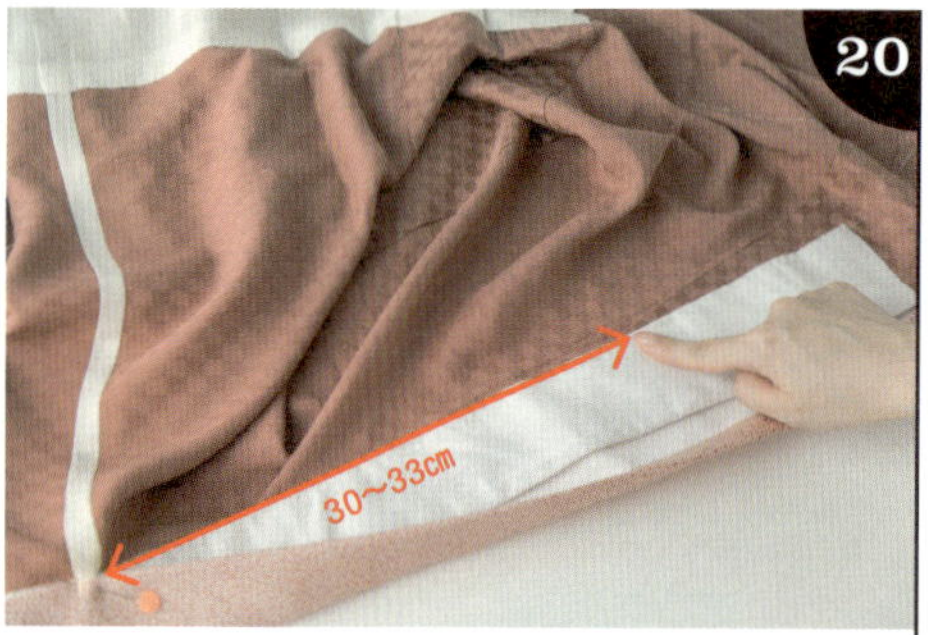

背縫いから30〜33cm、衿肩あきから手幅一つ分のところまで留める。内側の衿を縫い留めるのはここまで。この先は開いたままでよい。

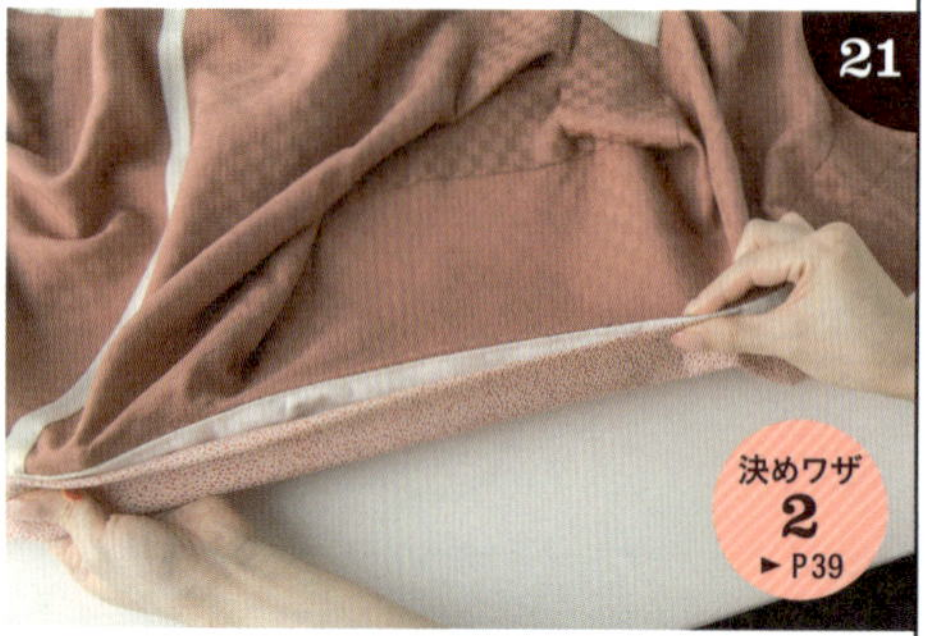

右側から留めていく。背縫いから縫い留まりまでの衿をピンと張る。身体側にくるところなので、長襦袢側にはゆとりを持たせる

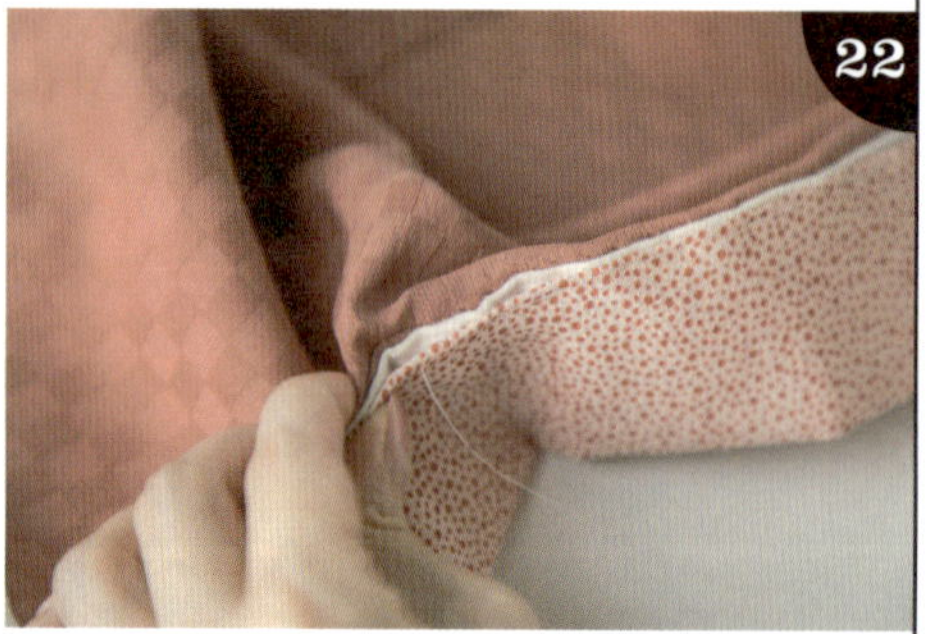

縫い始めの針目はさほど気にしなくてよい。縫い方はすべて並縫い。場所によって、針目の大きさだけを変えていく。

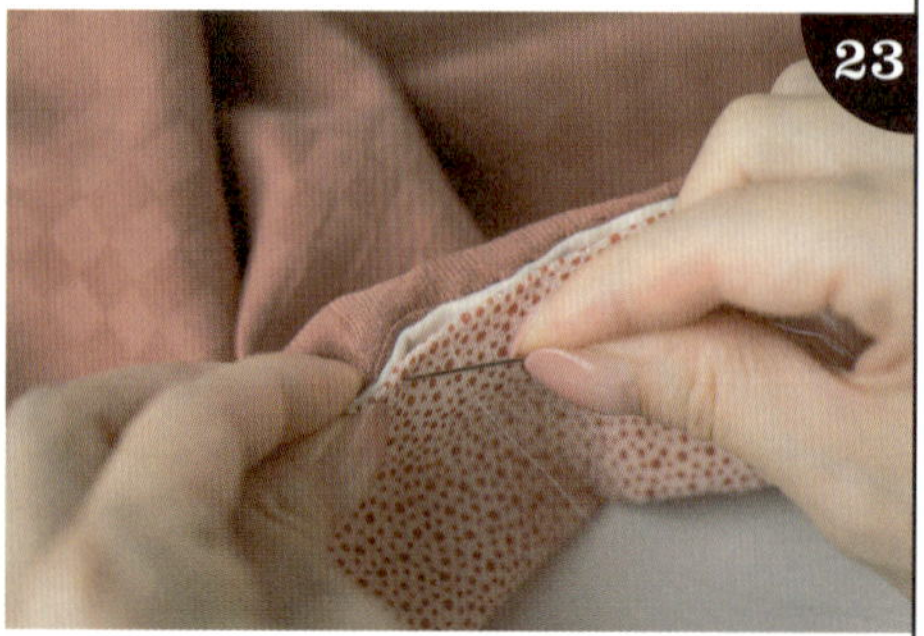

縫い止まりから縫い始め、衿肩あきまできたところで、ゆとりの差を吸収するよう針目に配慮する。半衿側と長襦袢側の針目に差がつくようにする。

半衿側より長襦袢側の針目を少し大きくすることでゆるい丸みができる。つった縫い目になる。このわずかな差が優しい丸みとなる。

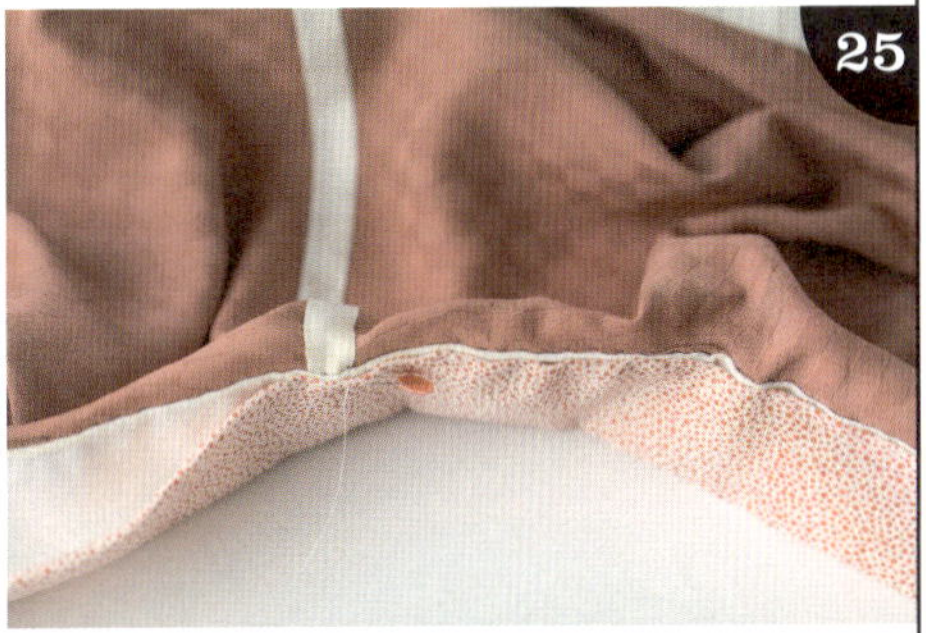

右側半分が仕上がったところ。

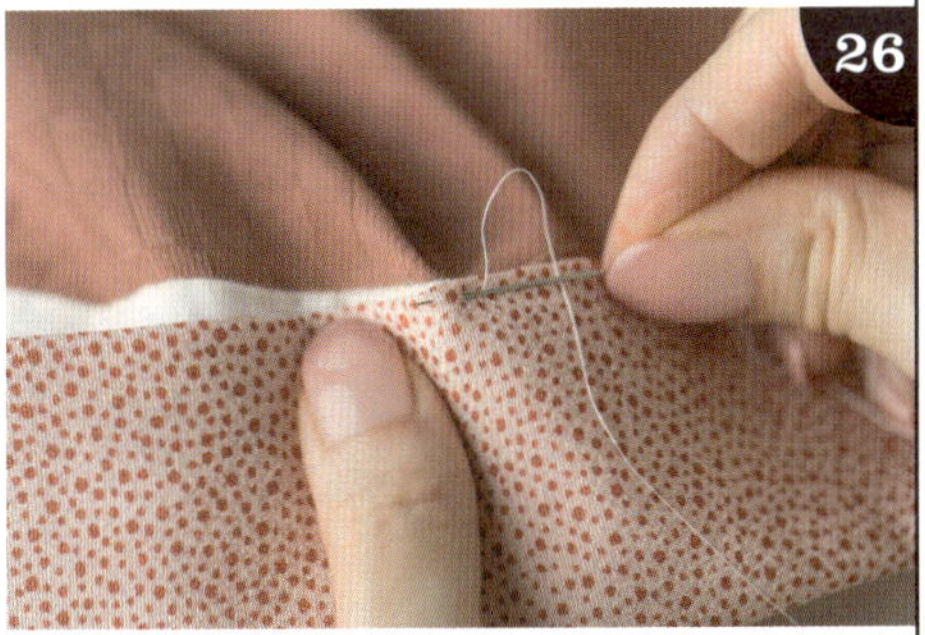

同じように衿肩あきは針目に気をつけながら縫う。衿肩あきを過ぎたら、針目の大きさを気にせず、大きく縫っていく。

紙の衿芯を入れる

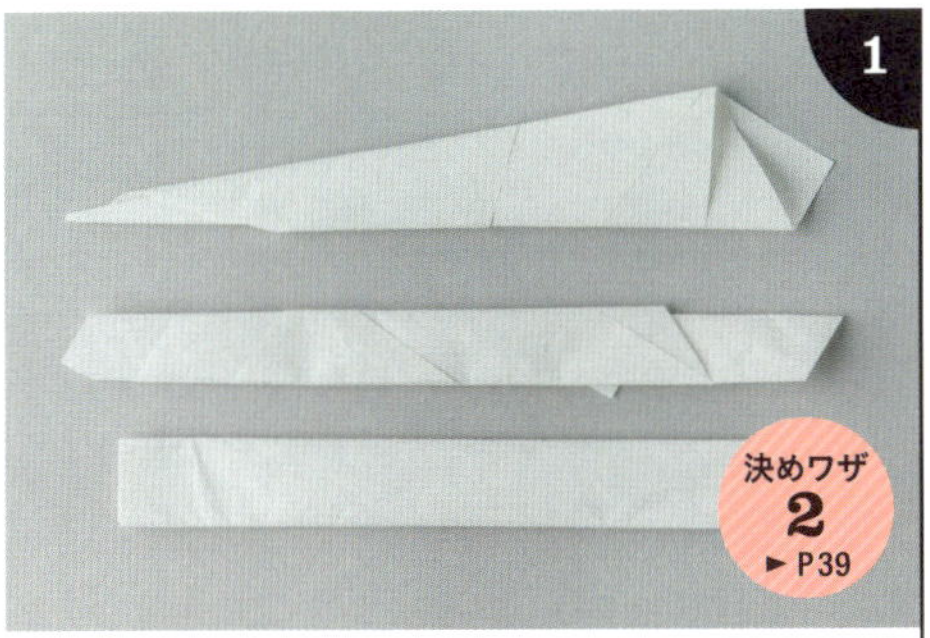

いずれもA4サイズの紙を折ったもの。便箋や半紙などを用い、堅さや形を選ぶことができる。着物や長襦袢、衿の素材などに合わせて変える。

内側の縫い止まりから紙の衿芯を差し込む。厚みを持たせたいところも自由に加減できる。

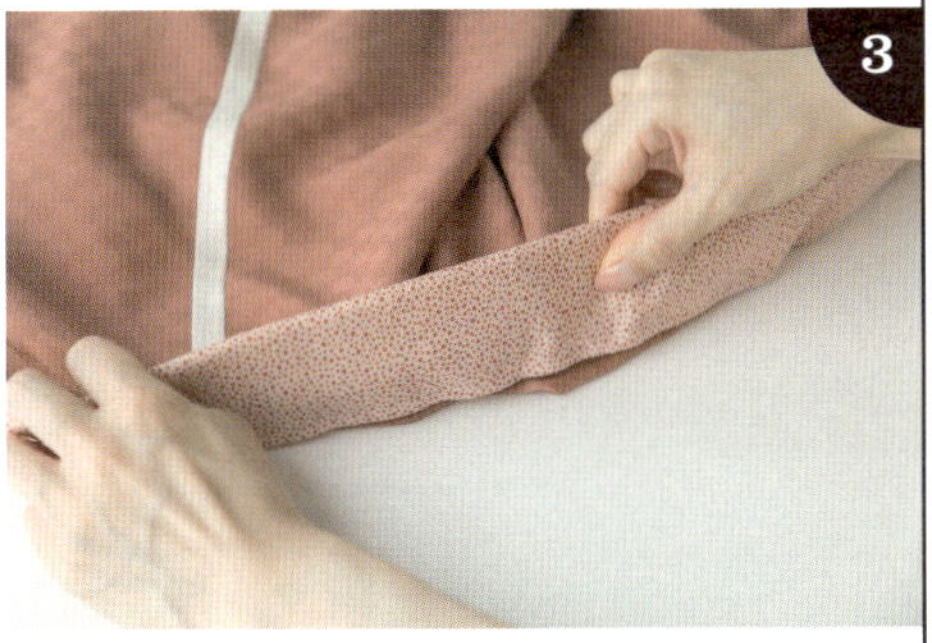

紙芯を入れたら、背縫いから衿先に向けてこする。初めは張りのあった紙が徐々に柔らかく、また着ると体温によっていっそう馴染んで優しい衿となる。

長襦袢の着付け

決めワザ 1

のどのくぼみで決める！着崩れない衿合わせ

長襦袢の衿合わせの角度や整え方で大切なのは胸元です。骨格的には肩甲骨や鎖骨、肋骨と常に動く部分で衿の崩れやすいところです。着るときは、背筋を伸ばして姿勢よくていねいに、気持ちを集中させると上手な着付けができます。すべては長襦袢の着付けが基本です。

衿合わせの基準はのどのくぼみ

着る人の年代や着物の素材の違いによって、微妙に衿の合わせ方が変わります。のどのくぼみを目安に着ると失敗しませんが、衿合わせは洋服のデザインの違いくらい趣きが変わります。

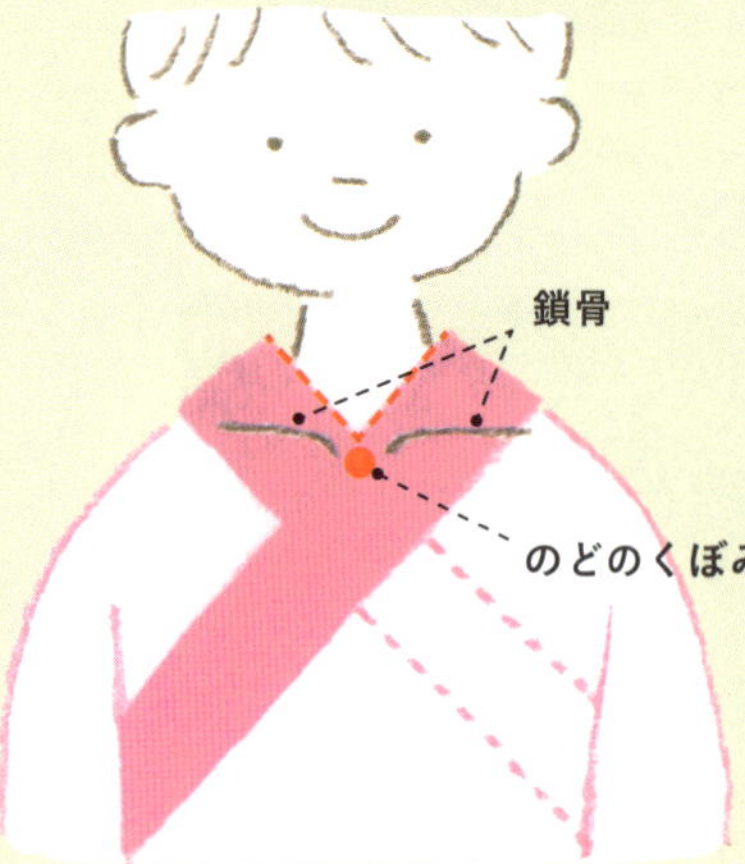
鎖骨
のどのくぼみ

決めるのは、
衿の内側ライン

O
OK

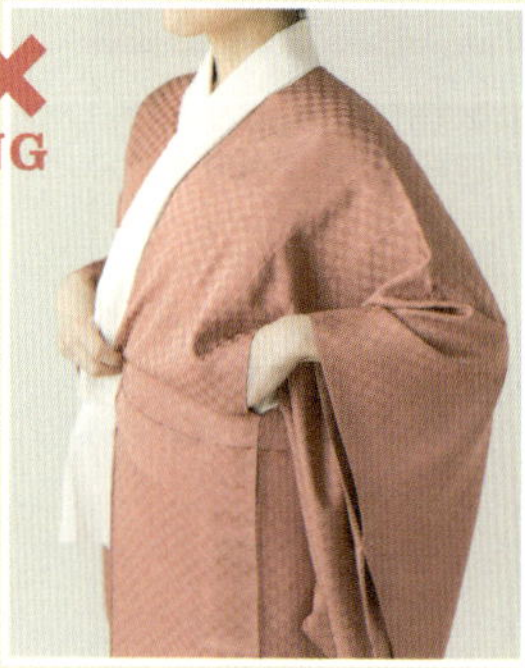
×
NG

衿を持つ両手を胸に付けた状態で衿合わせをすると、後ろの衿だけが前に動いてしまい、衣紋が詰まってしまう。

前身頃を身体から離して、衿合わせを決める

長襦袢では、胸の衿合わせと衣紋のあきを保つ。衿を持つ左右の手は身体から離した状態のまま、左右に引いて深く重ねる。

肋骨下まで衿を引き、身体に沿わせる

大切な衿合わせを保つ位置は、肋骨下の柔らかい部分。バストトップからウエストまで衿の角度が動かないよう、最後まで気を抜かないこと。

決めワザ
2

伊達締めはXがけで衿合わせをキープ

胸ひもは大切な衿合わせを保つためですが、着物を着るまでの間だけ押さえるもの。保つ範囲も広いので、幅のある伊達締め（博多織）などが最適です。胸ひもを締める位置は肋骨のところですが、そこにはたくさんの神経が通っています。胸ひもは横に締めると苦しいので、後ろで下げて調節します。胸ひもを締める前に、長襦袢の背中のしわを脇に引き寄せてから締めます。

OK

NG

前は上端を持って ぴたっと沿わせる

胸ひもを締めるときは、衿に近い位置で指先を下に向けてひもの上端を持ちます。バストの下で押さえて持つと衿合わせは浮いてしまいます。

OK

背中にゆるみを残さず ひもを下げて前で結ぶ

衿合わせでは前だけでなく背中部分も大切。後ろにゆるみやしわを残すと帯を締めた後、ゆるみが全部帯の上に上がり、衿合わせが崩れる。ひもを下げて布目を下に流します。

NG

背で横一文字に締めると、前にまわしても同じ高さ

伊達締めの下は、広がりやしわもOK。さらに押さえる必要はないですよ

腰まわりの 膨らみは 押さえない

胸や肩の空気を抜くと、腰部分にゆるみが出ます。紐を締めると、ゆとりを押さえてしまうので着付け後が窮屈に。

NG

決めワザ
3

上半身の空気をしゅーっと抜いて たおやかなラインをつくる

長襦袢の着付けでは上半身の空気を徹底的に抜きます。特に背中のしわを残したままにすると、身体との間に空気が入り込み、長襦袢が安定しません。脇縫いは真下に引くと、20㎝以上下がります。肩や胸の空気が抜け、長襦袢がピタッと身体に付くのを感じるはずです。下半身が自然と裾すぼまりに仕上がります。

背

胸ひもに集まるしわは
横→縦の順に整える

身《み》八《や》つ口《くち》から指を入れ、内側から着物を握る。左右にぐっと引くと、背中に長襦袢がピタッと付く。背縫いを引き下げて肩と背中の空気を抜き、整える。

脇

右の脇縫いを持ち、引き下げる。左手は伊達締めを押さえ、衿が乱れないように注意する。

真空パックする
イメージね。
脇縫いを思い切って
ぐーっと下げましょう

脇縫いを引き下げ、
肩・胸の空気を抜く

脇縫いを下げることで胸、肩の空気を抜き、長襦袢を身体に密着させる。身体と一体化した長襦袢は不思議と重さを感じない。

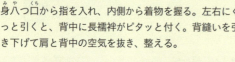

長襦袢の着付けの手順

1 背縫いを合わせ、衣紋を決める

背骨に背縫いを合わせ、長襦袢を着る。片方の手で両衿、もう一方の手で背縫いを持ち、後ろに衣紋を下げる。こぶし一つ分が目安。

2

らくワザ
1
► P14-15

指を伸ばして手のひらを身体に向ける。右手は上前、左手は下前の衿を親指と4本の指で挟むようにバストトップで持ち、交差させる。

3 衿を深く合わせる

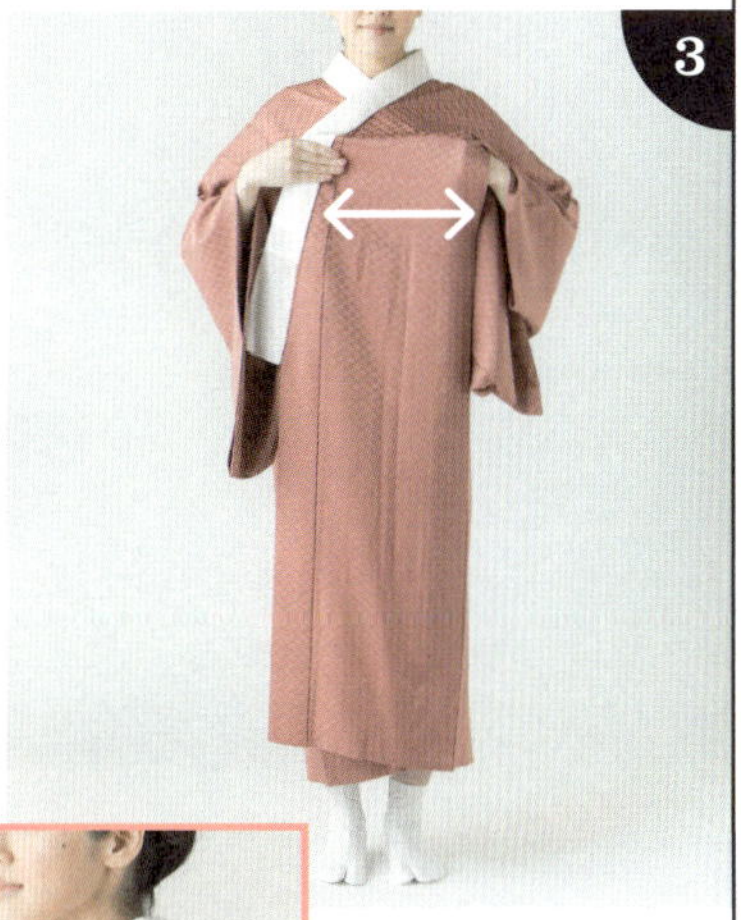

両手を前に出して衿を身体から離し、浮かせた状態にする。そのまま両手をそれぞれ両脇へ、身頃を深く引き寄せて合わせる。

正しい姿勢で着付けることが大事よ。首をまっすぐに伸ばして！

4 衿合わせを決める

らくワザ
4
► P20-21
決めワザ
1
► P44

身体から衿を離した状態で、のどのくぼみを基準に衿を合わせる角度を決める。決めたら、右手を胸に当てて押さえる。

5

下前の半衿の端を持ち、角度を保ちながら、衿を胸に当ててウエストまで下げる。このとき衿全体を深く持たないように注意。

NG

6

下前の衿を合わせたら、左手を静かに離し、身八つ口から出す。上前の衿を押さえている右手は、胸の位置のまま動かさない。

7

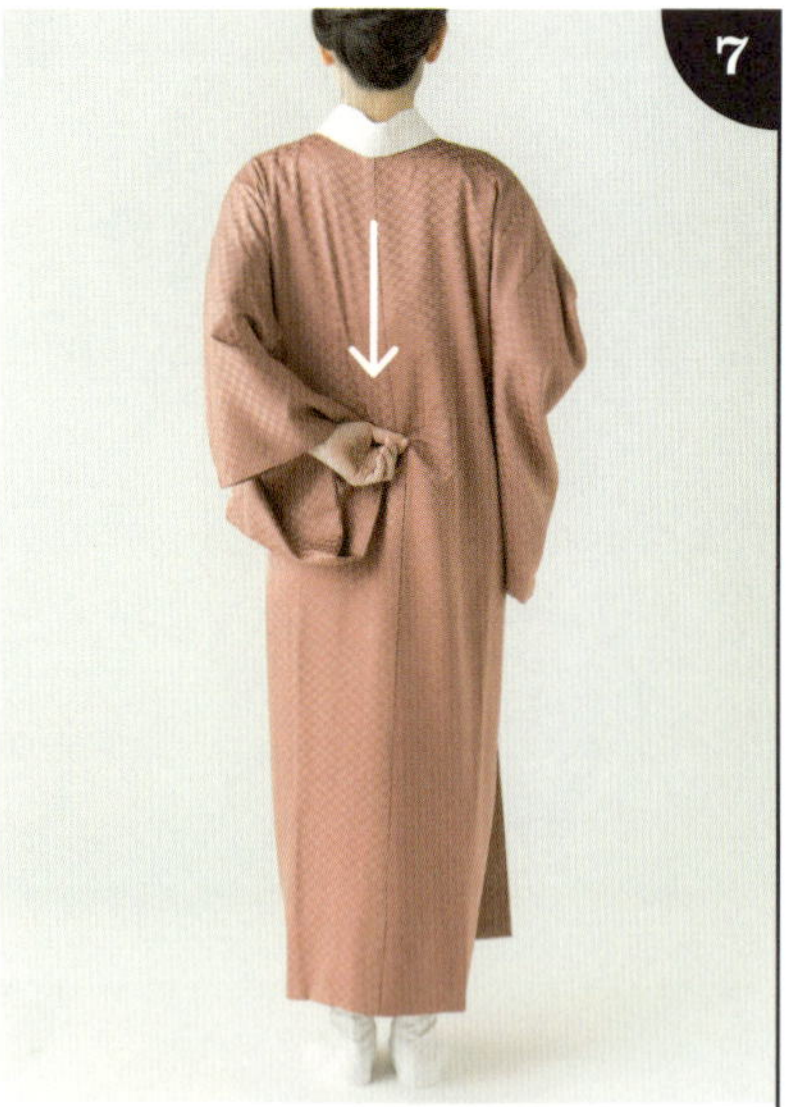

左手を後ろにまわし、腰の位置で背縫いを持って衣紋を引き下げる。こぶし一つ分が目安。まっすぐ前を見て、背筋を伸ばして行う。

8

左の袖を腕にかけ、右手にかえて左手で上前の衿をバストトップで押さえる。このとき押さえる位置が下にならないように注意。

胸ひもを結ぶ

9

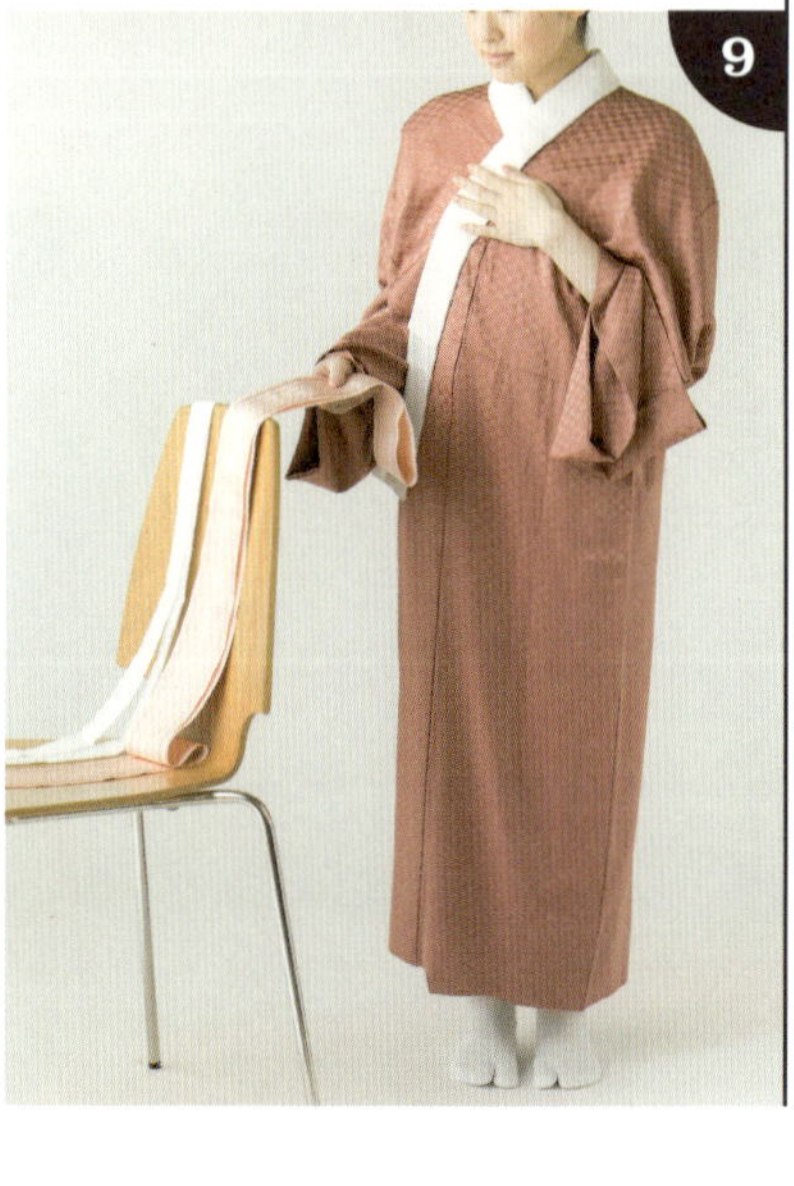

右手の袖を腕にかけて、胸ひも（ここでは伊達締め）を持つ。立った状態で持てるように、椅子にかけるなど事前の準備をしておくこと。

10

伊達締めの上端を持ち、右手を下に向けて上前の衿を押さえる。バストトップに沿って当てる。下すぎると首元の衿合わせが開く。

らくワザ 2
► P16-17

11

右手で衿を押さえ、左手も下に向けて伊達締めの上端を持ち、胸を押さえてそのまま後ろに伊達締めをまわす。右手はそのまま動かさない。

らくワザ 1
► P14-15

12

上端を持ったまま、左手を後ろに回す。右手は前で上前の衿を押さえる。首を伸ばし、背筋をピンと伸ばして行う。

13

右手の伊達締めを後ろにまわす。左手の次に右手と順番に行うのは、衣紋が上に詰まらないようにするためなので、必ず守ること。

14

右手の伊達締めを左手に渡す。伊達締めの上、身八つ口に親指を深く入れて長襦袢をつまみ、背中の余分なしわを脇まで寄せる。

らくワザ 3
► P18-19

15

伊達締めの右下にも指を入れてつまみ、しわを脇に寄せる。次に伊達締めを右手に渡し、左側も同様に上、下の順番でしわを寄せる。

16

左手で背縫いを持って衣紋を引き下げ、背中をきれいに整える。このとき背縫いがきちんと背中心にあるか確認し、正す。

17

背の中央で伊達締めを交差させ、斜め下に向けて締める。特にひもを使う場合は、斜めに下げて締めると苦しくない。

18

後ろで引き下げた伊達締めを身体の前にまわす。両端は伊達締めの幅より少し下にくる。

19

前にまわした伊達締めの両端を左手で持つ。右手で伊達締めの下の上前の衿を持ち、静かに下へ角度を保って引き下げる。

20

胸ひもの結び方 | P52

伊達締めをひと結びして軽く締める。着物の左側が上になる合わせ方と同じように、ひも類も左側を上に重ねて結ぶ習慣を付けること。

21

余ったひもの両端を、伊達締めの下に挟む。胸ひもは長襦袢の衿合わせを保つためなので、強くは締めなくてよい。

空気抜きで仕上げる

22

決めワザ 3 ► P46

左右の親指を身八つ口からそれぞれ入れて長襦袢を持ち、左右に引く。空気が抜けて残ったしわもなくなり、背中がきれいになる。

らくワザ 3 ► P18-19

23

背縫いを引き下げて空気を抜き、衣紋を正しい位置に直す。

24

右手で伊達締めを押さえる。左手でその下、ウエスト位置で脇縫いを持つ。

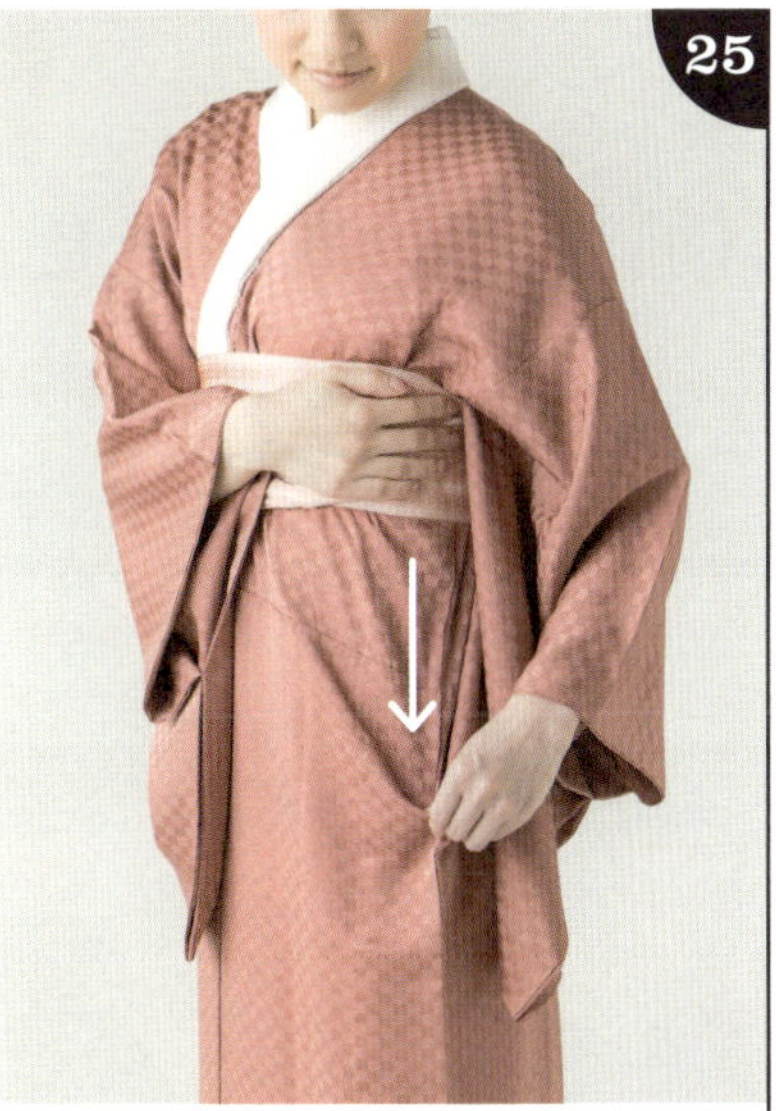
25

脇縫いを持った手を下に向けて、引き下げる。一度目は肩がスッキリするまでしっかりと引き下げ、二度目は軽く下げる。

26

左側と同様、右手でウエスト位置の右脇縫いを持ち、引き下げて空気を抜く。

脇の空気抜きは、
ウエスト位置から
下げるのよ

完成!

SIDE

BACK

笹島note 3

いい加減にしていませんか？ 胸ひも、帯枕ひもの結び方

着付け用のひもは素材以外にも、目的に応じて結び方が変わります。
衿合わせを保つ胸ひも、お太鼓を支える帯枕ひもの結び方を紹介します。

胸ひも

胸ひもは衿合わせを保つために結びます。後ろでXにかけた胸ひもを前にまわし、ひと結びしたら交差させてねじって留めます。端は脇でからげます。

1
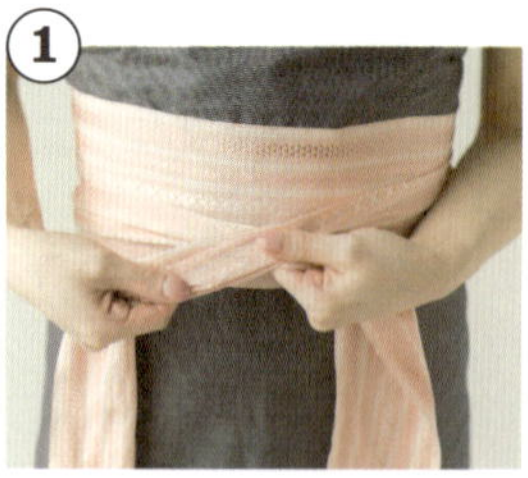
左の端を上にして交差させる。

2
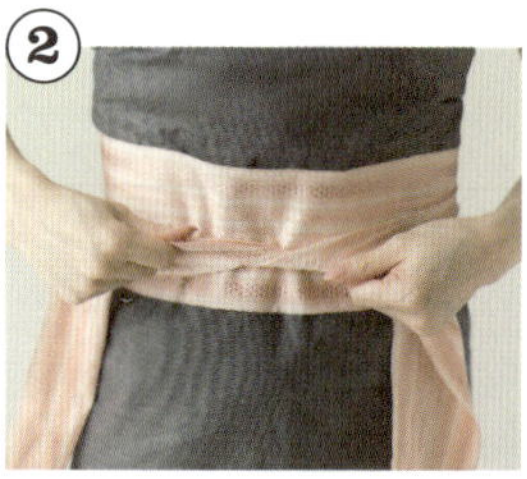
締めすぎないように、ひと結びする。

3
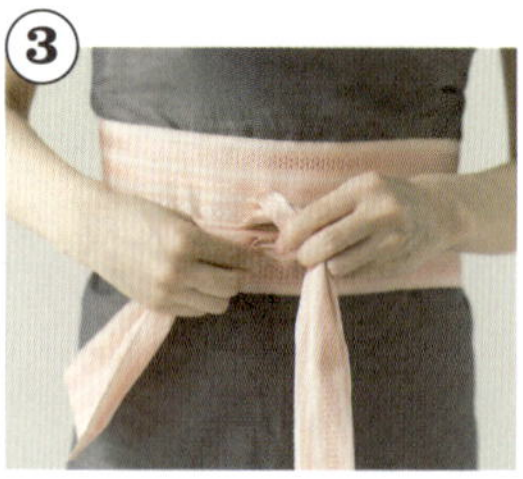
左端を右へ、右端を左へ持っていき、ねじる。

4
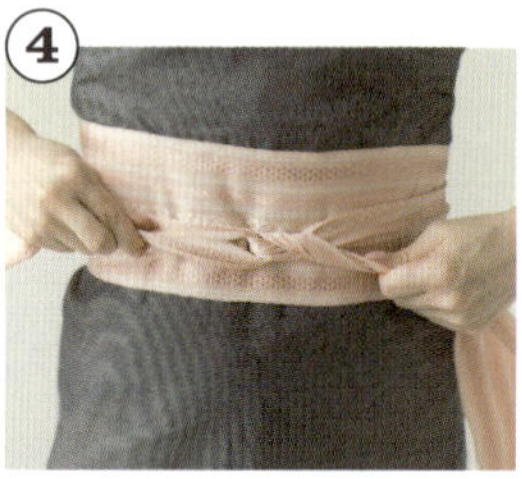
両端を平行にして、ねじった部分を締める。

5
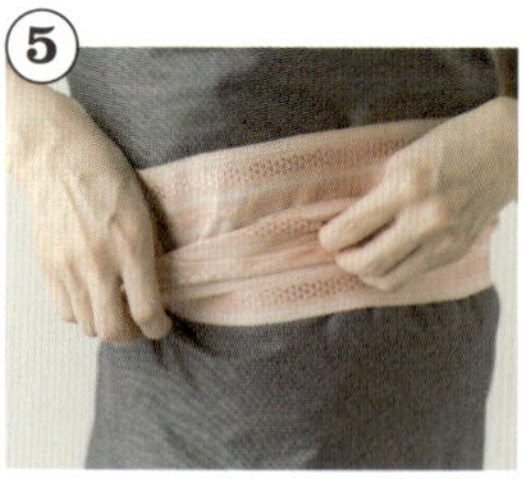
両端を脇でからげて仕上げる。

6
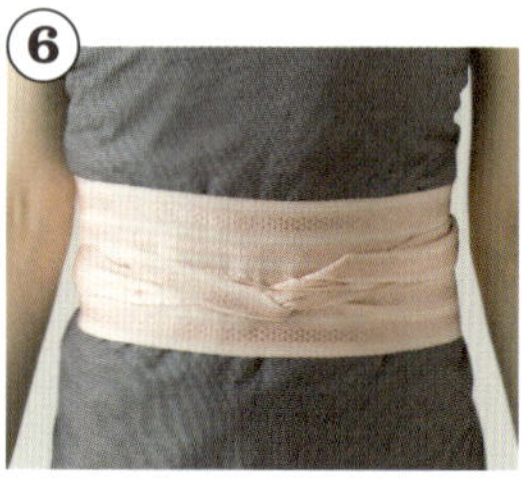
胸ひもの完成。身体の動きに対応できるゆるやかな結び方、留め方が特徴。

帯枕ひも

帯枕は帯の形を守る働きをします。帯枕のガーゼは目が粗いので、身体の動きでゆるみが出ます。結ぶ前に脇で引き締め、しっかりと結びます。

1

腰ひもの結び方｜P24
ひと結びし、人差し指を巻くように右端を下からひもにくぐらせる。右手の人差し指を輪に入れて、引っ掛ける。

2
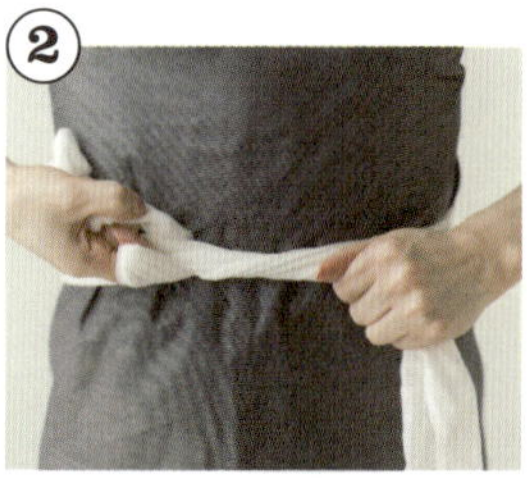
ゆるみを残さないように、左右をじわーっと締める。

3

右手の人差し指を抜き、結び目ごと引くと、二度からげた状態になっている。

4

左手首を曲げて輪をつくり、右端を上から下ろす。

5

右端を下から輪に通す。

6
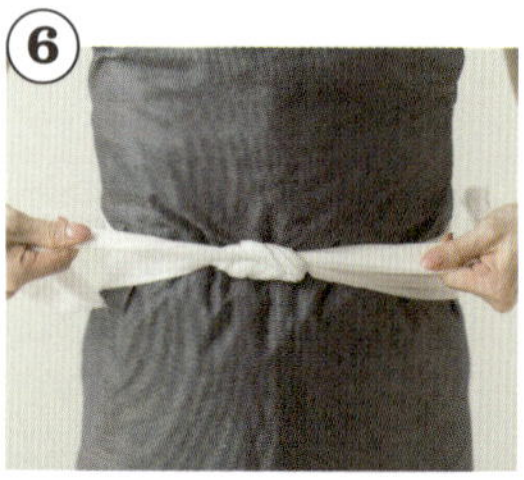
両端を左右に引いて結ぶ。

第3章

お洒落着の着付け

小紋、紬＋名古屋帯

着方の基本と流儀

小紋と紬《つむぎ》

お洒落着は、ふだんに楽しむ着物や帯のことです。

着物の基本は、白生地を染めた柔らかな小紋と、染めた糸で色柄を織り上げる紬の2種類。これに一重太鼓の帯を合わせるのが、一般的な着方です。日常着なので年齢に関係なく、動きやすく軽やかな着こなしを目指します。着付けの練習には、着物地の特性を体感しやすい小紋がおすすめです。

衿合わせ

衿は深く合わせて品よく軽快な印象に

古典柄の小紋を爽やかに着る。衿はのどのくぼみで合わせ、半衿を少なめに出すと、ふだん着らしい軽快な雰囲気に。

裾の長さ

活動的な日常着なので、裾は動きやすい長さに着付けます。目安は草履のかかとより上。軽いパーティーでは小紋を長めに着付けると優雅な雰囲気に。

紬

小紋

衣紋

衣紋の抜き方は、こぶし一つ分が標準です。お洒落着では品よく、女性らしい優しさを表現します。中高年で衣紋を大きく抜くと、肩の衰えが出るので注意しましょう。

一重太鼓〈名古屋帯〉

お太鼓が一重になる帯のこと。長さ3m60～80㎝、幅約31㎝。着物と同じように染めの帯、織りの帯があり、仕立て方で名称が異なります。帯芯を入れて仕立てたものは「九寸名古屋帯」、織り帯などで芯を入れず、端をかがって仕立てたものは「八寸名古屋帯」と呼ばれます。柄の配置やデザインも多種多様です。

八寸名古屋帯

地厚で堅く、強度や張りがあって、帯芯を入れずに仕立てる帯のこと。たれを引き返してお太鼓部分を二重にし、端をかがる。博多織など織り帯が多い。

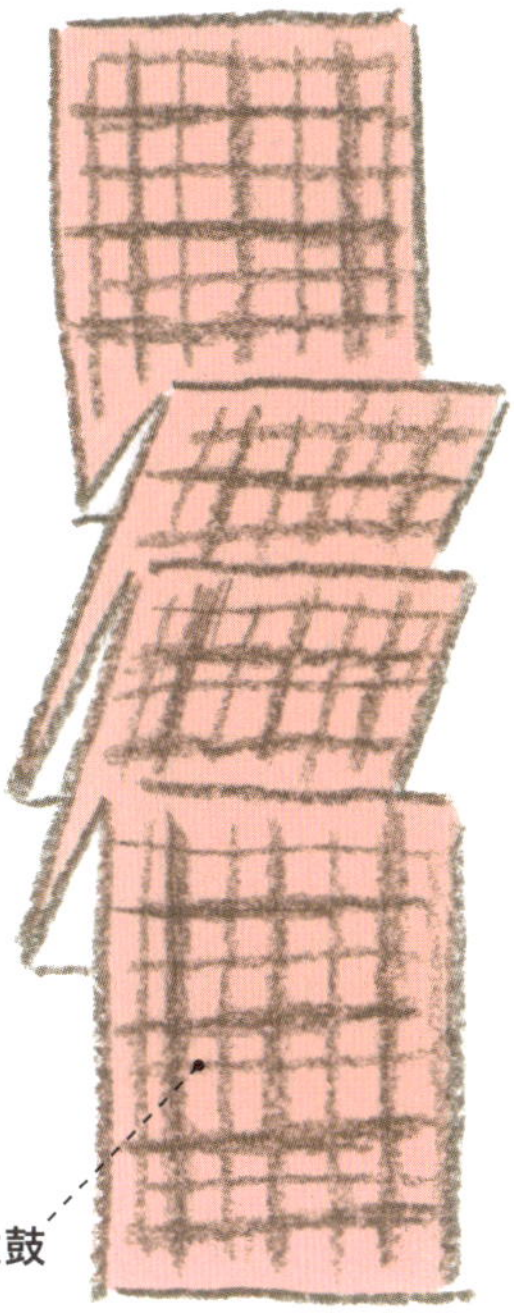

重なった帯地の間の空気を丹念に抜く

生地が堅いので、着付けでは手で押さえたり、帯の間の空気を抜いたりして身体に馴染ませる。

献上柄の博多帯

九州・博多産の織り帯。細い経《たて》糸《いと》に太い緯糸《よこいと》を強く打ち込むので、強いコシと張りがある。

九寸名古屋帯

帯幅が9寸（約34㎝）で帯芯を入れて仕立てる。胴に巻く部分を半幅に仕立てた名古屋仕立てが主流。胴の前とお太鼓に柄を配したものが多い。

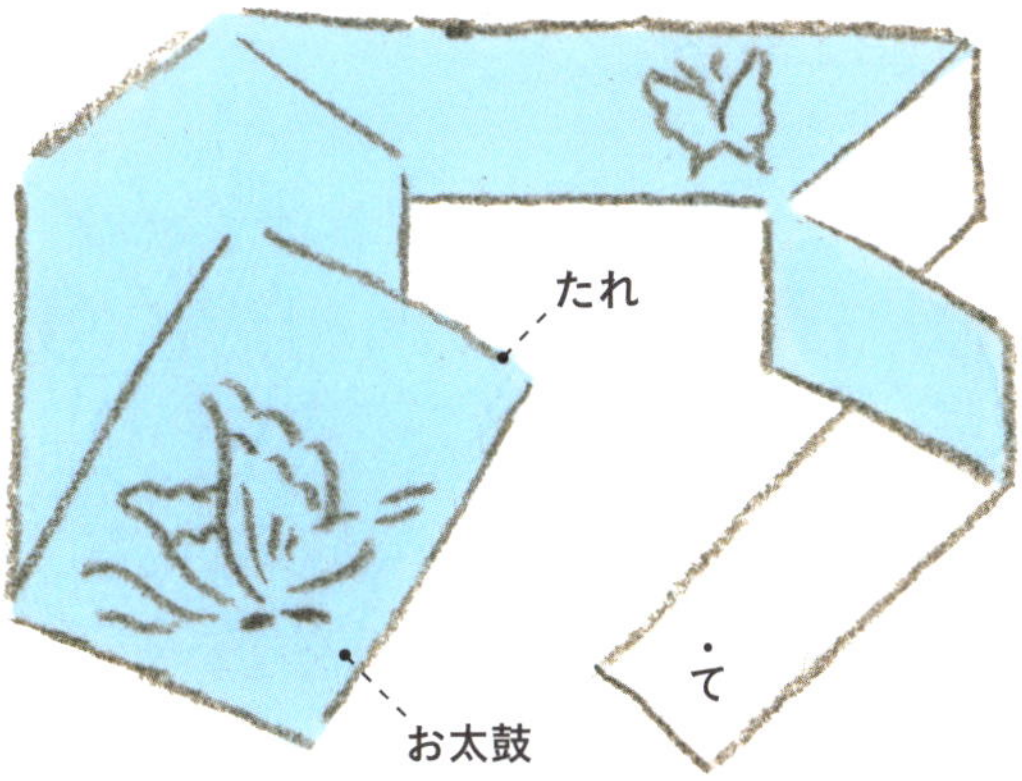

染めの九寸名古屋帯

染め帯では、お太鼓と前のポイント柄が多い。柄がきちんと出るか、長さを確認すること。

帯芯を入れるため、四辺の端はわになる

絞りで染めた紬の帯。帯地の中央に帯芯を入れて縫い合わせるため、端はわに仕上がる。

帯あげ・帯締め

金銀が入っていない小物を使う

日常着なので、金銀が多く入った格調高い華やかな小物は馴染みません。アクセント程度にデザインされた洒落物は使えます。

小紋の着付け

決めワザ 1

腰から裾で布目の美しさを見せる

最初のポイントは、裾合わせです。着物を腰骨でしっかり押さえることで、動きに合わせて伸びたり湾曲したり、静止する布目の変化が美しく現れます。着物を動かすときは、布目がきれいに保たれるよう、指を伸ばして挟むなど持ち方に配慮します。

裾合わせで両衿を持つ位置

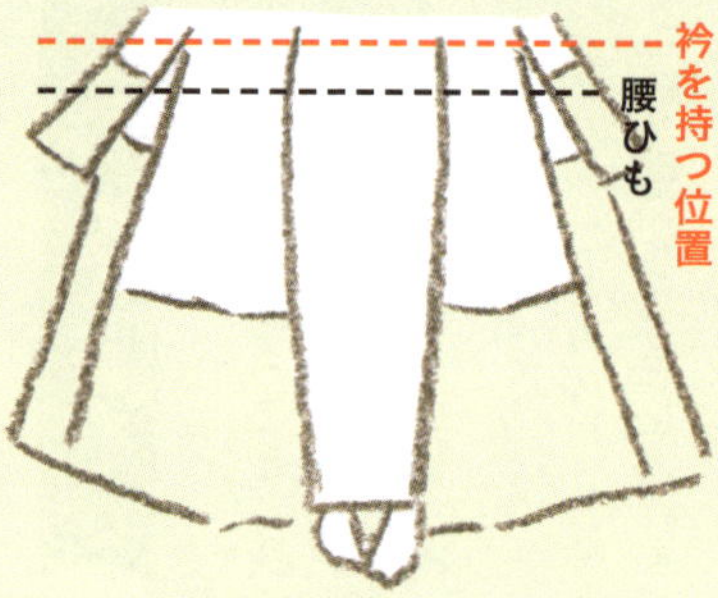

衿先から約20cm上を、腰ひも位置より高いところを持つ。

指を伸ばして衿を深く持ち(衿付け線)、手のひらを返して上げる

図右/指を伸ばし、衿に沿わせる。人差し指を衿の裏側に出し、挟むように持つ。図左/手首を返して手のひらを上に向け、垂直に持ち上げて裾を決める。

腰ひもはおへその下から腰骨で締める

おへその下に当て、おなかを持ち上げるように骨盤の上を通って後ろにまわし、第4腰椎で交差させ、締める。

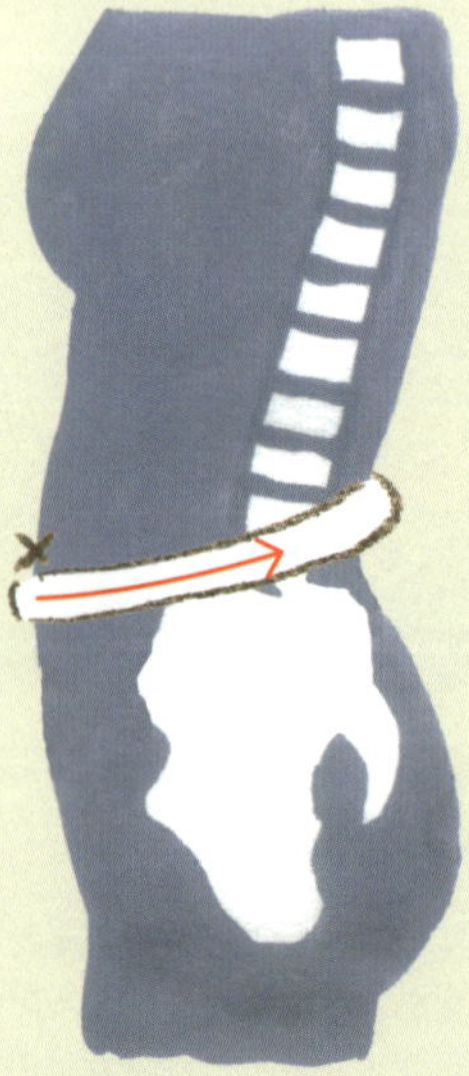

決めワザ 2

上前・下前は水平に合わせて最後に上げるだけ

裾合わせで重要なのは、上前・下前の布目を崩さずに着付けることです。布目は生地を垂直に下ろすと、自然にきれいに揃うもの。褄先を上げるのは、上前・下前を水平に合わせた後、最後の仕上げで行います。裾全体が斜めに上がらないように注意しましょう。

下前の褄先の上げ方

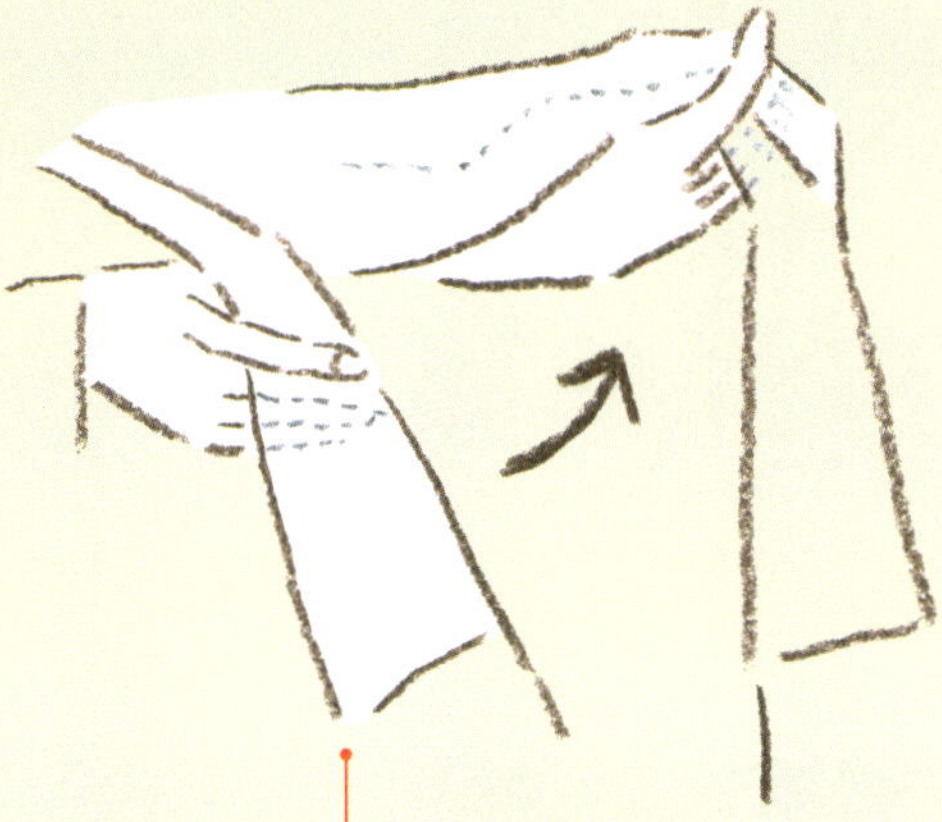

衿を挟んだ右手はそのままに、下前を水平に左脇まで運ぶ。

＊下前の説明のため左袖を脱いでいます。

腕は動かさず、右手首を上に返して下前の褄先を上げる。

左手を水平に右脇に移動し、太もも脇が隠れるところで上前を合わせる。右手に持ち替え、左手を離す。

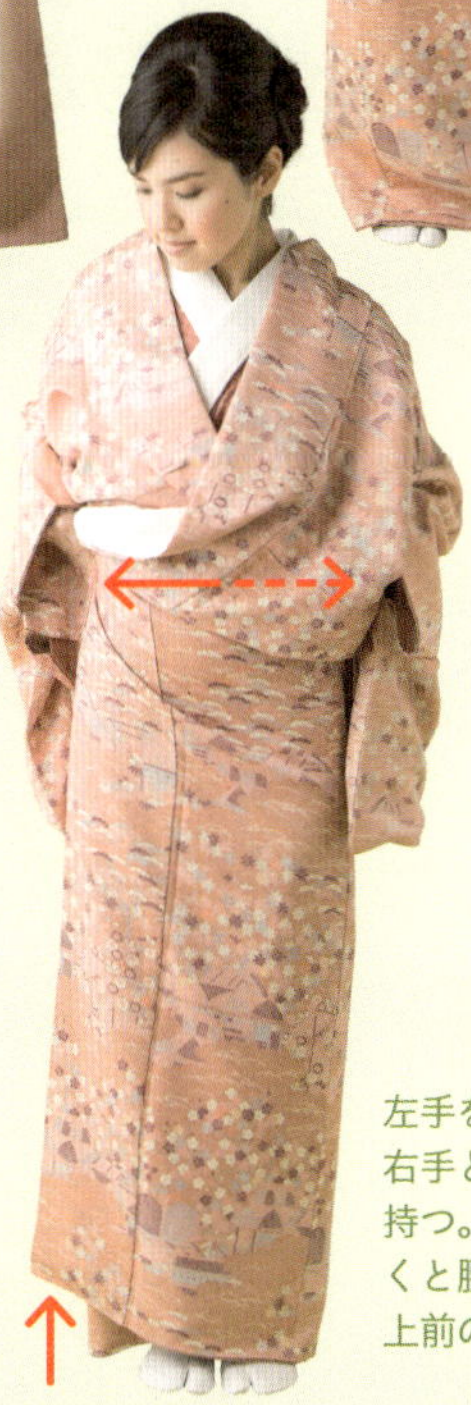

左手を身八つ口に入れ、右手と同じ高さで衿を持つ。両手を同時に引くと腰の下が締まり、上前の褄先が上がる。

NG

裾全体を斜めに上げてしまう悪い例。裾に斜めの深いしわが入り、布目が崩れてしまった。

決めワザ 3

美しい衿合わせを一日キープ

美しい衿合わせは、それだけで着姿を引き立てます。着付けた後も、その衿合わせを保つためには、長襦袢と着物の空気抜きを徹底し、身体に密着させましょう（＊P18参照）。

次に、衿のつくりを正しく把握します。着物の表情を決める衿合わせは、ウエストの胸ひも位置までです。胸上で決めた衿の角度は、バストを通って、ウエストまでキープします。ここが着物の衿合わせでは最大の決めどころになります。ここで下前のおはしょりを折り上げますが、衿も一緒に持ち、上前の衿を合わせて決めます。

衿の角度を決める

半衿の出方を調整しながら、下前の衿を合わせる。のどのくぼみで幅1～1・5㎝ほど出すと、品よく見える。

胸ひも位置で衿を決める

角度を保ちながら、胸ひもの位置で衿を決める。右の手のひらで肩、胸の空気を押し出す。

衿とおはしょりを固定

決めた衿を動かさず、下前のおはしょりを垂直に折り上げる。衿とおはしょりを一緒に持つ。

＊下前の説明のため左袖を脱いでいます。

上前の衿を決める

左手で下前の衿を押さえ、右手で上前の衿を合わせる。胸ひも位置まで衿幅を折る（2～3㎝）。

おはしょりの下線を引く

胸ひもより下は折らずに自然に開きながら、おはしょりの底まで手を下ろす。おはしょりの下線を脇に引く。

衿合わせは胸ひもの位置まで

胸ひもより上が衿合わせを決める部分。着物はおはしょりの厚みもあるので、肩や胸の空気を抜き、馴染ませながら着付ける。

決めワザ 4

おはしょりスッキリの極意

胸ひもの下は、おはしょりです。下前を折り上げて帯の下におさめ、前をスッキリさせましょう。衿合わせの流れの中で行うので、衿の角度が崩れたり、肩や胸に余分な空気が入らないように注意します。

はじめに下前を垂直に折り上げます。衿の角度に揃えて斜めに上げると、下前の右脇のおはしょりがきれいにならないので注意します。左手で衿と下前を持って固定したら、胸ひもをかけるまで動かさないこと。残りの下前は右脇に向かって右下がりのラインになるように折り上げます。胸ひもをかけたら、脇縫いを下げて空気を抜きます。

下前のおはしょりを三角形に折り上げる

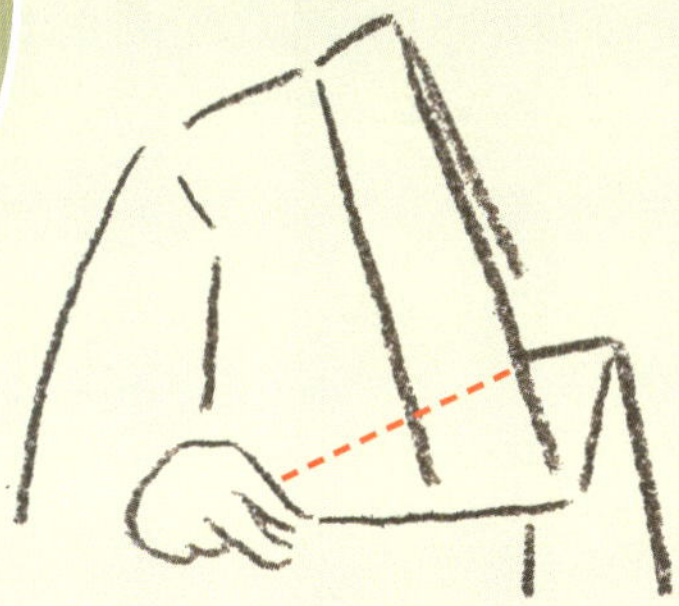

右手で衿を保ちながら、左手で下前を垂直に折り上げる。衿の角度に揃えて斜めに上げないこと。

＊下前の説明のため左袖を脱いでいます。

下前は「垂直」に上げる

左手で衿とおはしょりの端を持つ。右手で右脇のところまで、残りの下前を内側に折り上げる。

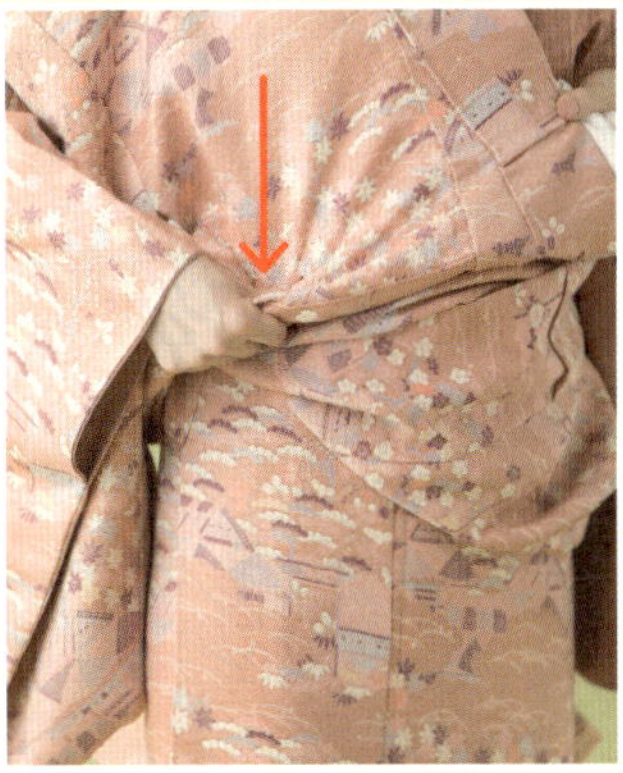

折り上げたおはしょりは右の脇縫いを握って引き下げる。同時に親指で肩と胸の空気を抜く。

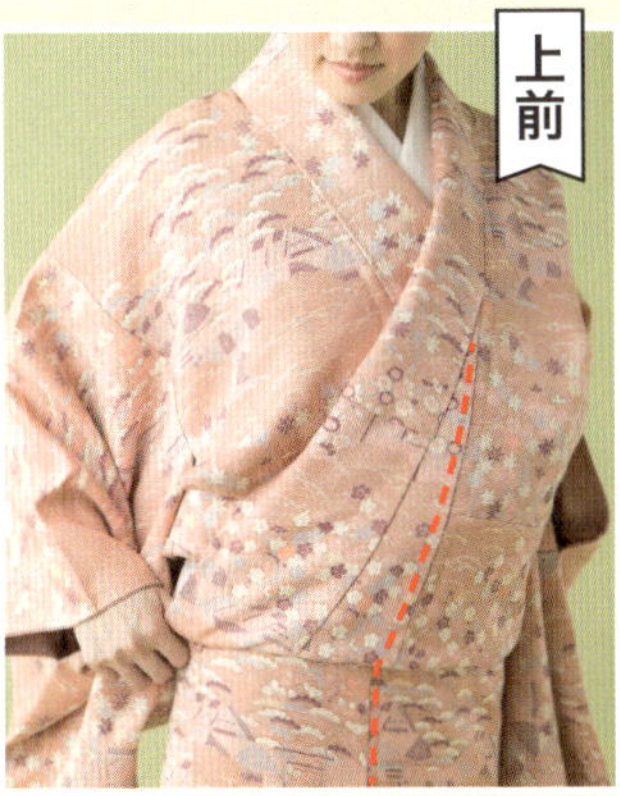

上前のおはしょりの下線に親指を入れ、右脇に向けて引く。上下のおくみ線が揃う。

胸ひもをかける。結ぶ前におはしょりの左右の脇縫いを静かに引き下げ、空気を抜く。

右脇はおはしょりなど布が重なり合うところ。胸ひもを下げて押さえ、スッキリさせておく。

小紋の着付けの手順

着物を羽織る

1

背縫いで衿の幅を半分に折り、スナップがあれば留める。表を自分のほうに向けて、肩幅より広く持つ。

2

着物を背縫いのところで二つに折り、左右どちらかの手で衿の部分を持つ。着物を後ろにまわし、背中心まで持っていく。

3

後ろにまわした衿を、もう一方の手に渡して後ろで開く。そのまま腰のところまで上げる。

4

着物を身体に付ける。手の向きを変えて下のほうに持ち直す。

5

左右片方ずつ、着物を肩にかけて着る。

6

上前の衿を右手で持ち、左手は長襦袢の袖を持って着物の袖に手を通す。手を出す前に長襦袢の袖を離し、着物の袖に落とす。

長襦袢を整える

7

両袖に手を通すと、肩の動きで長襦袢の衿合わせがゆるむので正す。左手で衿を押さえ、右手で衿先を引き下げる。

8

右手は引いた衿先を持った状態で、左手で脇縫いを引き下げる。肩まわりの長襦袢がしっかりと身体に密着する。

9

右手は衿を持ったまま、左手で長襦袢の背縫いを持って引き下げる。着物を着付ける前に長襦袢を整えておくと、衿が安定する。

衿を持ち、裾を決める

10

身体の前で左右の着物の衿を合わせて持つ。着物の布目を垂直に正して着付けを始める。

11

腰の位置で左右の着物の衿を深く持つ。人差し指だけを衿の裏側に当て、挟むように持つ。布目を崩さない持ち方がポイント。

らくワザ 1 ► P14-15

決めワザ 1 ► P56

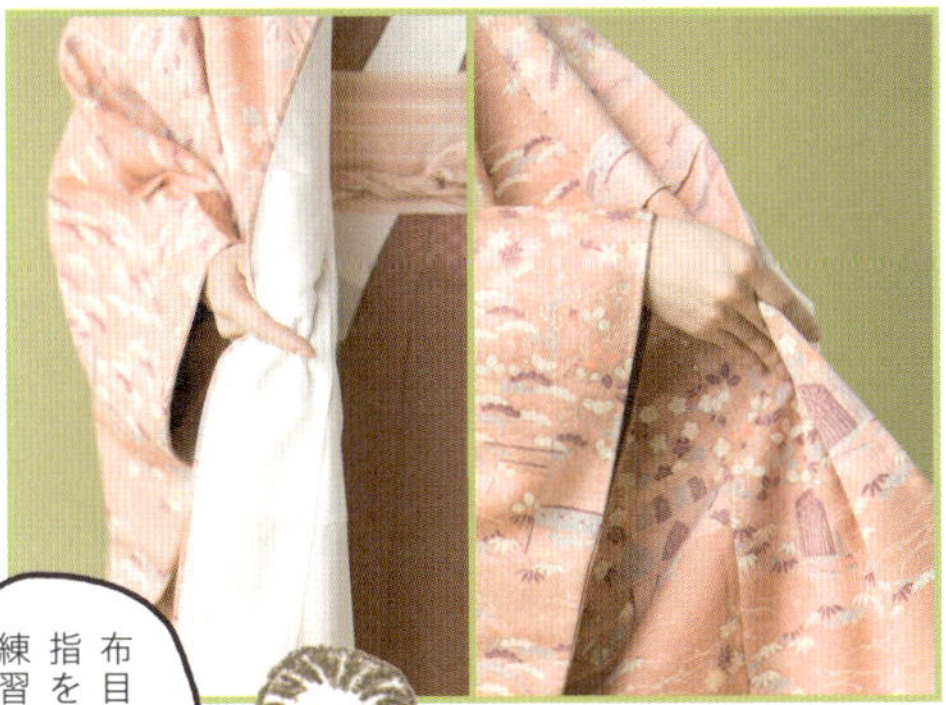

布目に沿って
指を伸ばして持つ
練習をしましょう

上前・下前を合わせる

12

衿を持つ両手のひらを上に向け、そのまま着物全体を持ち上げる。鏡に向かって右側に向きを変え、後ろと左脇が見えるようにする。

13

手のひらを上に向けた状態で、上げた着物の裾を、足袋が見えない位置まで静かに下ろす。左脇縫いを身体の横、脇に付ける。

14

決めワザ 2 ▶P57

下前を開いて、上前を左脇に付け、前幅や脇縫いの位置を確認する。

15

確認したら上前を開く。裾線に合わせて、下前を身体に水平に左脇に当てる。衿を持つ手の位置はここまで変えない。

16

褄先の上げ方 | P57

左脇に下前を当てたら、手のひらを上に向ける。中指あたりのおくみ線を上げると、下前の褄先がきれいに上がる。

左手は上前を持ったまま、左肘を体に付けて下前を押さえる。右胸で手を下に向け、指先で静かに斜めのしわを引き上げる。

NG

下前にできたしわを手のひらでなで上げると、裾線まで一緒に上がってしまいがちなので、くれぐれも注意すること。

下前がきれいになったら、上前を重ねる。左肘は身体に付けたまま、手のひらを身体に向けて裾を上げないように水平に重ねる。

上前を右脇に当てたら左手はそのまま、右手は太ももに当て、指先を下に向けて上前を持ち、親指で上前を引き寄せる。

腰より高い位置で、左手にある衿を右手で受け取る。衿とおくみの縫い合わせ部分を指を伸ばして斜め下に持ち、腰骨に中指を当てる。

右手の指先を伸ばして上前を持ち、腰に付けて押さえる。軽く当てるだけで上前が身体に沿う。左の身八つ口から左手を入れる。

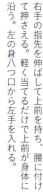

腰ひもを結ぶ

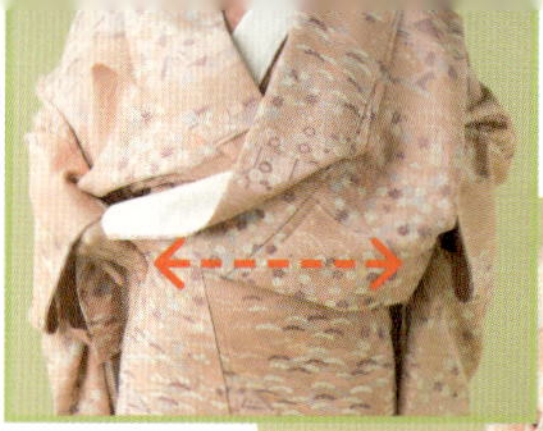

中に入れた左手は、右手と同じ斜めの角度で下前の衿を持つ。左右の手を同時に引くと、上前の褄先が自然と上がる。

腰ひもを身体の右の腰骨に当てる。幅広の腰ひもは、身体の動きによく馴染むのでおすすめ。

らくワザ 2 ► P16-17

右の腰骨から左の腰骨に腰ひもを渡す。腰ひもの中央は、おへその下から前下がりのラインになるよう、身体にピタリと付ける。

腰ひもを後ろにまわす。第4腰椎の位置、背中心から少しずれたところでひもを交差させて締める。

手を持ち替え、後ろで左右に引いて前にまわし、一巻き目と重ねる。ずれるとゆるむので注意する。

前にまわしたひもを、左右いずれかの腰骨で結ぶ。動かない腰骨の上で結ぶことで、腰より下の身頃がきれいなまま安定する。

腰ひもの結び方 | P24

上半身のしわを整える

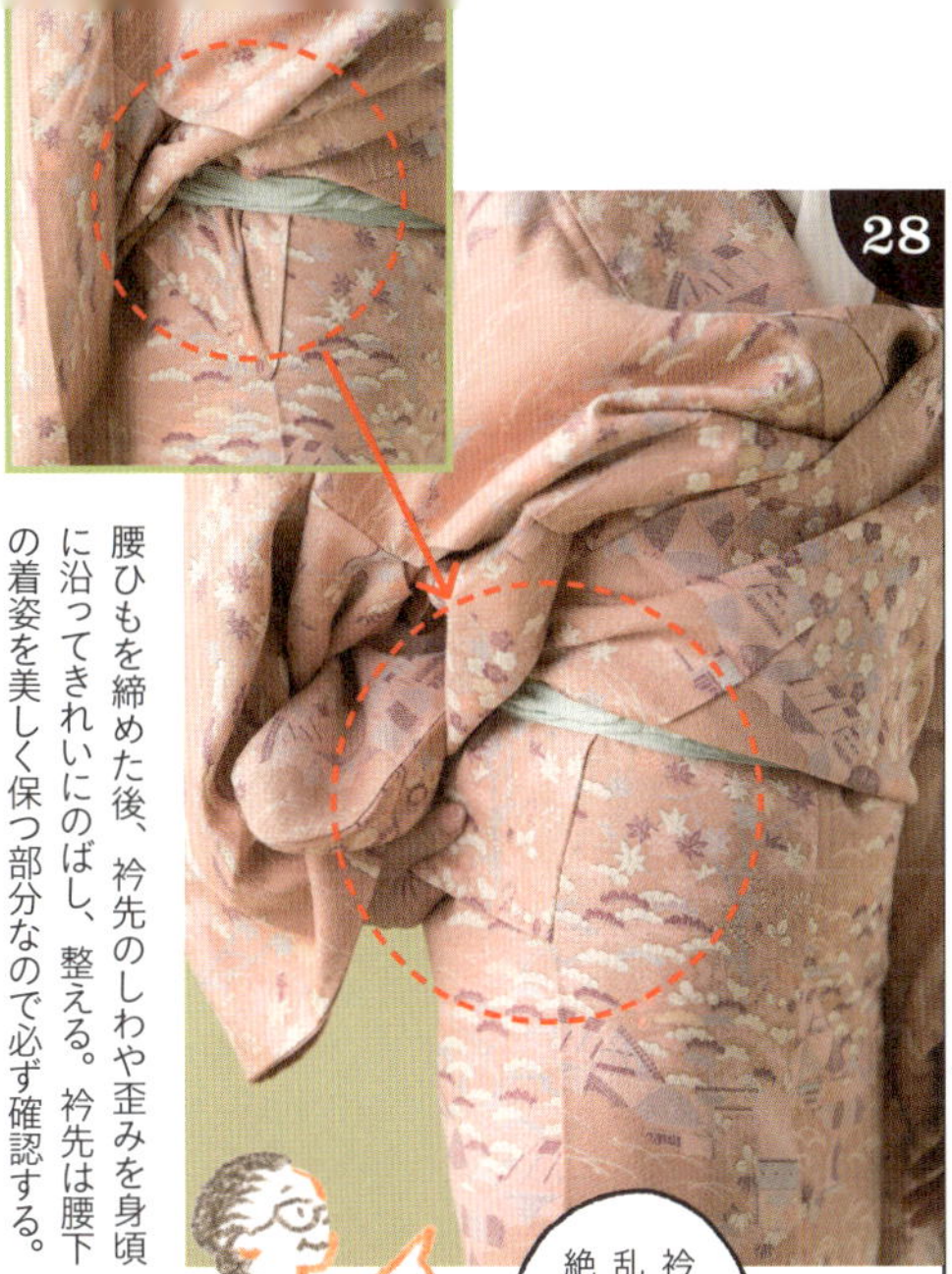
28

腰ひもを締めた後、衿先のしわや歪みを身頃に沿ってきれいにのばし、整える。衿先は腰下の着姿を美しく保つ部分なので必ず確認する。

衿先が身頃の乱れを防ぐの。絶対に守ること！

29

片方の手はお尻を押さえて、もう一方の手は身八つ口から入れ、腰ひもより上の身頃をつかみ引き上げて空気を抜く。

30

身八つ口から後ろのおはしょりに両手を入れる。指先を下に向けて、腰に沿って背中心から左右におはしょりの底をしごいて整える。

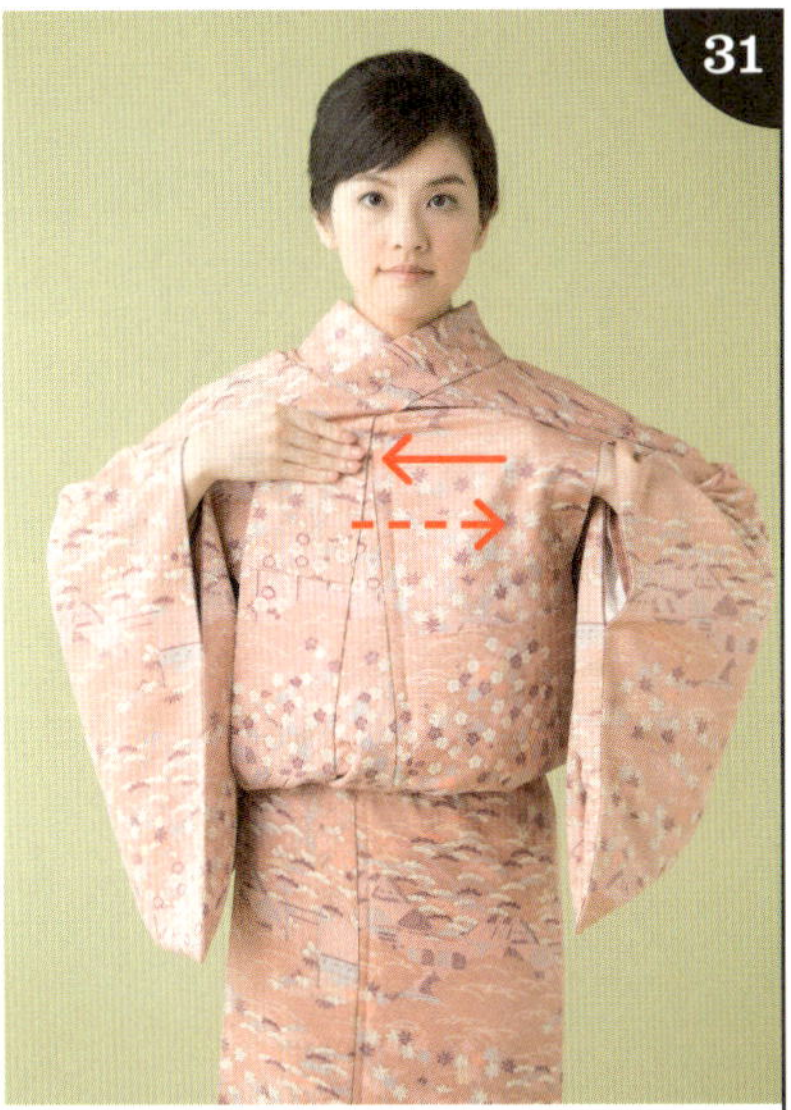
31

上半身の身頃を肩に沿わせ、左手を身八つ口に入れて下前の衿の上部を持つ。右手は上前の衿の上部を持ち、左右にぐーっと引く。

32

両手でバストの下のほうの衿を持ち、**31**と同様に左右に深く引く。この作業で着物が身体に沿い、スッキリとした着姿となる。

33

下前のおはしょりを持った左手と、上前のおはしょりの下線を持った右手を引き寄せる。持った部分をのばして整える。

＊下前の説明のため左袖を脱いでいます。

衿合わせを決め、おはしょりを整える

34

背縫いを背中心に合わせる。右手で長襦袢と着物の衿を揃えて持ち、左手で後ろのおはしょりの下を持って背縫いを確認する。

35
決めワザ
3
► P58

右手は衿を持ったまま、身八つ口から左手を入れ、ウエストの位置で下前の衿を持って静かに引く。

らくワザ
4
► P20-21

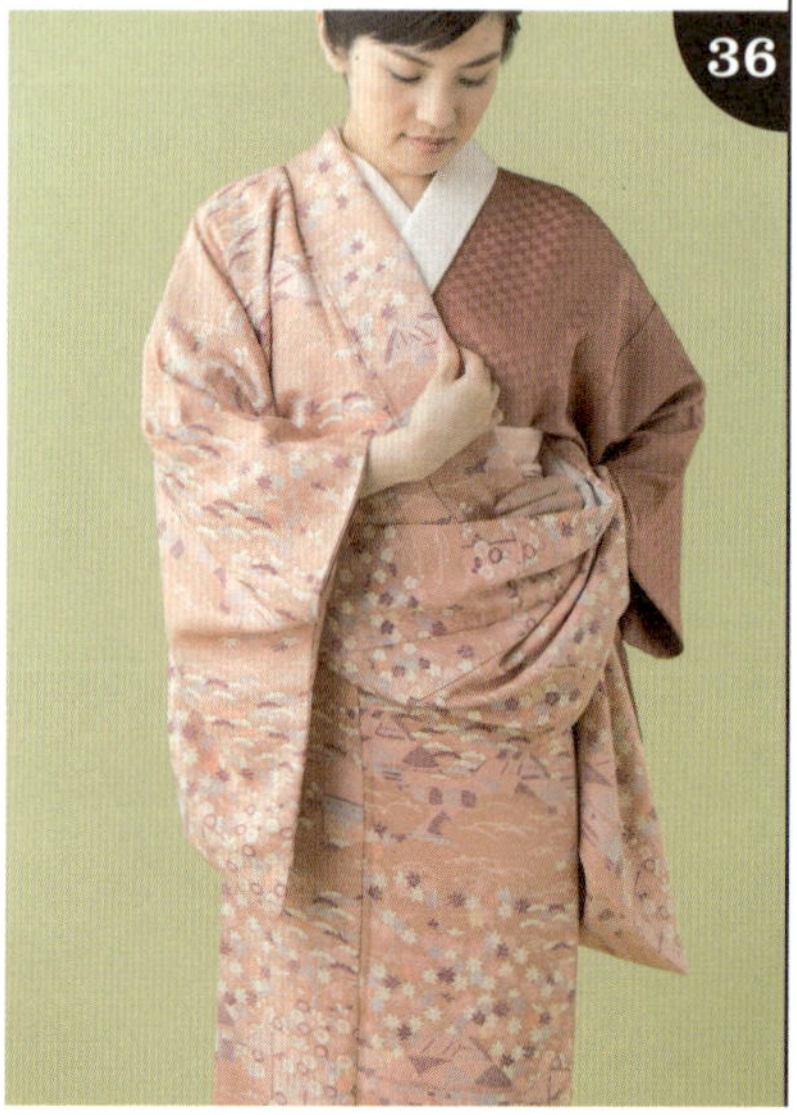
36

左手は動かさず、右手で着物の衿幅を内側に折っていく。ウエスト位置では内側に折る幅を約2cmを目安とする。

＊P37〜42の写真は下前の説明のため左袖を脱いでいます。

37

下前の衿幅を決めたら、右手は胸あたりに戻り、衿に沿って、手のひらで着物の空気を抜きながら、左手のあたりまで下ろす。

38
決めワザ
4
► P59

衿を持った左手を右手に持ち替える。左手でおはしょり部分を身体に垂直に折り上げる。衿の折り幅は約2cmをキープ。

39

おはしょりを折り上げたところで、左手で下前の衿端を一緒に持つ。これで右手が自由になる。

40

左手の指を伸ばして、折り上げたおはしょりを軽く持つ。右手で下前を右脇まで内側に折り上げる。

41

小紋や訪問着など柔らかものの生地は、下がりやすいので多めに上げる。折り上げた下前を、脇に向けて右下がりのラインで引き下げる。

42

左手は中で衿を持つ。右手で上前の衿幅を内側に折りながら、半衿を出す幅を決め、整える。

43

下前と同じウエスト位置で衿幅を約2㎝内側に折る。おはしょりは衿幅を開きながら合わせていく。

44

おはしょりの底まで衿幅を開く。おはしょりの底に親指を入れる。

45

親指で持ったおはしょりの下線を右脇に強く引く。正しく着付けができていると、この時点で上半身と下半身のおくみ線がつながる。

胸ひもを結ぶ

46 おはしょりの下線を持った右手でそのまま脇を押さえる。左手を静かに出して、左の脇縫いからおはしょりの下線を軽く引き下げる。

47 左手の腕に着物の袖をからげて、左手で胸と衿を押さえる。右手は胸ひもを持ち、バストの下に当てる。

らくワザ 2 ►P16-17

48 手の向きを下にして、ひもを持つ。右手は動かさず、ひもを胸下で左手に渡し、脇、背にまわしていく。

袖をからげて
ひもを持つ手の
向きは下ですよ

49 ひもを持つ左手を後ろにまわして背中に当てる。右手は動かさない。長襦袢のときと同様、首をまっすぐに伸ばし、姿勢よく行う。

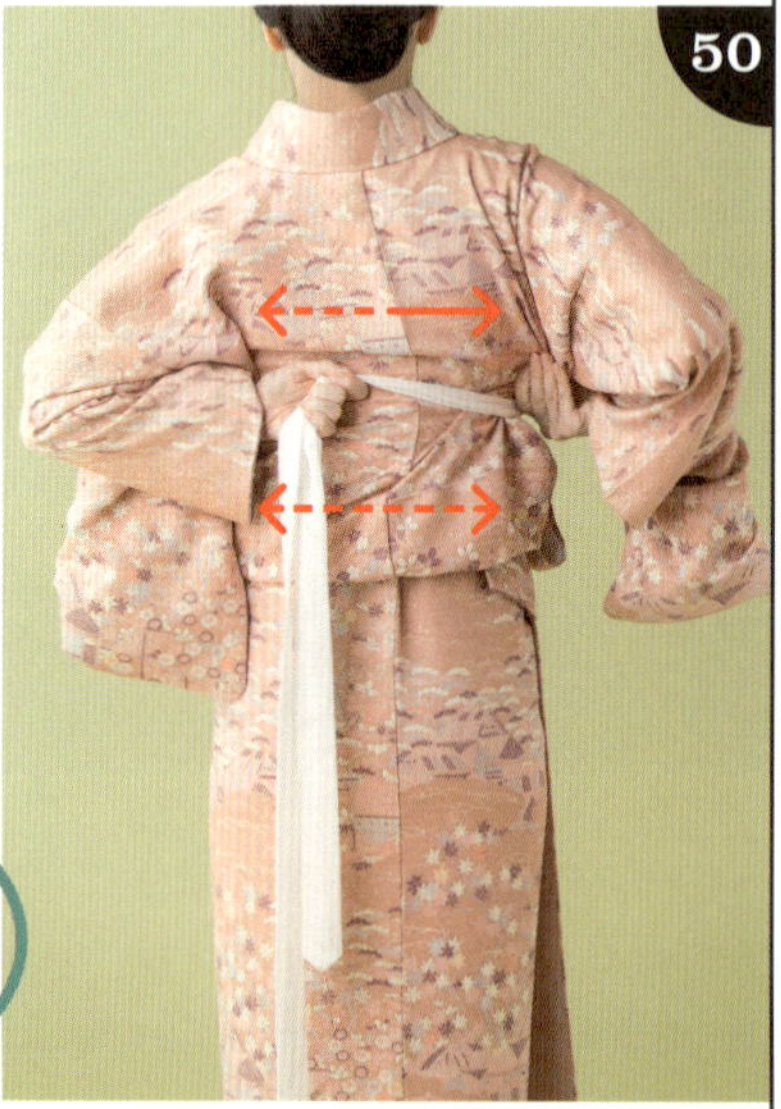

50 右手のひもを後ろにまわし、左手に渡す。右の親指を身八つ口に入れ、ひもより上の着物を持って脇に引く。ほかも同様に行う。

らくワザ 3 ►P18-19

51 ひもを右手に渡し、左側も同じように上下のしわを取る。最後に背縫いを持ち、長襦袢よりは少し軽めに引き下げて空気を抜く。

52

左右のひもを交差させ、脇に向けて下げながら締める。長襦袢と同様、胸ひもは横一文字に締めると苦しくなるので注意。

53

ひもを前にまわす。ひもを持ちながら、左の肘から手首を身体に付け、内側に折り上げた下前のおはしょりが落ちないように押さえる。

54

ひもを合わせて左手に持ち、右手は下前の脇縫いを持って、しっかりと引き下げる。着物が肩にピタリと付き、身体に沿う。

55

上前のおはしょりと衿を整えて重ねる。右手の親指をおはしょりの底に入れて脇に引き、下線を引き締める。

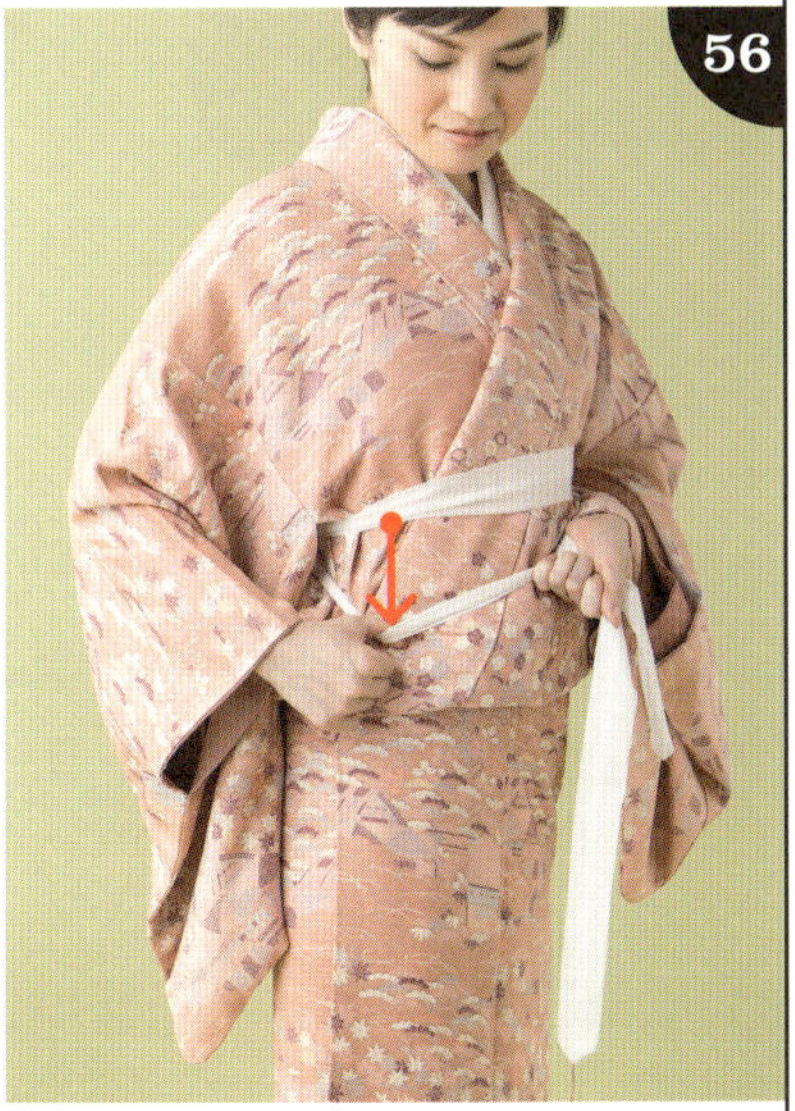

56

右脇の胸ひもを親指でおはしょりまで引き下げ、右脇で重なり合った着物を押さえる。左も同様に行う。

57

左右の胸ひもをおはしょりの下のほうで締める。ここは肌着や補整具、長襦袢、おはしょりが重なる部分。押さえながらしっかり締める。

58

身体の中央から少しはずれたところで、胸ひもを結ぶ。ひもが細い場合は蝶々結びに。上のひもは衿、下はおはしょりを押さえている。

59

左右の親指を身八つ口から深く入れ、胸ひもより上の着物を持つ。

60

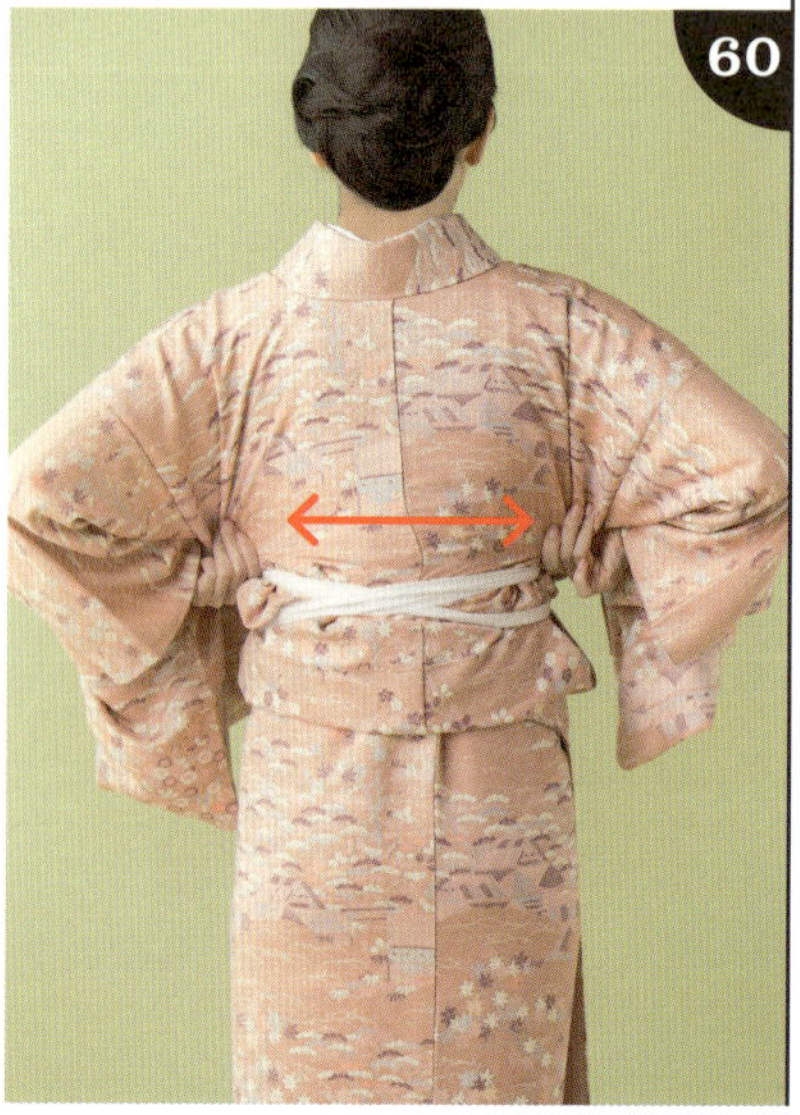

持った着物を脇までぐーっと寄せ、空気を抜く。残ったしわも整理されて、背中がきれいになる。

しわを取り、空気抜きをする

61

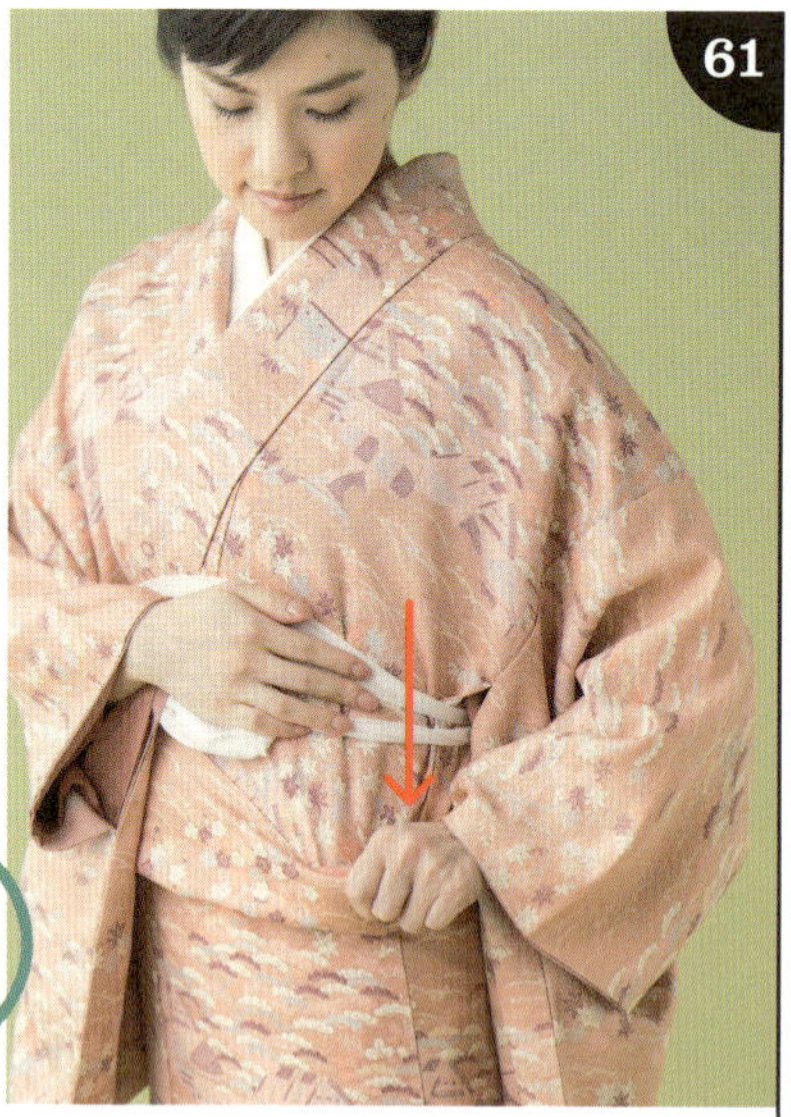

右手で胸ひもあたりを押さえながら、左側の脇縫いをウエスト位置で持つ。肩がスッキリするよう、真下に引き下げる。

らくワザ 3

► P18-19

62

おはしょりから右手を入れ、下前の脇縫いを持つ。強く引き下げて、空気を抜く。脇を下げると後ろのひもの下もきれいになる。

63

両手で後ろのおはしょりの下を持つ。背中心から左右の脇へと手を移しながら、軽く引き下げる。背筋を伸ばして肩の空気を抜く。

背と脇、前のおはしょりまわりの仕上げをしたら、着物の着付けは終了。上の胸ひもを下げ、帯を巻くための準備をする。

SIDE

BACK

紬《つむぎ》の着付け

決めワザ 1

紬は小紋と同じ
衿まわりと裾ラインで
スッキリ着る

紬は柔らかな染めの小紋に比べ、紬糸で織られた張りのある着物です。強くて丈夫で、長く日常着として親しまれてきた着物なので、シャキッと活動的に着付けます。現在では小紋と同じ街着なので、裾の長さなど、着付けの基本は小紋と同じです。

お助けワザ

裾を踏んで
ピッタリ丈に

着物の裾は腰ひもを引き締めると、それに伴って上がります。気を付けていても、仕上がりが短くなりすぎてしまうという人は、膝を軽く折り、かかとで裾を1cmほど踏んでから、腰ひもを締めましょう。

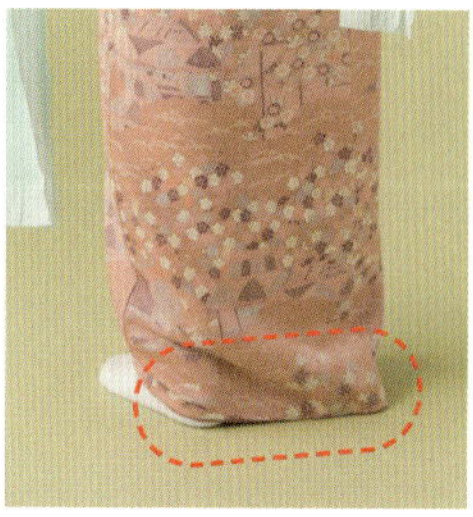

裾を踏むと、ちょうど足袋全体が隠れ、草履の台に付くくらいの裾の長さに仕上がる。

決めワザ 2

しわを取る、空気を抜く、身体に馴染ませる

堅めでしっかりした紬は、身体に馴染みにくく、浮き上がりやすい素材です。着付けの手順は変わらないものの、折り紙のように畳み、決めどころではしわを取り、空気を抜いて、できるだけ身体に馴染ませながら着ます。

衿合わせのときに肩から胸にかけ、手のひらを押し当てて空気を抜きます。また布が重なり合うおはしょりの部分も、布目を揃え、引き下げながらスッキリと着付けます。

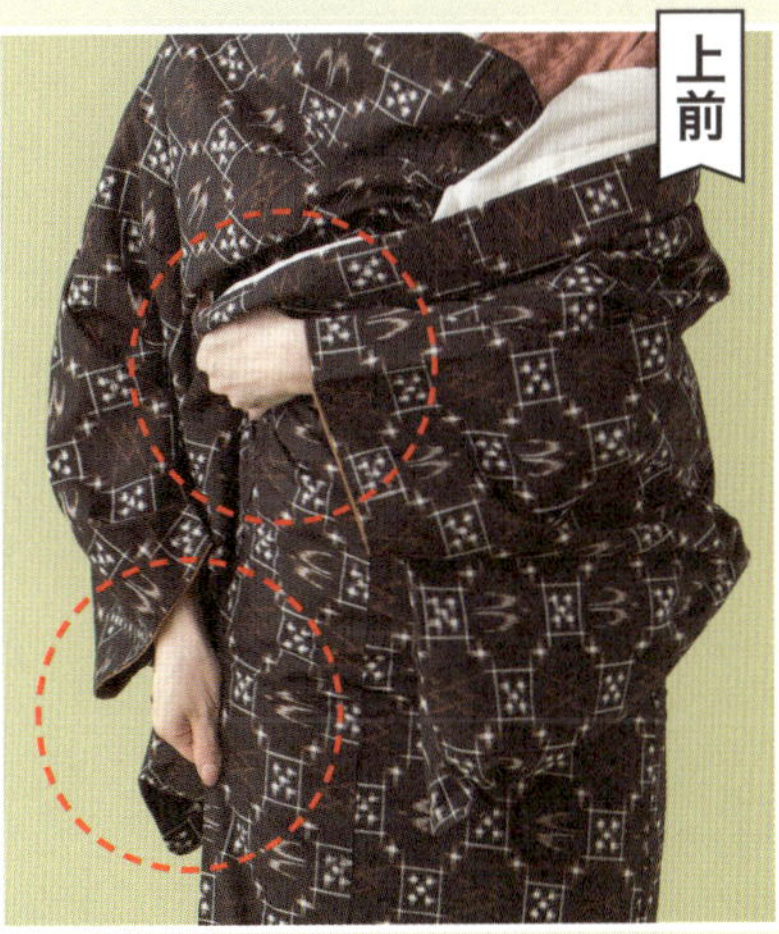

紬は小紋より広めに上前を決める。左手は上前を腰骨で押さえる。伸ばした右手の親指を下に向けて、上前を引き寄せる。

衿合わせでも手のひらを身体に当て、肩や胸の空気を抜き、身体に馴染ませる。左手は下前の衿を持っているので、右手を使う。

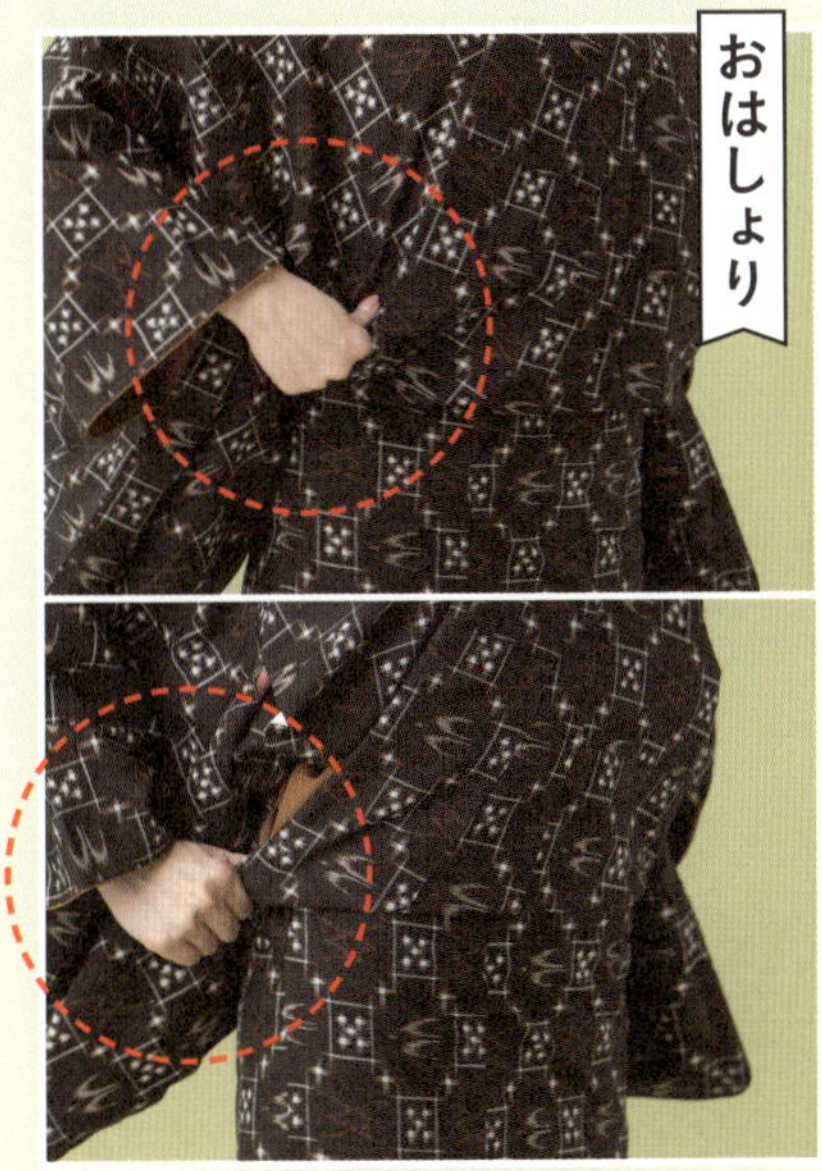

おはしょりを整えたら、仕上げに脇縫いを下げ、肩と胸まわりの空気を抜く。親指をおはしょりの底に深く入れ、脇に向けて強く引く。

胸ひもを交差させる前に、親指を身八つ口に入れて背中のしわを脇に寄せる。小紋の着付けと同じ方法でしわを取り、空気を抜く。

胸ひもを締めたら、もう一度おはしょりの両脇縫いを引き下げ、上半身の空気を抜く。ボリュームのある紬も、これでスッキリ仕上がる。

名古屋帯の着付け

決めワザ 1

帯の着付けは、4ステップで決める！

巻く、締める、結ぶ……帯の着付けでよく使われる言葉です。「骨格着付け」ではこれらに「形づくる」工程を加え、4つのステップで帯結びを進めます。

帯には着姿全体をまとめる役割があります。一つは、着物にその人らしさを表現して着姿を完成させること。もう一つは、重ねた肌着や長襦袢、着物を、帯を締めることによってさらに密着させ、身体と一体化させることです。そのために必要な4つのステップ、それぞれの機能をよく理解して取り組みましょう。

帯結びは4ステップ

1 巻く

着物に帯を沿わせながら、ていねいに巻く。

指を伸ばして帯の上端を持ち、布目を保つ。

↓

2 締める

肌着・長襦袢・着物の隙間をなくすように、静かにじわーっと締める。

帯の下端を持って、静かにゆっくり締めていく。

↓

3 結ぶ

胴の部分がゆるまないように留め、帯枕をのせる台を入れる。

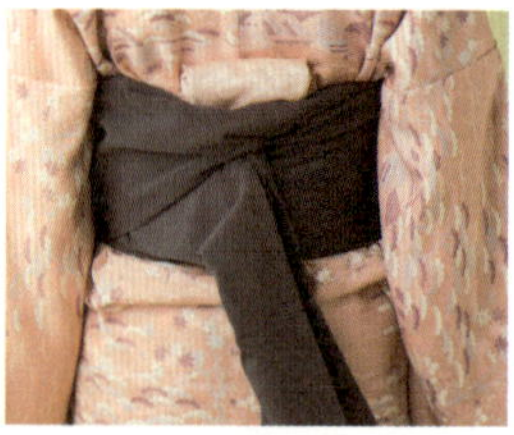

お太鼓結びでは、てとたれを交差させて結ぶ。

↓

4 形づくる

肩甲骨と腰骨の間を目安に、お太鼓を形づくる。

お太鼓の布目を崩さないように帯の形をつくる。

お太鼓部分は、たれを屏風畳みにして内側におさめる。帯の布目を崩さないように指を伸ばしてお太鼓を持つ。

決めワザ 2

お太鼓のつくりを知って、ピシッと仕上げる

シンプルなお太鼓結びほど、個性を感じさせる帯結びはありません。ほんの少しの違いが、印象を大きく変えます。また直線的なデザインなので、決めどころのラインが曲がっていたり、交差する部分のゆるみや歪みがあると、目立ってしまいます。後ろ手で帯の形を美しく仕上げるには、まずお太鼓のつくりを理解することです。慣れてくると、ゆっくり慌てずに手順を進めることができます。

仮ひもを使ったお太鼓の仕上げ

1

たれを折り上げてお太鼓が決まったら、腰あたりを仮ひもで留め、形をキープする。

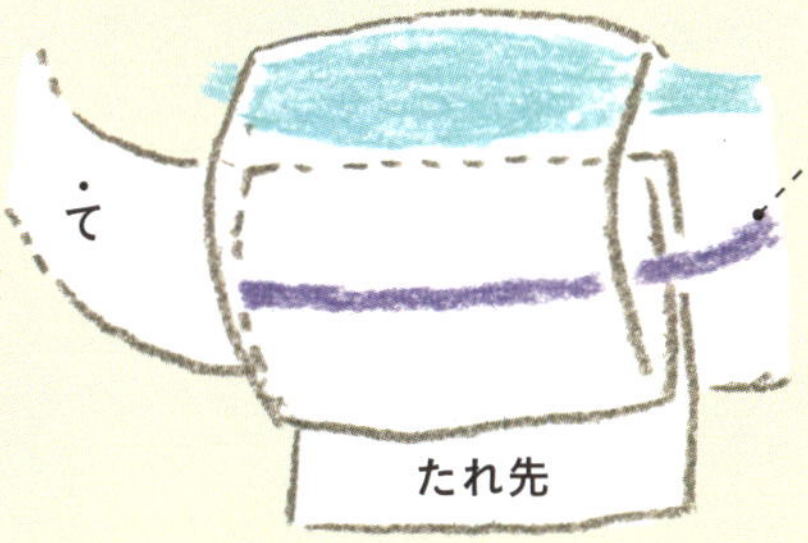

2

てを折り返し、お太鼓の下線に沿って引き出す。左側の余ったては、お太鼓の内側に入れ込んで整える。

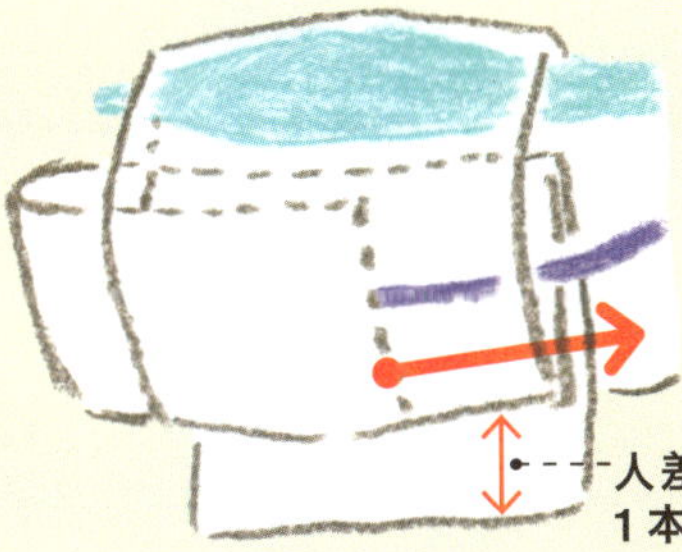

3

ての上に帯締めを通し、結ぶ。仮ひもを外す。

余ったての処理。右手でお太鼓の決め線を持ち、帯全体を持ち上げたところに、てを入れ込む。

決めワザ 3

帯は上を持って身体に合わせ、下で締める

帯にも着物と同じように布目があります。上端を持って垂直に下ろせば、布目は自然ときれいに整うので、最初の「巻く」作業では必ず上端を持ち、着物に沿わせて慎重に巻きます。一巻き目、二巻き目を着物にぴったり密着させれば、帯を締めたとき、その力が着物や長襦袢に伝わって、帯と着物全体が身体と一体になります。また二重に巻いた帯も歪まず、しわもできません。

上を持って合わせる

上／右の手のひら全体で帯の上端を挟んで持ち、斜め下に指先を向ける。下／胸下に付けた帯を、もう一方の手で脇に渡す。

下で締める

一巻き目の終わり。右脇まで運んだ帯を持ち替え、下端を右手に。左手でての元を持ち、右手をゆっくり静かにじわーっと締める。

お助けワザ

帯の後ろも「面」で押さえる

後ろ手で帯を扱うのは、慣れるまで難しいことですが、なるべく布目を崩さないように着付けます。指を伸ばして手のひらや甲などの「面」を使って、持つ・押さえるとしわができにくく、帯が歪むこともありません。

決めワザ 4

らくに着付けられる便利小物を活用しよう

手が上がらない、力が弱い、また無器用で帯結びが上手にできないという人は、無理をせず、動作を助けてくれる便利小物を活用しましょう。本や雑誌のほか、実際に使っている着物仲間や先輩からの情報、アドバイスに耳を傾けることも大切です。最近ではさまざまな製品が出ているので、自分の悩みに合ったものを選びましょう。なるべく扱いやすく、シンプルなものがおすすめです。

帯枕受け

美調節枕

帯がゆるんでも お太鼓の高さをキープ

帯の上端に入れ、帯枕を受ける「美調節枕」。笹島先生の考案。帯結びがゆるんでも、お太鼓の高さや水平を保つ。支柱が小さく軽量。

かわりに…

畳んだハンドタオル

ハンドタオルを畳んだものを帯枕の土台にする。タオル地は体温や汗で型崩れするのできっちり畳むこと。

ゴム製仮ひも

美調節ゴム

かわりに…

腰ひも

モスリンや綿のひもはよく締まるが、帯の面がピンと張っていて滑りやすいので注意する。

両手がフリー 取り外しもらく

お太鼓の形を決めた後、折り上げたたれに仮ひもを通し、仮押さえする。ひもがゴム製なので、前に預けたてを外すときなど動かしやすい。

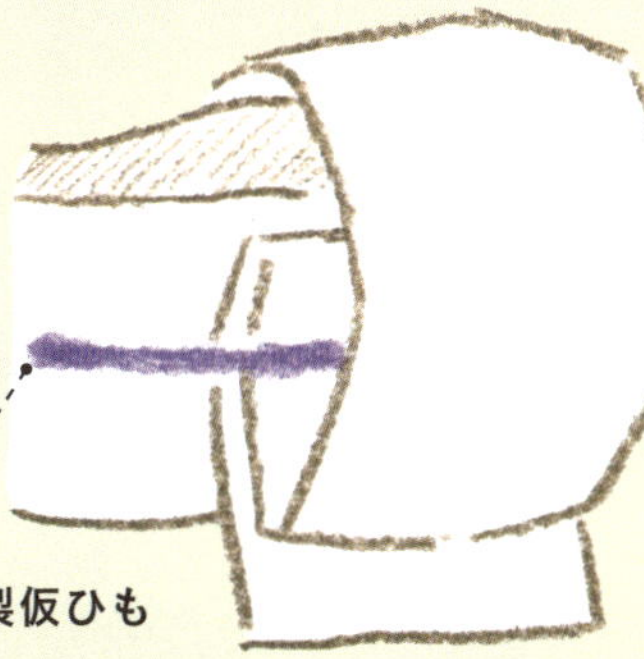

ゴム製仮ひも

名古屋帯 の着付けの手順

帯のでを肩に預ける

1

帯のわを上にして、て先を持つ。着付けをしながらすぐ確認できるように、わをクリップで留める。

2

て先を持って後ろにまわし、左手に渡す。右手は手の甲を背中に向け、わに沿って帯の上端を持ち、右下の腰に持っていく。

3

てを左の肩に預け、胸前に下ろす。右手で帯の布目を整える。

4

て先に付けたクリップが内側にあることを確認する。バストトップにて先の角がくるように当て、着物の衿にクリップで留める。

一巻目を始める

5

背中の肩甲骨の間に左手の甲を付ける。右手は指を伸ばして腰に手の甲を付け、帯のわを挟んで持つ。

らくワザ 5

▶ P22-23

6

左手を軸に右の手のひらを起こして、帯を折り上げる。折り上げた部分は左手で挟んで持つ。これで胴に巻く帯はわが下になる。

7

右手をいったん離し、上から指先を伸ばして、折り上げた帯の上端を受け取る。

らくワザ 1 ► P14-15

8

右手で上端を持ちながら、帯を前にまわす。下を持つと帯の布目が歪むので注意する。

9

帯を身体の前にまわす。右手首を斜め下に向け、手のひらで帯を挟んで上端を持つ。一巻き目は布目を保ちながら、帯の通り道を決める。

10

右から見た帯の通り道。後ろは高く前は低い。脇から前下がりになるので、身体の前では手首を斜め下に向けて帯を持つ。

11

右手から左手に帯を渡し、巻く位置を調節しながら身体に沿わせる。

12

右手で帯の表面をなでながら、右脇まで空気を抜き、身体にピタッと密着させる。後ろに右手をまわし、帯に手の甲を当てる。

13

左手でたれを後ろにまわし、右手に渡す。いずれも帯の上端を持って行う。

14

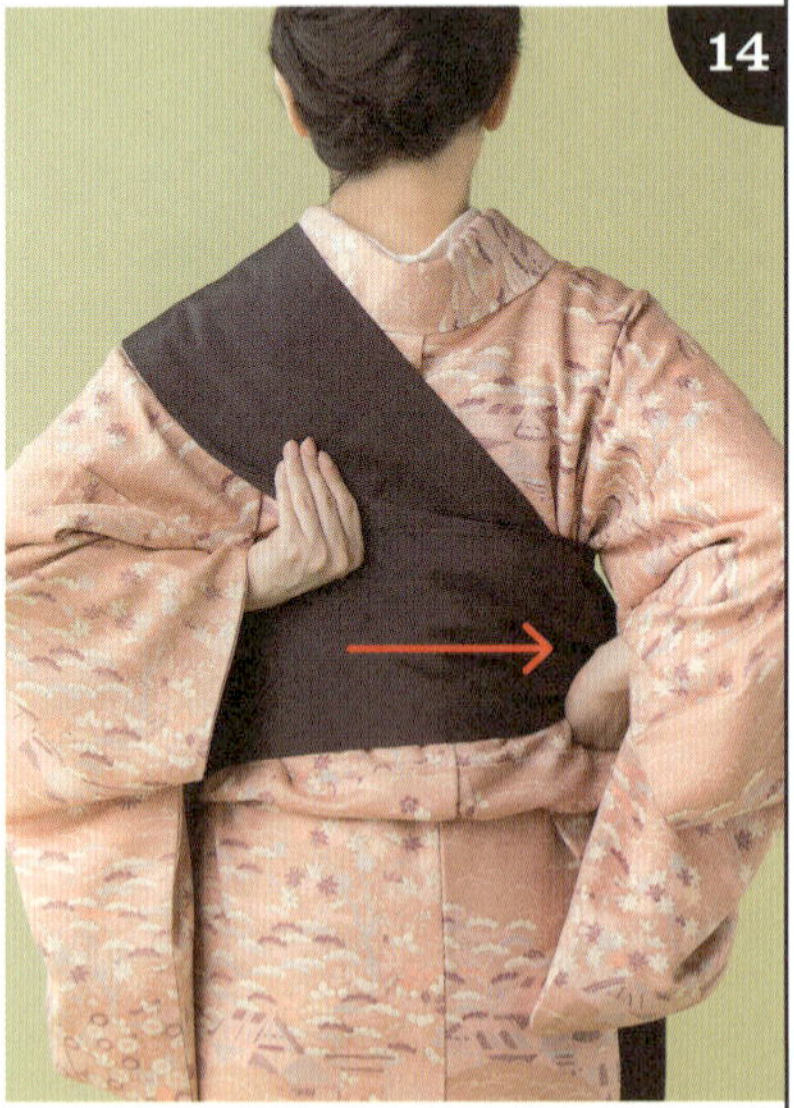

胴帯の上に出ているての元を左手で持つ。右手でたれを身体の前にまわし、いったん放す。改めて右手でたれの下端を持ち、一巻き目を締める。

二巻目を始める

15

身体の前に持ってきた帯の上端を右手で持ち、二巻目を始める。帯を巻く動作は、基本的に一巻き目と同じ。

16

一巻き目と二巻き目の間に帯板を入れる。このときの動作も常に帯の上端を持って行う。下を持つと帯の布目が歪む。

17

左手に持った帯を後ろにまわす。右の手のひらで右から左へ、帯の表面をポンポンと軽く叩くと帯板まわりの空気が抜け、帯が締まる。

18

一巻き目と同様に、後ろにまわしたたれを右手に渡す。左手の甲を帯に当ててなで、しわや歪みがないか、確認する。

帯を締める

19 て先のクリップを外し、肩のあたりで帯の外側を持つ。右手は腰でたれの下端を持つ。

20 て先を持った左手と、たれの下端を握った右手を同時に締める。このとき右手は斜め上の方向に引き、胴にまわした帯をしっかり締める。

てを後ろに下ろし、帯を結ぶ

21 帯はじわーっと締めると空気が抜け、補整具や長襦袢、着物などが圧縮される。締めた後、てを勢いよく後ろに下ろす。

22 左手でての元を持ち、右脇へ動かす。

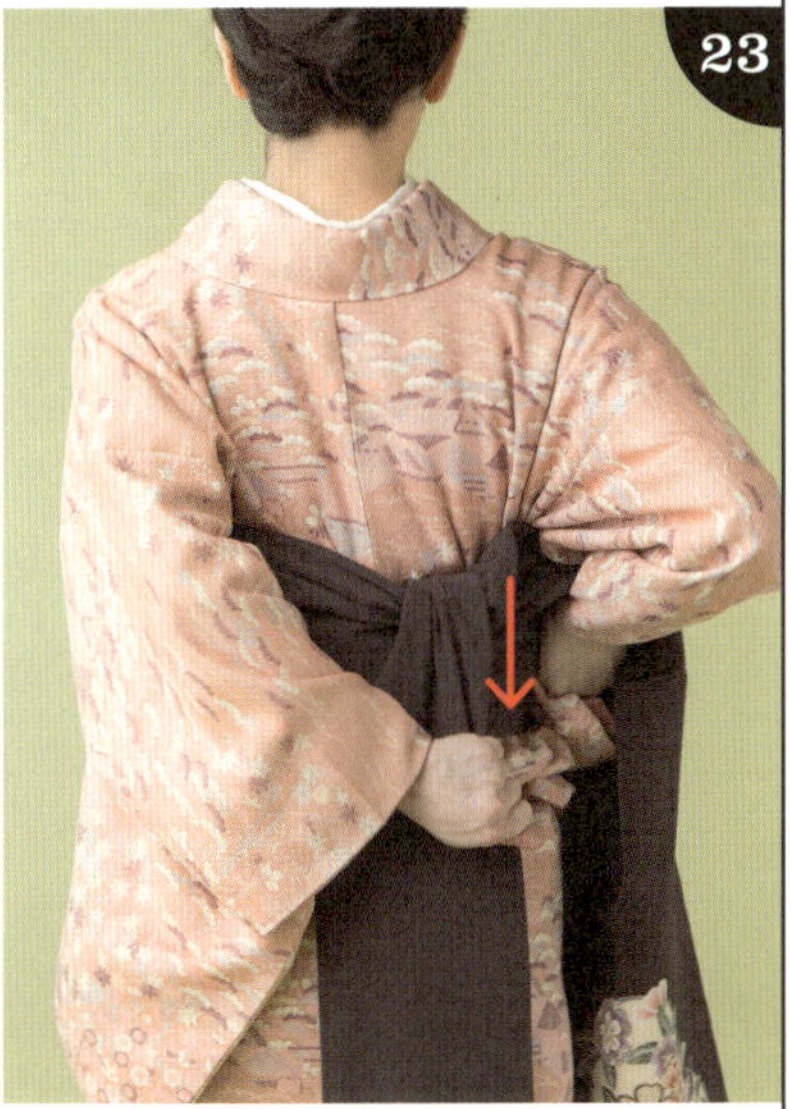

23 左の手のひらを背中に向け、てのわをつかみ、引き下げる。

24 引き下げたては身体に付け、腰をこするようにして左側に動かす。右手はたれの下端をゆるまないように持っていること。

てを身体の前に持っていく。わが下になっていることを確認する。

たれを右腕にかけ、右手をあける。帯がゆるまないように脇で挟む。

てを胴に巻いた帯に重ね、右手に渡す。ての元のほうまで、帯の下端が揃うように整える。

帯の後ろの中央部分を引き下げる。胴に巻いた帯とてをできるだけ揃えて重ねる。

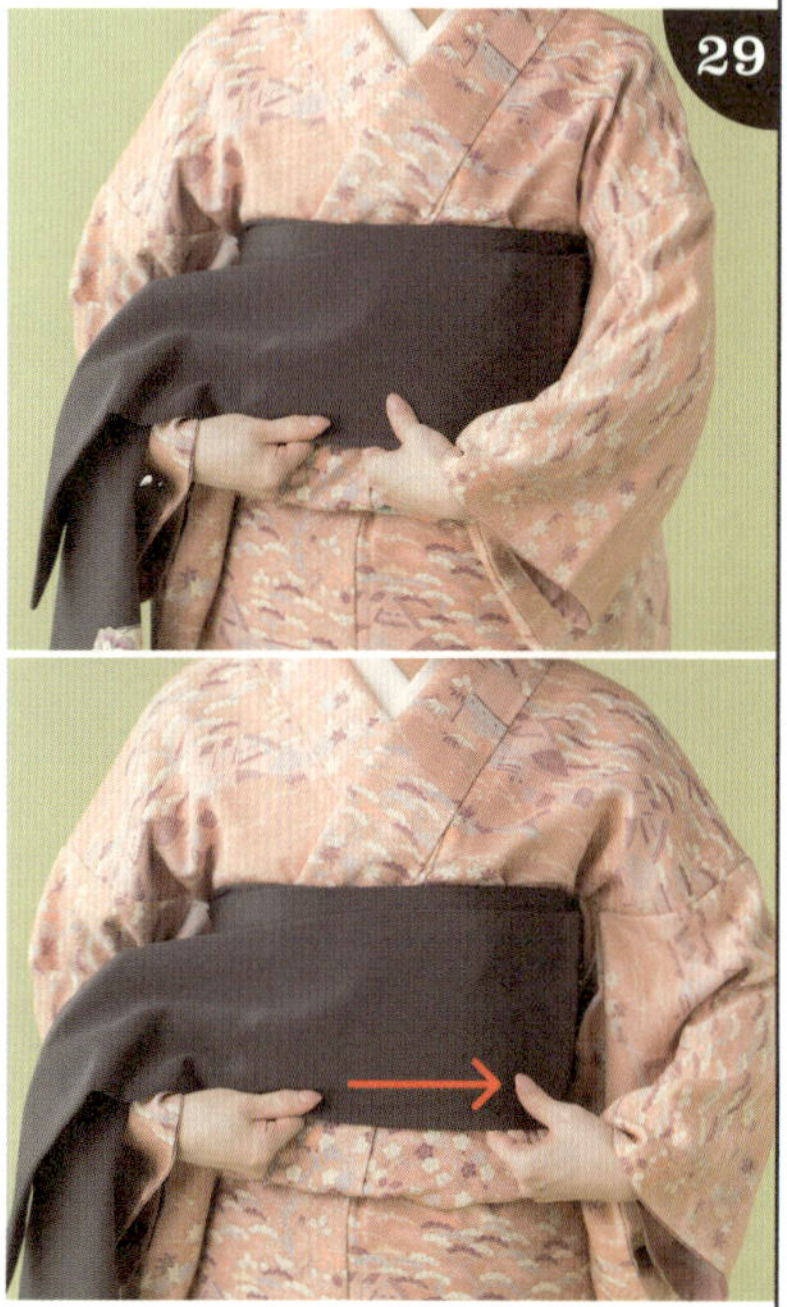

胴に巻いた帯とてのわをもう一度揃える。着物と帯の間に左手を入れ、左脇に向けてしごくと帯下が締まる。

脇に近い左側で、三枚重なった帯をクリップで留める。ゆるむ心配があるときは、左右2カ所をクリップで留めておく。

お太鼓をつくる

31

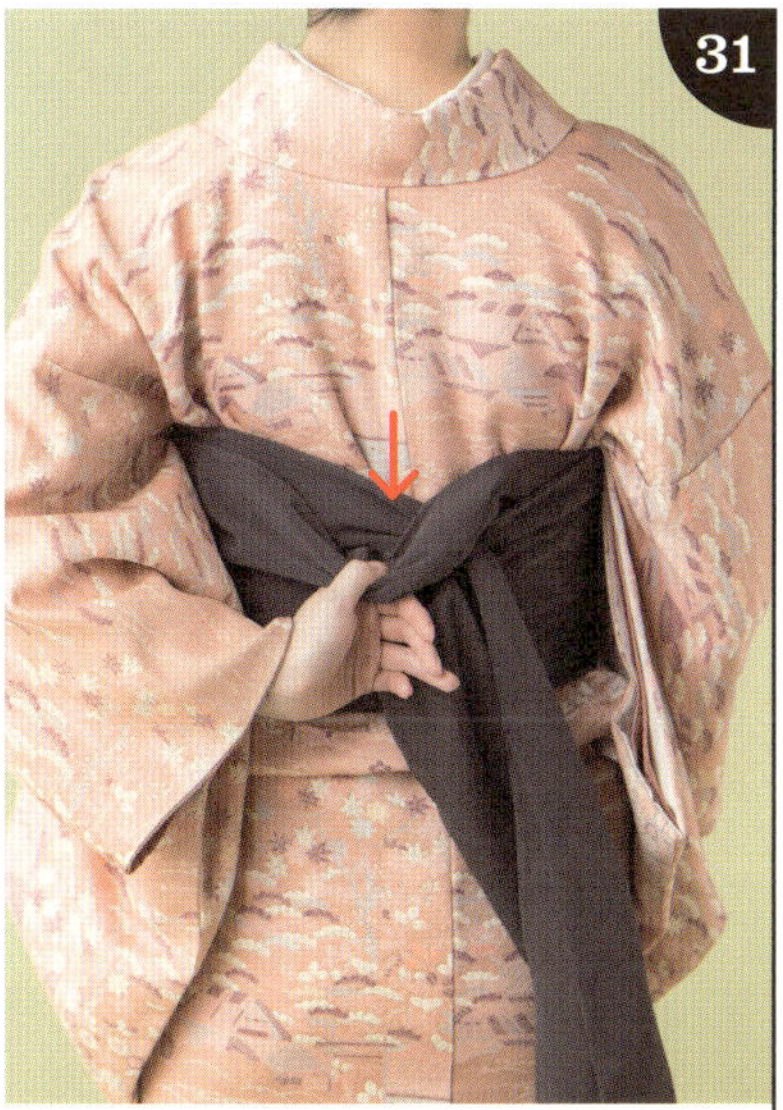

帯枕を背中にきちんとつけるための準備として、背中の帯より上に出ているての部分を下げておく。

32

左手でてを下げながら、右手で帯と着物の間に「美調節枕」を入れる。ハンドタオルなどを折り畳んで代用してもよい。

33

両手で「美調節枕」をまっすぐ固定する。これでお太鼓が高くきれいに仕上がる。

34

帯枕をのせる準備が完了。着物の衿や胸のゆるみがあるときは、おはしょりを持って下げ、空気を抜いておく。

35

帯枕を上下逆にし、裏側を自分に向けて左手で持つ。右手の人差し指と中指を開き、斜め下に向けて帯枕を挟んで持つ。

36

帯枕を持った右手を後ろにまわす。お尻の下あたりで帯枕の裏側を帯の裏側に当てる。

37

お太鼓の柄が正しく出るか確認する。左手も一緒に帯枕を持ち、帯の上に親指を出す。左右の親指をしごいて、帯のしわをのばす。

38

両手首を上に向けて帯枕を起こす。ここがお太鼓の帯山になる。

39

両手をそのまま持ち上げ、帯と帯枕を背にしっかりと付け、「美調節枕」の上にのせる。左右の手で同時にガーゼの帯枕ひもを持つ。

40

帯枕ひもを身体の前に持っていく。両脇で引き締め、帯枕を背中にピタッと密着させる。

41

帯枕ひもの結び方｜P52

帯枕ひもを二度からげて結ぶ。余ったひもの端は着物と帯の間に深く入れ込む。

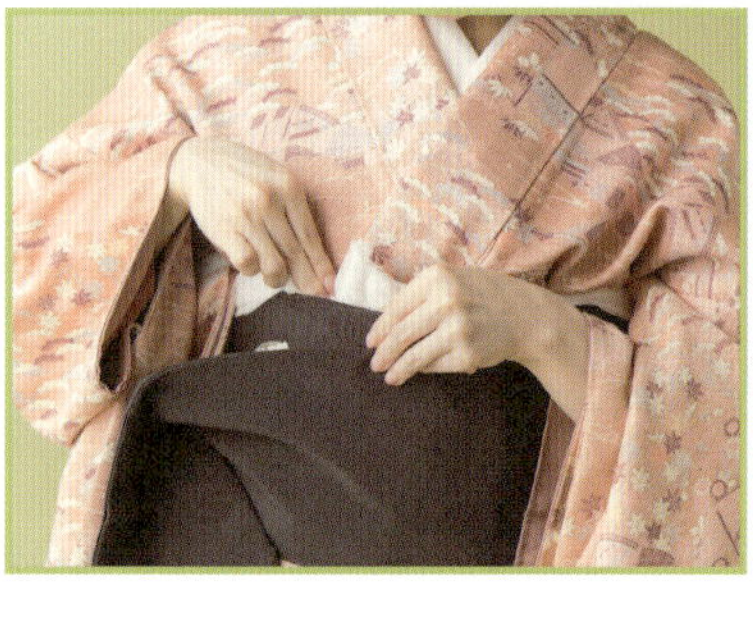

帯あげを結ぶ

42

帯あげの上端を持ち、後ろにまわす。帯枕にかけやすいように、帯幅より狭く持っておく。広く持つと腕が上がりにくい。

43

帯あげを帯枕にかける。左右にしごいて、帯枕の上に帯あげの上端をしっかりかける。

44

両脇で帯あげの上下を持ち、斜め上に引いて締める。帯あげを身体の前に持っていく。

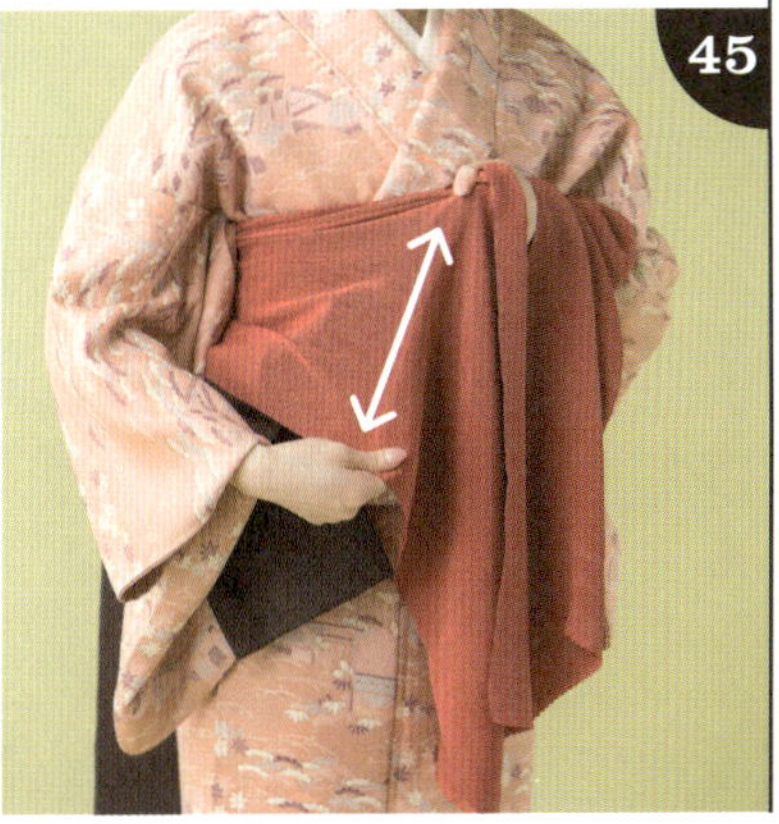
45

脇から帯あげの幅を開き、布目を垂直に整える。帯あげを身体の中央で、上下を同じ位置で持つ。一方の帯あげは腕にかけておく。

＊42〜44の写真は、撮影のため、帯をクリップで留めています。

46

開いた帯あげを三つ折りにし、脇の後ろまで布目を整える。左右どちらからでもよい。

47

畳んだ帯あげが崩れないように、着物と帯の間に挟んでおく。もう一方の帯あげも同様に折り畳んで整える。

48

身体に近いところで、左の帯あげを上にして交差させる。このとき手首を下に曲げると帯あげ全体が締まる。

49

交差させた左の帯あげをくぐらせ、ひと結びする。結び目の近くを持って左右斜めに引くと、布目が歪まずきれいに締まる。

上に出ている帯あげを結び目の下からくぐらせ、さらに巻く。

二度巻いて結ぶと、手が離れてもゆるまない。夏物や薄地のものなど、ゆるみやすい帯あげには特におすすめの結び方。

右の帯あげを衿の間に預ける。左の帯あげの先端を持ち、前方に伸ばす。その中間に右手を添え、人差し指を帯あげの裏側に当てる。

右の人差し指を軸に、帯あげを右側に返して二つ折りにする。左右をピンと張る。

53で畳んだ帯揚げの中央を、結び目に付けて左手で押さえる。右側の輪を整える。

輪の中に右手の人差し指を入れ、着物と帯の間に入れ込む。中央から右側へとゆるんでいる分を引き伸ばしながら、右端を入れていく。

右端に人差し指を入れたまま、左側の帯揚げも同じように着物と帯の間に深くおさめる。

衿の間に預けた帯あげを外し、畳み直す。目に触れる部分なので、ていねいに畳む。

58 畳み直した帯あげを前方に伸ばす。先端の少し手前を片方の手で持ち、もう一方の手の指を伸ばして結び目に近いほうを受けておく。

59 結び目に近いところの指を軸に、帯あげを胸あたりまで上げる。先端は少し残しておく。

60 先端に添えた手を縦にして、持ち上げた帯あげに下向きに当て、押さえる。もう一方の手で帯と着物の間を開く。

61 右手の指先で帯の面をこすりながら、帯あげを帯と着物の間に入れていく。半分ほど入れたところで、残りを畳み直して整える。

62 帯の上端、結び目の上に左右の親指を当てる。残りの帯あげを親指で巻き込むようにして着物と帯の間に深く入れる。

63 中央の帯と帯あげの間に、左右の親指を揃えて入れる。

64 左右の親指をそれぞれ両脇に向かって、帯の上端を滑らせるようにして引き、しごいて帯あげを帯の中におさめていく。

65 完成。脇まできれいな仕上がり。

お太鼓を形づくる

66

両手のひらを身体側に向け、腰の位置でお太鼓に当てる。親指だけを内側に入れ、帯を両端で挟んで持つ。

らくワザ 5 ► P22-23

67

左右の人差し指を水平に伸ばす。

68

伸ばした人差し指で親指を軸に帯を折り上げる。手首は動かさず、指だけで折り上げること。この折り線をお太鼓の決め線と呼ぶ。

69

決め線の中央を片方の手で持ち、少し上げる。もう一方の手で、残っているたれに手のひらを当てる。

70

手のひらを身体に押し付けながら、内側にたれを上げていく。織物などしっかりした帯であれば、この段階でお太鼓の大きさを決める。

71

染め帯などの柔らかい帯は、たれを少し上げてから、その手で帯の端を持つ。

72

お太鼓の決め線を持っていた手もいったん離し、**71**と同様に、もう一方のたれの端を同じ高さで持つ。

73

たれの両端を同時に持ち上げ、たれ先が少し残るくらいで止める。

74

たれを上げた片方の手を、決め線に移動して押さえる。もう一方の手もたれから離し、両手で決め線を押さえてお太鼓の形を保つ。

75

決め線の左右で帯全体を持ち、人差し指を伸ばしてたれ先の長さを決める。人差し指の長さ、約5・5～7㎝が目安となる。

76

決め線から内側に折り上げたたれが落ちないように、どちらかの手を中に入れ、手の甲で押さえる。

77
決めワザ
4
▶P77

手の甲で押さえた部分に「美調節ゴム」を通して当てる。お太鼓の形を保ってくれるので、両手があき、らくに帯の形を整えられる。

78

仮ひもを身体の前にまわす。端についている玉にもう一方を引っ掛けて返し、脇のゴムにからげて留める。

79

クリップを外し、重ねていたてを後ろにまわす。仮ひもがゴムなので、てを外してもお太鼓の形は崩れない。

扱いやすく、
お太鼓の形を保つ
強度もあるゴムです

80

て先をお太鼓の中に通し、右端から約1～2㎝出す。て先とお太鼓の決め線をピッタリつけるときれいな形になる。

81

右手でたれ先を折り上げ、決め線ごと持つ。余ったて先をのばして整える。

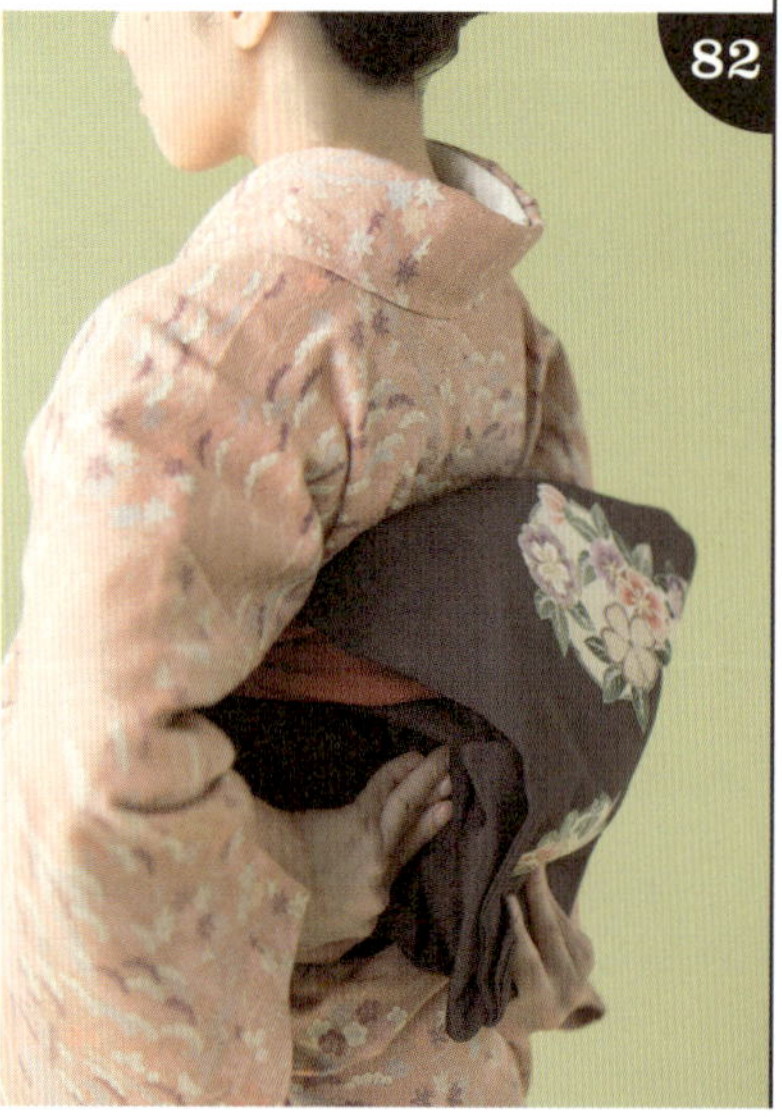
82

右手で持った帯全体を身体から少し離す。脇から余ったて先を、お太鼓の内側へ折り畳むようにして入れ込む。

帯締めを結ぶ

帯締めの中央を持った手を、お太鼓とての間に入れ、中央でもう一方の手に渡す。帯締めの中央を第4腰椎の位置に当てる。

帯締めを前にまわし、身体の中央で長さを合わせる。帯締めが後ろから少し前上がりになっていることを確認する。

帯締めの左右を交差させ、水平に左右に引いて締める。帯の間の空気が抜かれ、後ろの帯が腰に付く。

帯締めの左を上に重ねて交差させる。

上に重ねた帯締めを、下からくぐらせてひと結びする。締めた後も、両手は結び目の元から離さずに持っていること。

左の親指と人差し指で結び目の上下を持ち、挟んで押さえる。

右上の帯締めを左側に折り返す。右手で帯締めを中指と親指で挟んで持ち、人差し指を添えて、結び目の上に重ねる。

89の右手は固定したまま、左手の指先で左下の帯締めを、結び目の元から垂直に上げる。人差し指と中指で、結び目の上下を押さえる。

＊P91〜92は「美調節ゴム」を外して撮影しています。

上げた帯締めを右手で持つ。身体の中央で真上に向け、右側にできた帯締めの輪に入れる。

輪に入れた帯締めは、結び目の近いところで真下に引き下げる。斜めに入れると、上に向けてできた結び目がよじれてしまうので注意すること。

92 の帯締めを下に向けて最後まで通す。細く硬い帯締めは曲げた部分がすぐ戻ろうとするので、右手の親指で押さえておく。

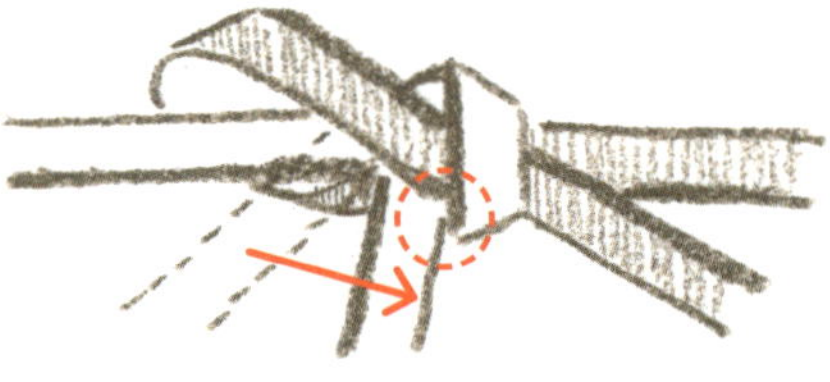

折り曲がる部分は角をピタリと合わせ、沿わせる部分は隙間なく、結び目まわりはゆるみが出ないように気を付ける。

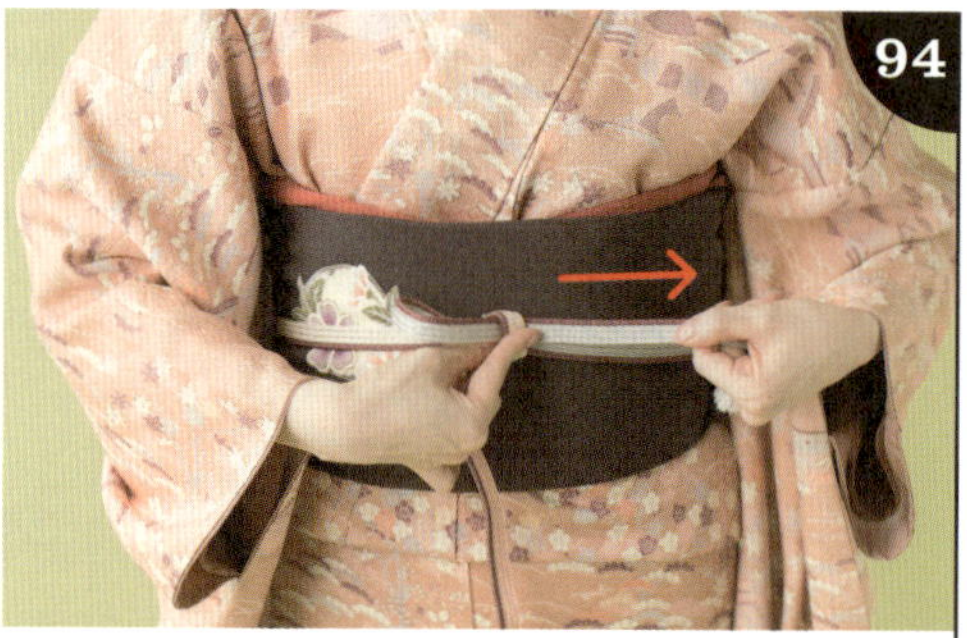

さらに人差し指で結び目を押さえ、結び目がゆるむのを防ぐ。左手で左側の帯締めを水平に引いていく。

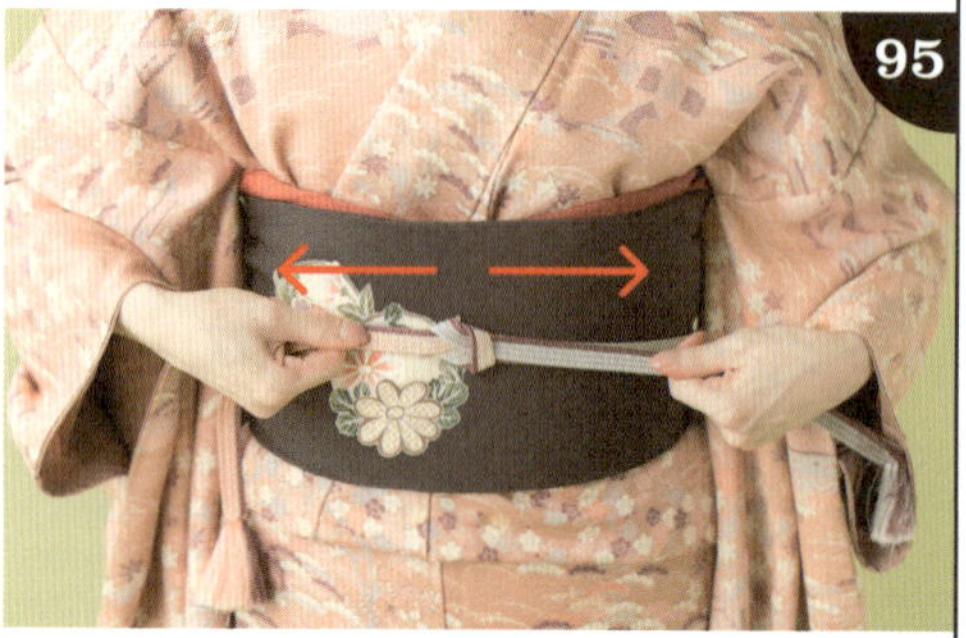

左右の手で帯締めの両端をしっかりと引いて締める。途中、何度か結び目の形をきれいに整える。

帯締めの両端を一巻き目に重ねて整える。先端は房が上になるように挟み込む。

帯締めの完成。結び目が身体、帯幅の中央にあること、きちんと正しく美しい形に仕上がっていることを確認する。

仕上げをする

98

「美調節ゴム」を装着したときは、ここで玉を持って外す。（＊帯揚げ・帯締めのプロセスでは分かりやすいように外して撮影）

99

お太鼓づくりの仕上げ。両手の指先を伸ばして手のひらをたれ先の角に当て、お尻に沿って静かに左右に動かし、布目を整える。

100

指先を伸ばした両手を、お太鼓の両側からそれぞれ帯締めに沿って中に入れる。中央から端へ、指先で決め線のしわをのばして整える。

完成!

SIDE

動作は慌てずに順番を守ればきれいにできます！

笹島note 4

いつもと違うお洒落をしたいときの、小物の仕上げ方

帯あげの結び方を変えたり帯留めでアクセントを加えるなど、
小物使いのバリエーションを楽しめるのも、お洒落着ならではです。

帯留め・三分《ぶ》ひも

帯留めをするときは、ふつうの帯締めより幅が狭い三分ひも（約1㎝）などを使います。三分ひもを脇近くで本結びし、帯留めを少し浮かせながら結び目を持ち、ひもをお太鼓の中央まで動かします。

1 仮ひもで帯を固定

2 帯留めを通した三分ひもを脇近くで本結びする

3 片手で帯留めを少し持ち上げる

4 結び目を持って、後ろのお太鼓の中までまわす

結び目をお太鼓の中に入れ、余った三分ひもの端を二、三度からげて留める。

結ばない帯あげの整え方

帯あげを結ばずに両端を帯の中におさめると、帯まわりがもたつかず、スッキリ仕上がります。手順はとても簡単ですが、ゆるまないように帯あげを帯枕や身体にしっかり付けることが大切です。

帯あげを結ぶ | P85

1 ほかの結び方と同様に帯あげの布目を整え、三つ折りに畳む。右の帯あげを身体の斜め前に伸ばす。

2 脇より長い分の上端を持って、右に折り返す。

3 折り返した部分を左脇のところで着物と帯の間に深く入れる。

4 2・3と同様に脇より長い分を折り返して、右脇で着物と帯の間に深く入れる。

5 完成。結び目が出ないので、帯まわりがスッキリ見える。単衣《ひとえ》や夏の時季にもおすすめ。

第4章 礼装着の着付け

訪問着＋袋帯

着方の基本と流儀

訪問着＋袋帯

慶弔の式典などに装う礼装着には、最も格式の高い第一礼装、準礼装、略式の礼装着があります。

留袖や黒紋付の第一礼装では、小物使いなどルールが決まっていますが、基本的には着る場所や主催者を尊重し、会の主旨に沿った着こなしを心がけます。祝い事なら格調高く華やかに、正式な茶事では会の格式を重んじ、弔事では慎み深く装いましょう。

黒紋付以外は、吉祥文様など古典柄の礼装用袋帯を用います。最近では準礼装からお洒落着まで使える袋帯もたくさん出ています。

黒紋付

五つ紋の黒紋付は第一礼装。一重太鼓の喪帯を用いる。衿は深く合わせて半衿は控えめに、衣紋は詰めぎみに。裾は短め、お太鼓も少し小さめに控えた装いにする。

黒留袖

第一礼装となる黒留袖。衿まわりと裾の長さは訪問着と同様で、草履のかかとにかかるくらいを目安とする。お太鼓は高い位置でボリュームを出し、格調高く着付ける。

訪問着

古典柄の訪問着は紋なしでも準礼装になる。衿はのどのくぼみで合わせ、衣紋も標準的な抜き方で品よく着付ける。お洒落着より半衿を多めに出し、重ね衿も加えて華やかに。

衿合わせ

裾の長さ・お太鼓の大きさ

二重太鼓〈袋帯〉

お太鼓が二枚重ねになる形のこと。長さは4m20～50㎝、幅は約31㎝。多くは表地と裏地を縫い合わせて帯芯を入れ、帯幅で仕立てます。好みの帯幅に折って巻き、お太鼓は帯を二枚重ねて形づくります。袋帯には金銀、白地に箔《はく》や刺繍をあしらった古典柄の礼装用、色糸で織り出したお洒落着用などがあります。最近ではモダンな柄で、格調高い織りや箔使いで礼装にも使える帯が増えています。

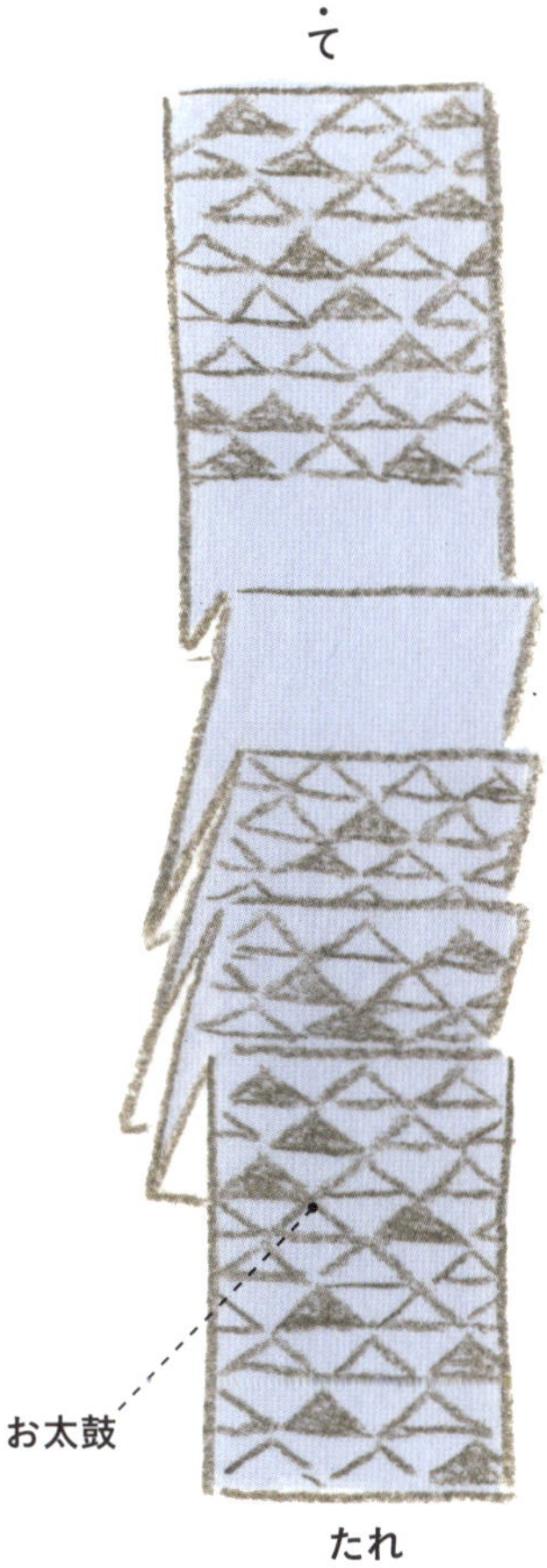

礼装用袋帯

写真の桐竹鳳凰や松竹梅などの吉祥文様、唐草や七宝など古典柄をあしらった礼装用の袋帯。金銀、白の地に唐織《からおり》、引き箔など格調高い織りが施されている。着物の格に合った重厚感のある帯を選ぶ。

お洒落着用袋帯

袋帯の長さでお洒落着用につくられたもの。染めや織りなど多様で、型染めや織りの全通柄、ポイント柄などがある。二重にすることでお太鼓に張りが出て、形が保たれやすいという面もある。

京袋帯

袋帯と同じつくりで、名古屋帯と同じ長さの帯。裏側に表地が現れるものは、一重太鼓ながら二重太鼓のように見える。お洒落着用が多いが、格調高い織り帯を京袋に仕立てたものもある。

帯あげ・帯締め

金銀が入ったものなど、格調高く華やかなもの

礼装用袋帯には、絞りや金銀が入った華やかな帯あげ、帯締めを用いる。祝い事なら、真珠や翡翠《ひすい》の帯留めを合わせても。

街着にぴったり袋帯で銀座結び

お洒落着用の袋帯や京袋帯を、軽快な銀座結びに。お太鼓結びではかしこまってしまう色柄もカジュアルに着こなせる。

訪問着の着付け

決めワザ 1

裾は小紋より長く、褄《つま》先《さき》を高めに上げます

着付けの基本は訪問着も小紋と同じですが、着物の素材、色や模様などで、華やかな姿に着付けします。裾が短いとカジュアルに見えるので草履のかかとにかかるくらい長めに決めます。素材も柔らかいので、褄先を高く上げて着ます。

裾は草履のかかとにかかるくらいの長さにする。着付けるときは足袋が全部隠れ、裾が少したるむくらいがちょうどよい。

決めワザ 2

重ね衿の出し方は控えめに

重ね衿は若い年代では多めに出し、おしゃれでより華やかに着付けますが、中高年では控えめにして上品さと落ち着いた装いを心がけます。角度や出方を決めるのは、ウエストの位置。3㎜ほどが上品な印象です。5㎜以上は出さないように気をつけましょう。

重ね衿は着物の衿と一緒に着付け、下前のおはしょりを三角形に上げた下端で幅出しを決める。控えすぎるくらいがちょうどよい。

訪問着の着付けの手順

上前・下前を合わせる

1 柔らかい着物の裾を長くすると、重さも加わりすぐにだらけてしまう。下前の褄下を左脇の腰ひも位置より上で高く（約30㎝）上げ、着付ける。

決めワザ 1 ► P98

らくワザ 1 ► P14-15

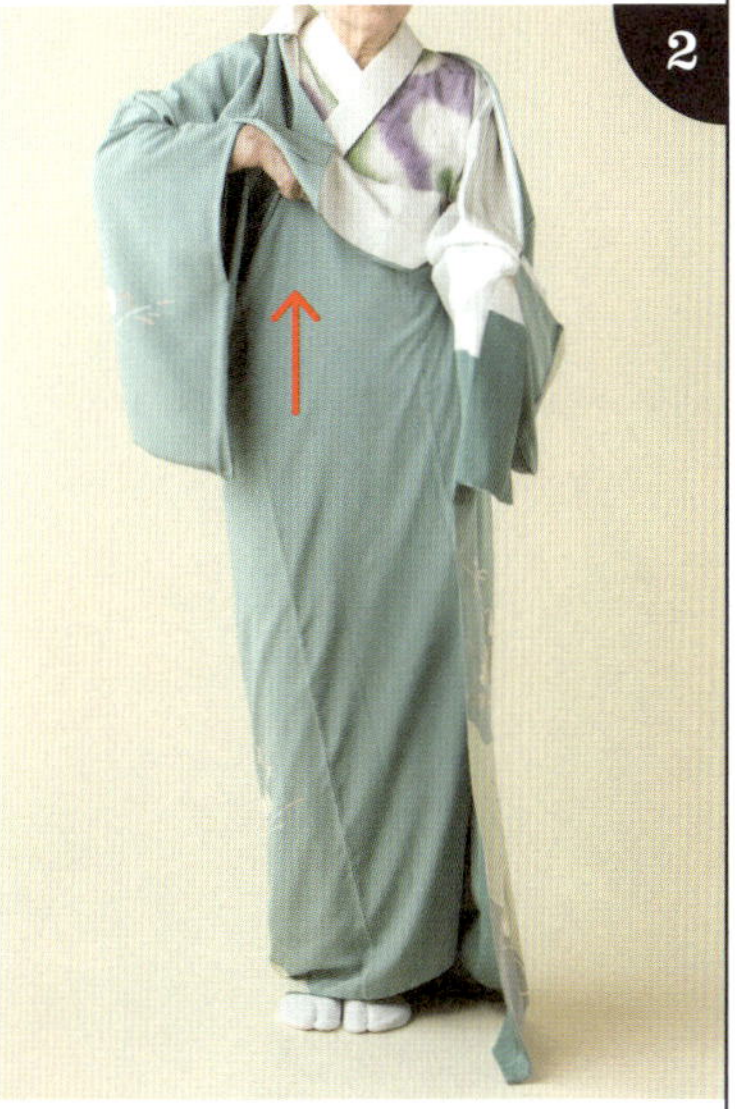

2 下前の褄下を高く上げるので、斜めのひだが深くできる。写真のように右手を胸位置で下に向け、指先で静かにひだを引き上げる。

3 小紋よりも上前を1㎝ほど深く合わせる。太もも位置で右手指を下に向けて褄下を持ち、上前の裾をしっかりと右に引き寄せる。

4 左手を身八《みや》つ口《くち》から入れ、下前の衿を持つ。左右の手は腰に斜めに当て、同時に脇で引き締めた後、右手は褄先を上げる。

腰ひもを締める

5 腰ひもは基本通りの位置で締めます。柔らかい着物は身体に馴染みやすいので、ゆるみが出る。ていねいに締めて結ぶこと。

らくワザ 2 ► P16-17

腰ひもの結び方｜P24

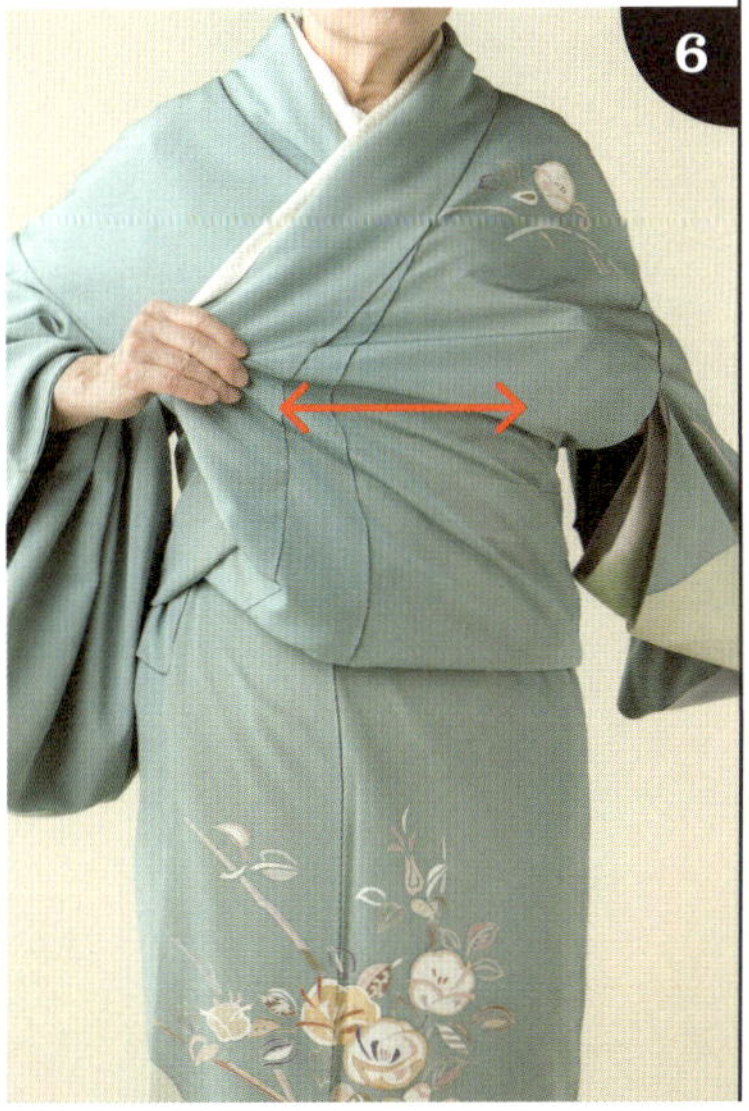

6 一般的に柔らかい着物は生地の伸縮が激しいので形のゆがみが大きく現れる。衿合わせをする前に上前と下前を深く引き、合わせる。

7

上前のおはしょりの底に右手の親指を深く入れ、左手はかさばっている下前を握り、できるだけ脇に引き寄せておく。

衿合わせを決める

8

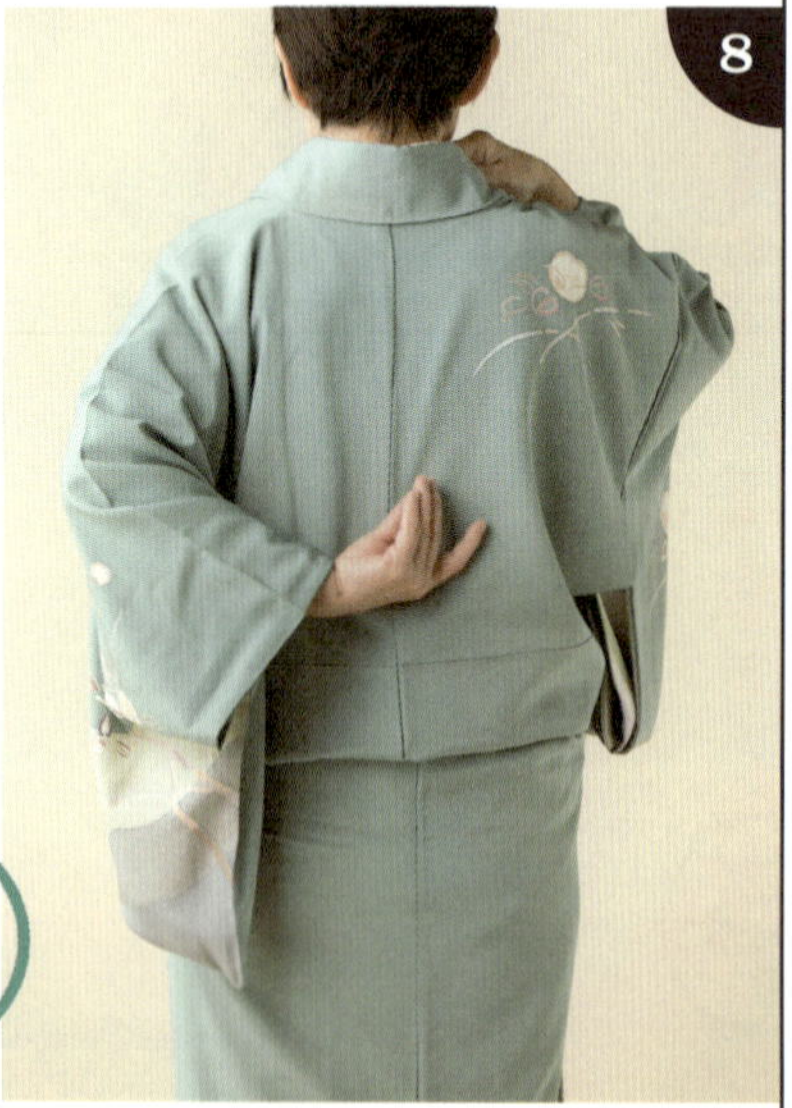

背縫いが左側に寄りがちなので正す。背骨から背縫いがずれないように、右手で長襦袢の衿と合わせて一緒に持つ。

らくワザ 4 ► P20-21

9

決めワザ 2 ► P98

下前は、小紋より1㎝下でおはしょりを垂直に折り上げる。右手で持つ折り返し点は、半衿の幅を決める角度のところ。

10

左手で下前のおはしょりと衿を持ち、右脇まで下前を斜めに上げる。右手の親指を伸ばして右脇縫いを握り、肩や胸まわりを引く。

らくワザ 3 ► P18-19

11

上前の衿と重ね衿を合わせてウエスト位置で持つ。その位置で衿幅と重ね衿の幅を決め、衿合わせの角度を決める。

12

着物の衿幅を開いて、おはしょりの底を親指で深く押さえ、脇へとおはしょりの下線を引く。

完成!

SIDE

BACK

胸ひもを締める

13

柔らかい着物は胸を押さえるのに幅の広い伊達締めを使うと、胸まわりが安定する。

らくワザ 2

► P16-17

胸ひもの結び方 | P52

14

伊達締めの下を引き下げると、空気が抜けて胸がスッキリ仕上がる。衿の角度が動かないように行う。

裾の長さは
草履を履くと
ちょうどよいくらい!

袋帯の着付け

決めワザ
1

布目を整え、空気を抜き、帯地を馴染ませます

帯の布目を保ちながら、着物に合わせます。ただし礼装用は帯地に張りやボリュームのあるものが多く、また胴の部分は折るので空気が入りやすく、身体に馴染みにくいところがあります。帯の表面を叩いたり帯の下端を締めたりして、身体にしっかり密着させます。

幅出しは背から前・脇に歪みが出ない

後ろで幅出しをすることで、折った帯をきれいに重ねた状態で、脇から前へ運ぶことができる。前で幅出しをすると、そのぶん脇に歪みが出てしまう。

帯の上端を持ち下をしごくと締まる

二巻き目では、左手で帯の上端を持って引き、右手で下端の内側に指を入れ、左右にしごいて空気を抜く。

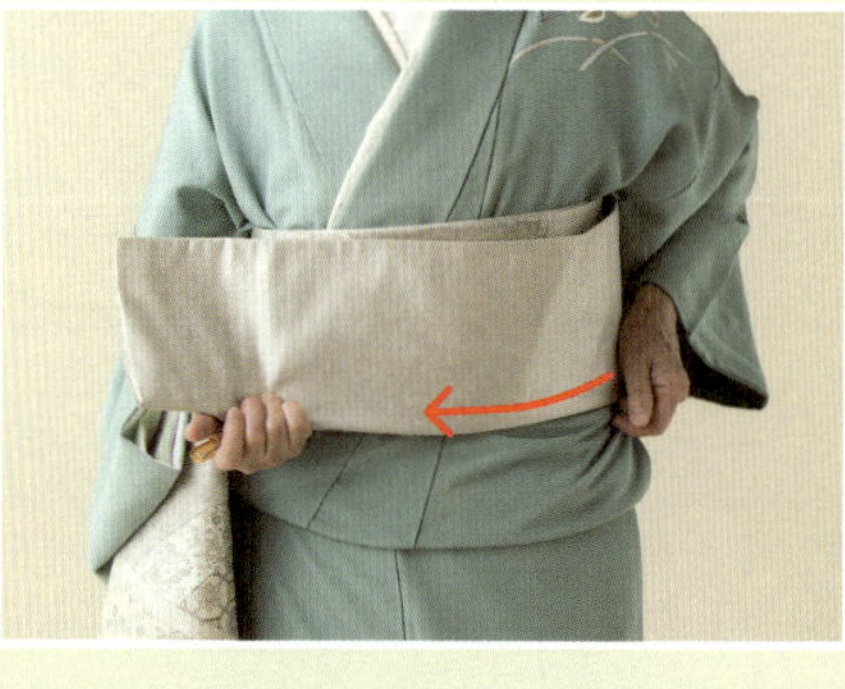

前にまわしたてを揃えて締める

後ろで下げた後、前にまわしたてを胴の部分に揃える。下端に手を入れてしごいて締め、表面を叩いたり押さえたりして空気を抜く。

決めワザ 2

てでお太鼓を導き、形をつくります

袋帯の二重太鼓では、たれを身体の前に持ってきて長さを測り、大きさを決めます。後ろで帯を重ねた後は、帯枕を入れ、肩甲骨にかかるくらいの位置に持ち上げて、帯山を高めにします。名古屋帯ではお太鼓を形づくった後にてを入れましたが、袋帯では先にてをつくり、垂れ下がった二重太鼓に当ててお太鼓をつくります。2枚重ねたお太鼓の布目が美しく保てます。

二重太鼓は後ろで決める

上／たれを後ろにまわし、垂れ下がったたれの元を開いて重ねて二重太鼓にする。下／帯枕を名古屋帯より高い位置に付ける。

お太鼓の大きさは手幅二つ分

胴に巻いた帯を固定した後、たれ先をたぐり寄せて膝に預り、お太鼓の大きさとなる手幅二つ分を測る。

お太鼓は垂直にたれを動かす

帯枕から垂直に下ろしたお太鼓は動かさず、帯の布目を整える。てのほうをお太鼓に当てて決め線をつくる。

袋帯〈二重太鼓〉の着付けの手順

てを預ける

1
帯幅を半分に折り、わを上前の衿に重ねる。ウエストに近いところで長さを決める。目安は伊達締めの位置。

2
名古屋帯よりもてを長く取るので、て先を胸上に折り上げ、着物の衿に留めておく。胴に帯を巻くとき邪魔にならない。

一巻き目

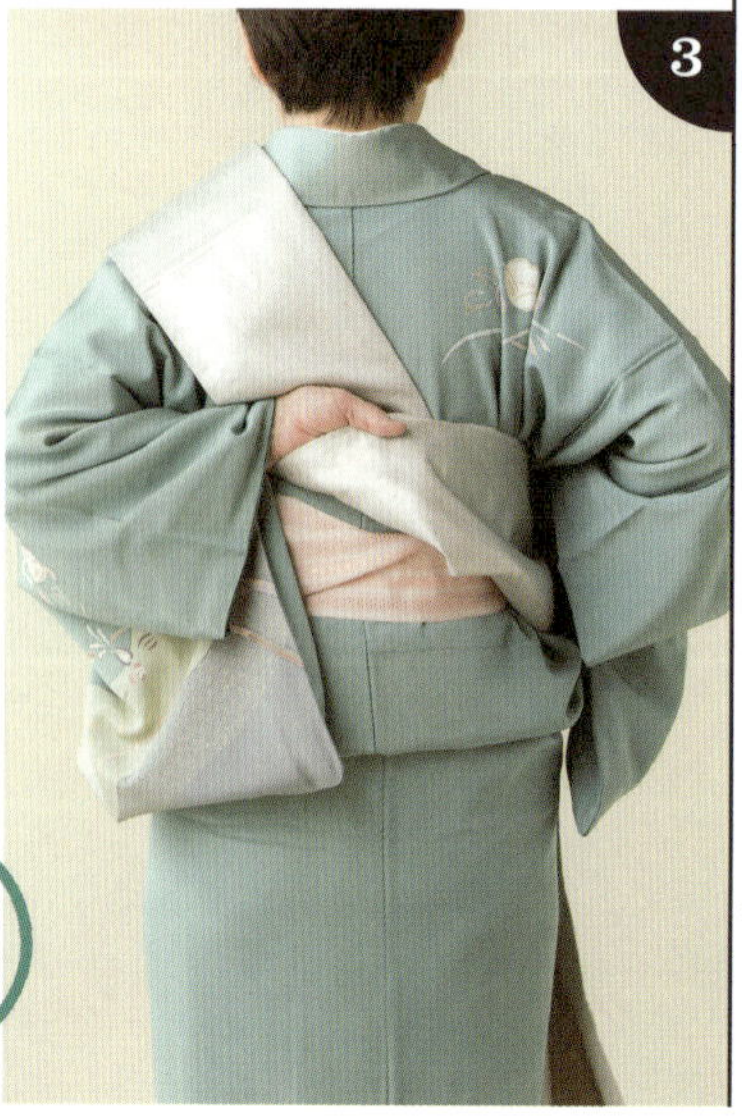

3
背中の高い位置で、帯を左手の甲で押さえる。右手で帯を折り上げ、帯の上端を持って前にまわす。帯が硬いので折り紙感覚で行う。

らくワザ 5
► P22-23

4
右手の手のひらを斜め下に向け、後ろからまわした帯を脇で胴体につけ、前下がりに決める。

5
帯の上端を持って左手に渡し、左手は身体を帯にピタリと付けて脇に運ぶ。右手は左手の帯が後ろにまわる前に、背中の帯を押さえる。

6
左手の甲は背中に付けて、まわした帯の上を押さえる。右手で二つ折りにした帯の下端、わの部分を2～3㎝ずらして幅出しをする。

決めワザ 1
► P102

二巻き目

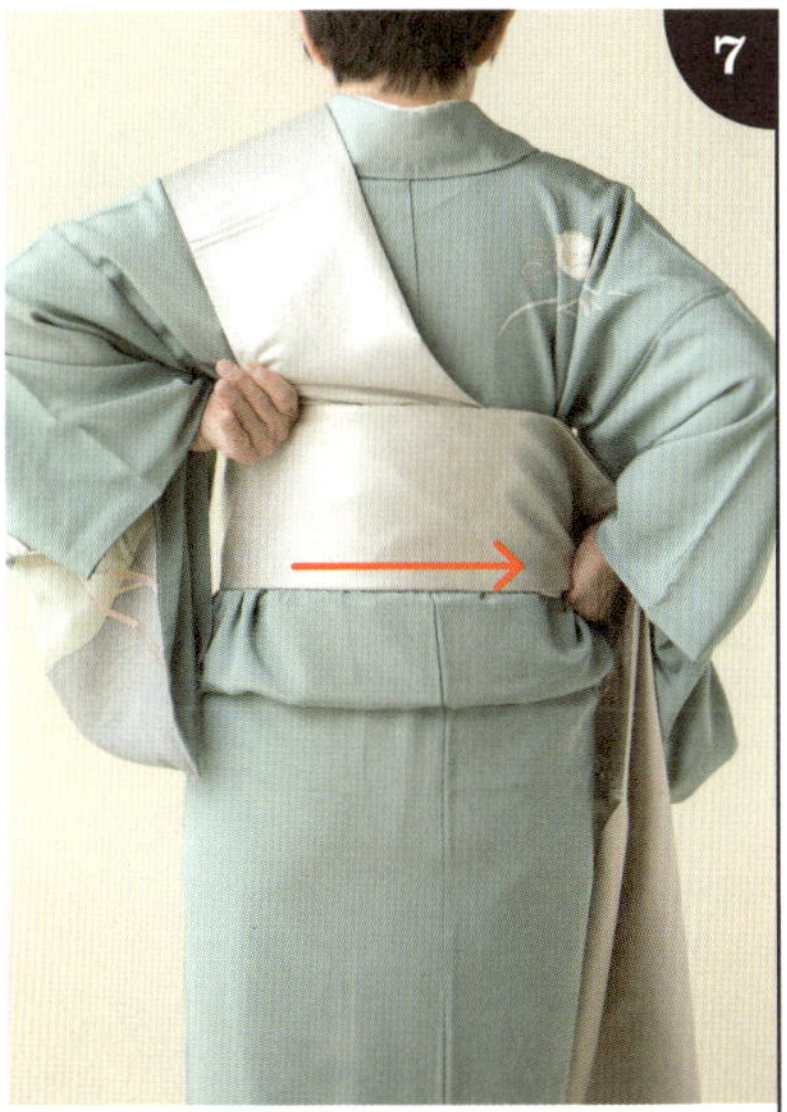

帯を右手に渡して脇まで運んだら、帯の下端を握って持つ。左手で胴に巻いた帯の上の位置でてを持ち、右手で一巻き目を締める。

帯を前にまわして左手に渡す。帯を渡すときは帯の上端を持つこと。下端を持つと、折り目がよじれてしまう。

前の帯を重ねる前に、帯の幅を調節する。左手で帯の上端を持ち、右手で脇から内側の帯を指先でずらして下げ、幅を広くする。

袋帯では基本的に帯幅を2～3㎝広く整える。広くすることで装いの格や華やかさを一段と高く表現できる。幅は身長や体型で調整する。

二巻き目の帯の間に帯板を入れる。帯の硬さに応じて帯板の材質を選ぶが、柔らかい帯板のほうが身体に馴染みやすい。

帯の表面を、右手の手のひらで巻く方向に向けて二、三度叩く。空気が抜けて帯が締まる。

帯を結ぶ

13

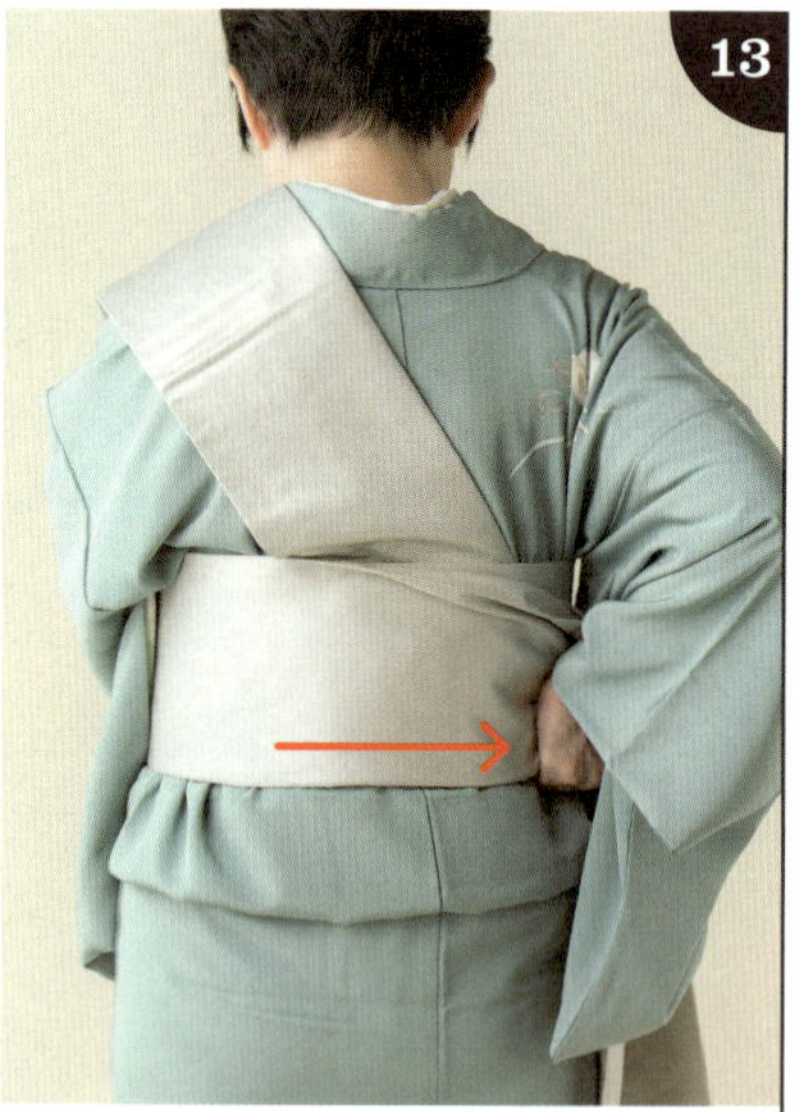

一巻き目と同様に帯を後ろにまわし、右側に渡す。腰の位置で右手は帯の下端を握って持ち、締める。

14

てを衿から外して勢いよく後ろに下ろし、左手の甲を背中に付け、ての元を持つ。右手は脇でたれをしっかりと持っていること。

15

14の左手をわが右脇近くまでくるように、てを移動させる。左手をてから離す。

16

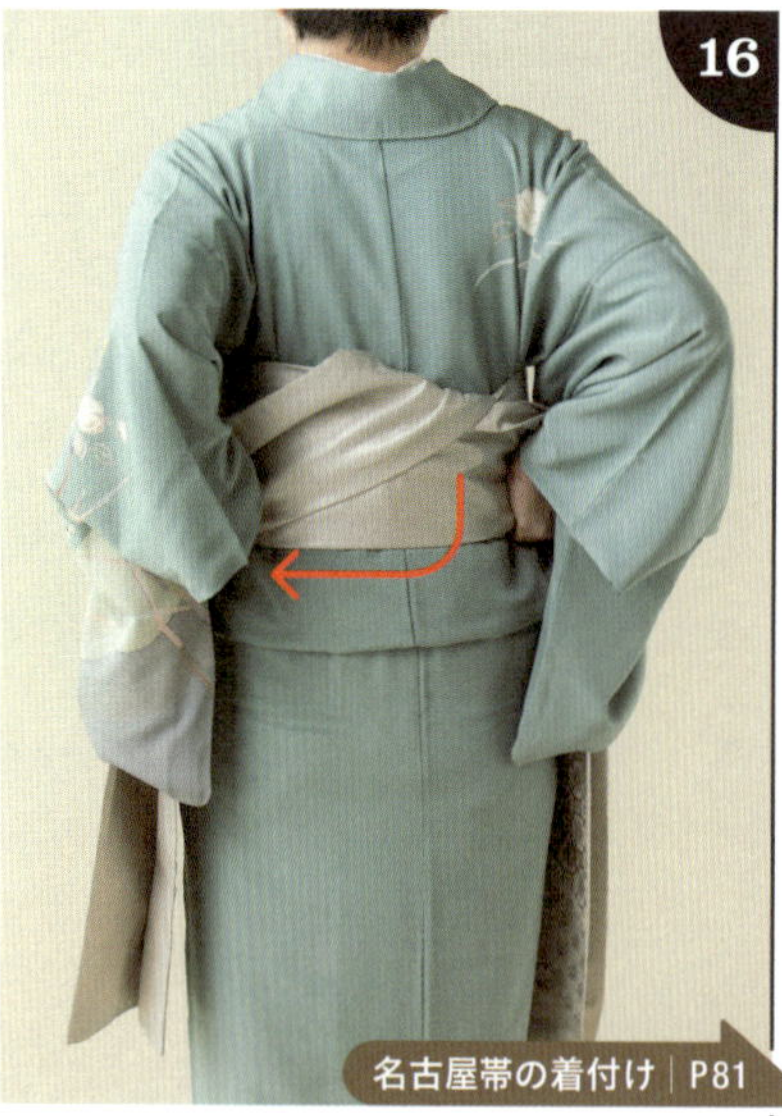

右脇にあるてのわを左手で持って垂直に強く下げ、そのまま腰をこするように左脇に運び、前にまわす。途中でゆるまないように注意。

名古屋帯の着付け P81

17

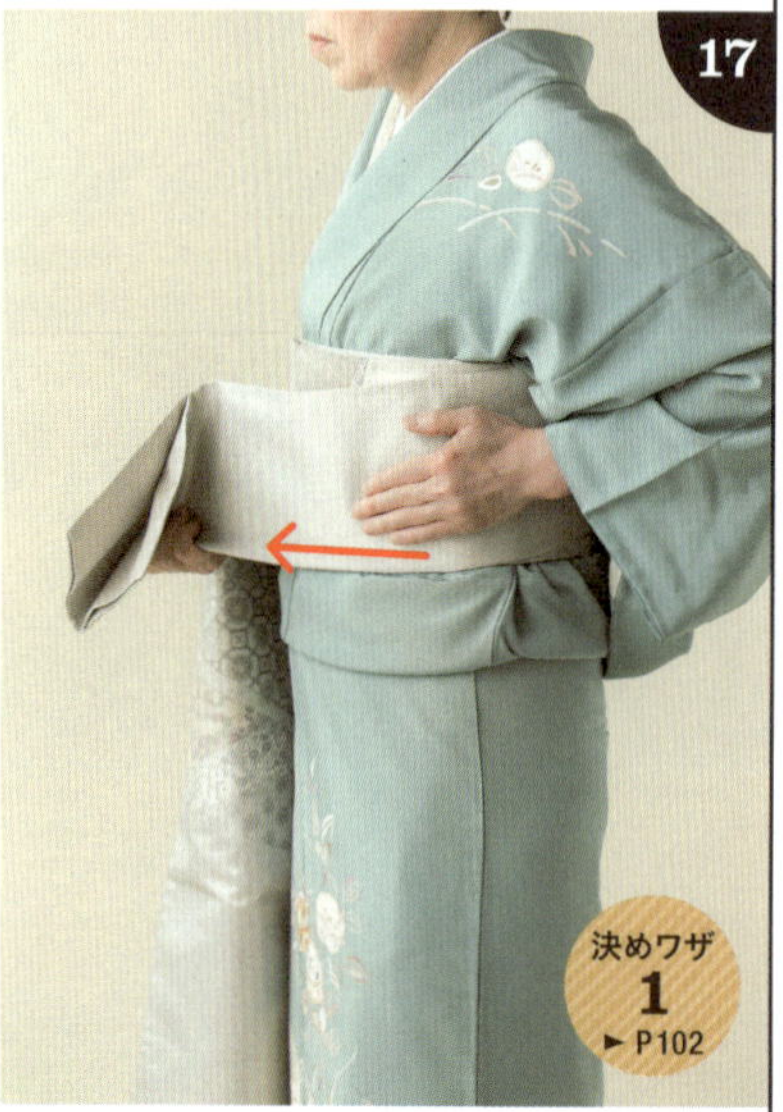

右手でての下端を受けて持ち、引いて締める。次に左手でてを胴に巻いた帯に重ね、わの布目を整え、下端を揃える。

決めワザ 1 ► P102

18

胴に巻いた帯とてを揃えたら、脇をクリップで留める。この位置がゆるむと、背中で重ねた帯もゆるむので注意。

19

右側もてと胴に巻いた帯をクリップで留めておく。二カ所を留めると、堅い帯でもゆるむ心配がなく、次の手順も安心。

枕受けを入れる

20

背中で交差させたての上端の飛び出した部分を両手の親指で下げる。帯枕が背中にピタッとのり、て先の始末も楽になる。

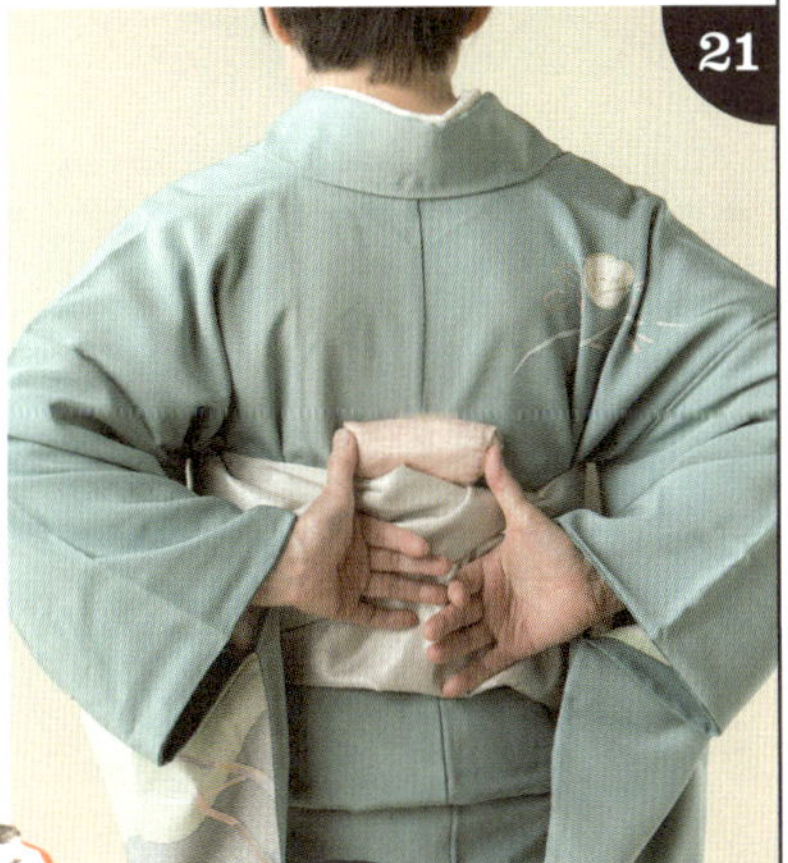
21

「美調節枕」を帯と背中の間に入れ、帯枕が下がるのを防ぐ。二重太鼓の帯山は少し高い位置が格調高く美しい。

帯がゆるんでも、これで長時間、よい形が保てます

二重太鼓をつくる

22
決めワザ
2
▶P103

たれを前にまわして開く。二重太鼓の大きさを決めるために左右の端を持ち、たれ先をたくし上げる。

23

右の膝を少し折り曲げ、膝の上にたれの裏を出してのせる。たれ先から手幅二つ分の長さを測る（約40㎝）。

24

23で測った二つ分のところの両脇を持って折る。これが二重太鼓全体の大きさになる。両端を重ねて持ち、帯山の線の布目を整える。

25

帯山の線の中央を右手で挟んで持ち、後ろにまわす。

26

左右の手の中指を帯山の中に入れ、手のひらを表に向けて帯を持つ。たれの裏側がお尻に向いている。

27

左右の手を中央で合わせ、たれの元に近い部分、重ねる帯の両端を親指と人差し指で水平に持つ。

28

27で両端を持ったら、左右同時に帯を開く。二重太鼓をきれいに重ねるコツは同時に開くこと。

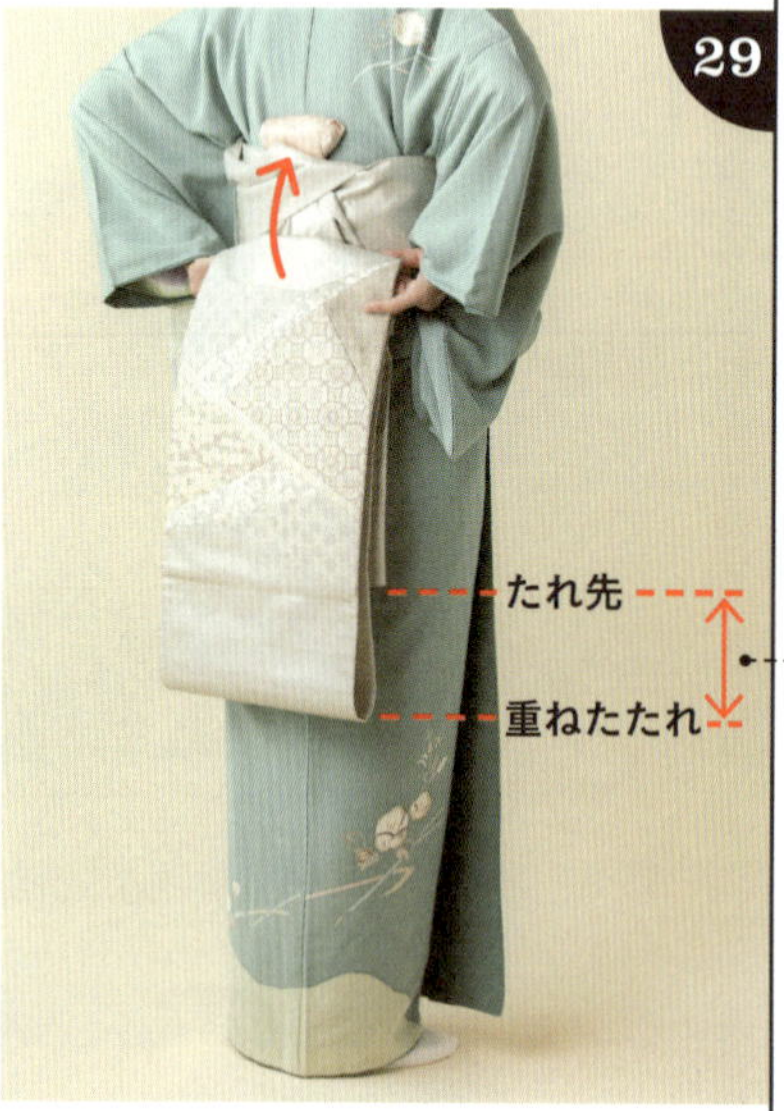
29
たれ先
重ねたたれ
約10㎝以上が必要

たれを持ったまま手首を少し高く上げ、左右の親指で背中側のたれをなでて下げ、整える。これでしわのないきれいな帯山に仕上がる。

帯枕を付ける

30

帯山部分を胴帯に付け、左手で押さえる。右手で帯枕を入れ、左手の上に重ねる。

＊撮影のため、帯をクリップで留めています。

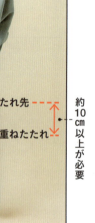

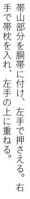

31

左手を枕の下から静かに抜き、右手と同じ持ち方で帯枕全体を持つ。このとき親指だけは背中側に当てる。

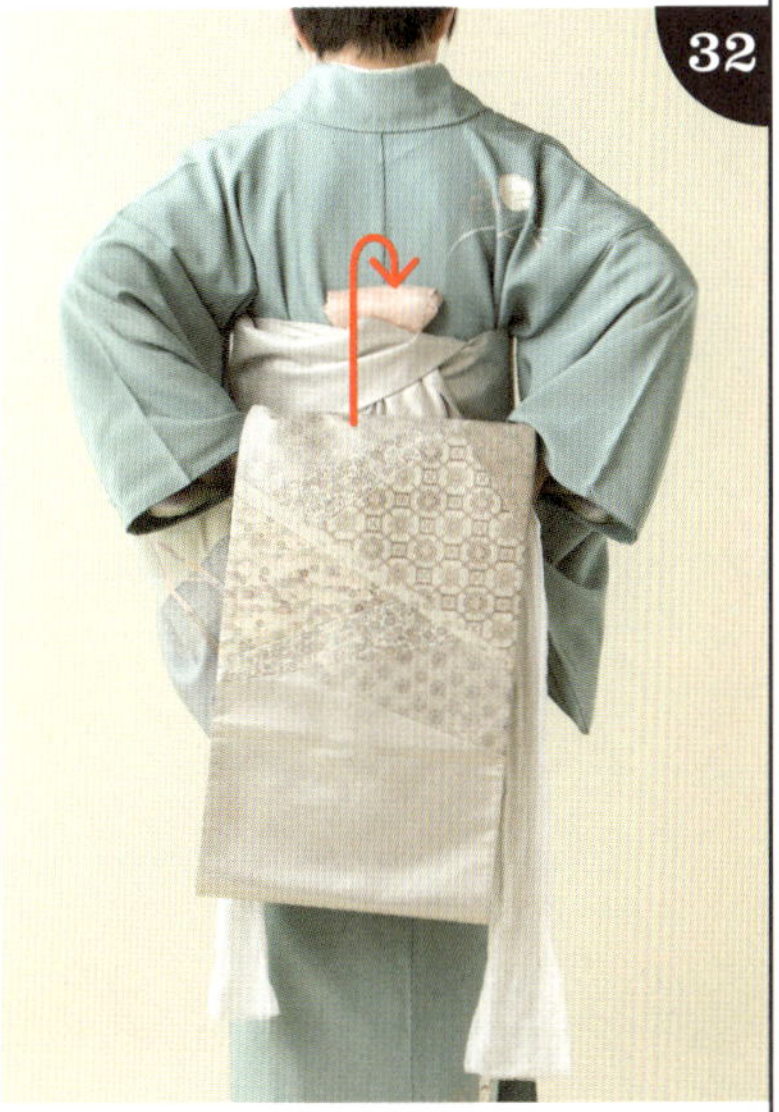

32

たれを身体から離し、左右の手がきちんとたれ全体を正しく持っているか、お太鼓がきれいに重なっているかを確認する。

33

帯枕を「美調節枕」の上にのせ、背中にピタリとしっかり付ける。すぐ帯枕ひもを持つと曲がるので、慌てないように注意。

34

背に帯枕がしっかり付いたことを確認したら、帯枕ひもを持つ。左右の脇で前に引いて締め、身体の前で結ぶ。

帯枕ひもの結び方 | P52

35

結び目を着物と帯の間におさめる。左右の脇からひもをきちんと入れていくと、前の結び目も深く中に入る。

帯あげをかける

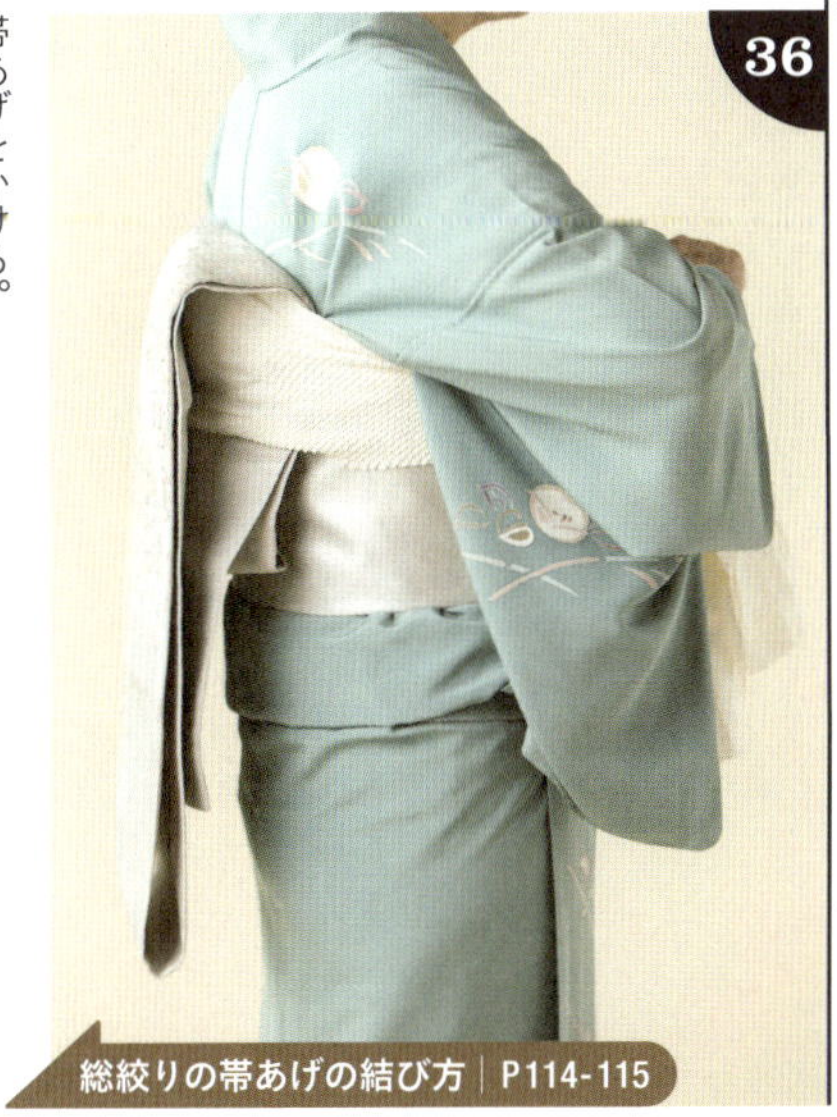

36

帯あげをかける。

総絞りの帯あげの結び方 | P114-115

お太鼓を形づくる

胴まわりに留めたクリップを外し、てを外す。クリップは帯のゆるみを防ぐため、同じところに再び留める。

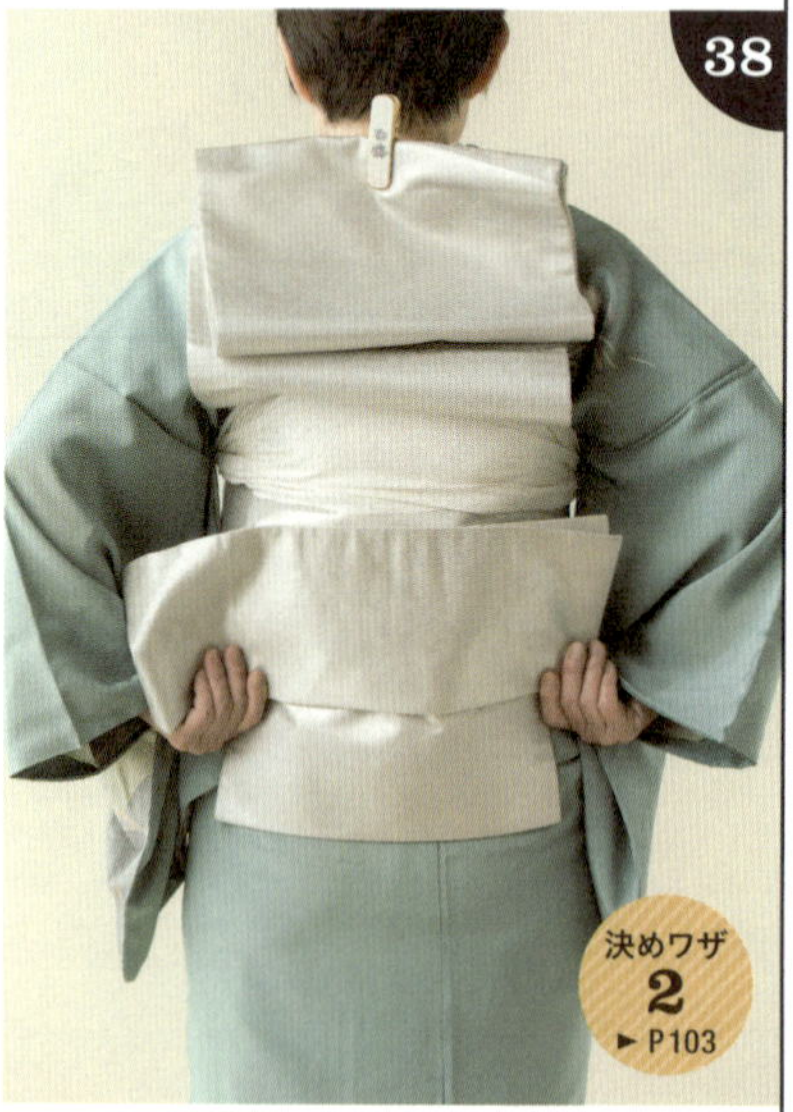

外したてを後ろにまわし、て先を右手に渡す。て先のわを腰に付け、腰ひもより下の位置でお太鼓の下線の位置を決める。

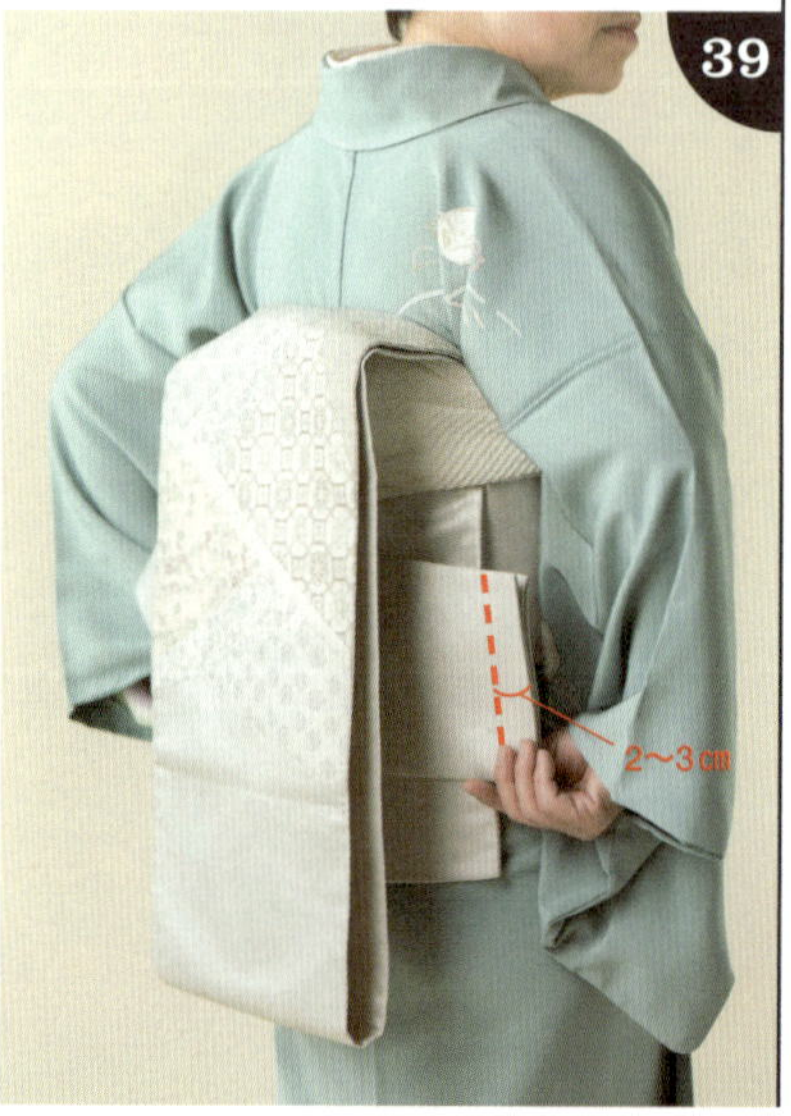

て先が二重太鼓の帯幅から2〜3㎝出るように調整する。

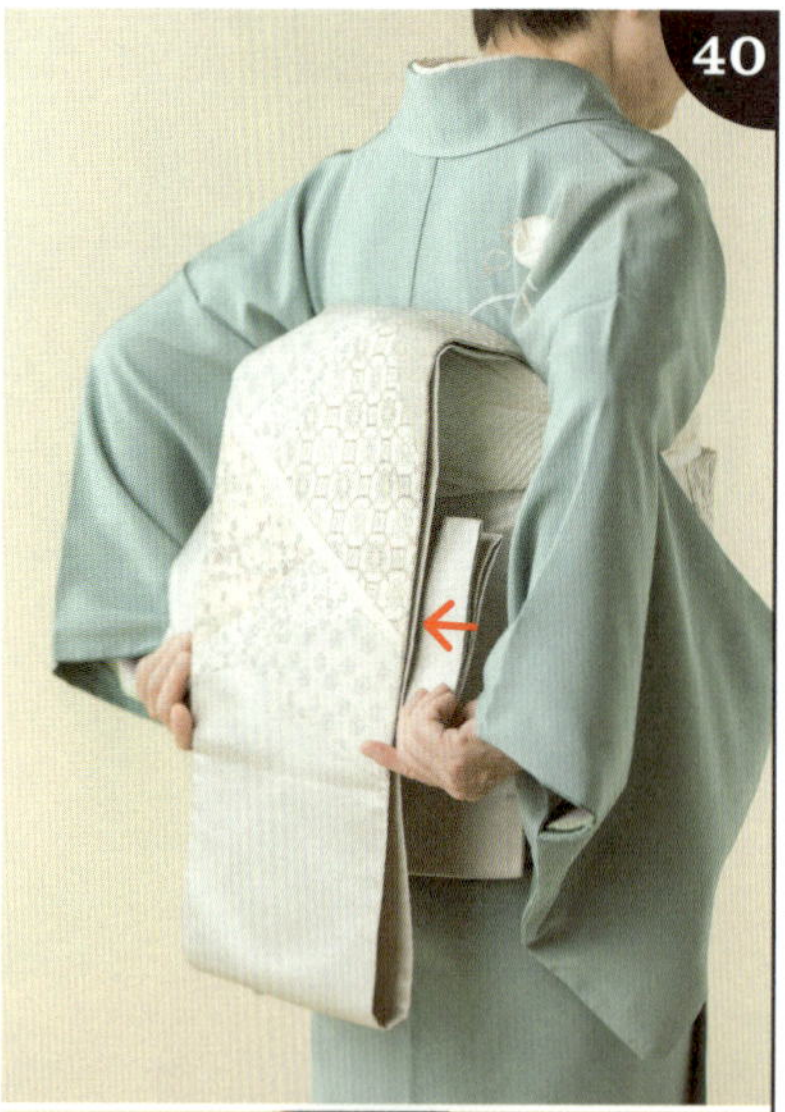

て先のわの部分を、たれの裏側にピタリと付ける。両手の指先を伸ばし、お太鼓の布目を崩さないように一緒に持つ。

NG

てを持った手でたれのほうを引き寄せると、整っていたたれの布目が崩れ、きれいなお太鼓に仕上がらない。

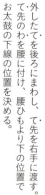

41

人差し指でたれをてのわに沿わせて内側に折り上げ、お太鼓の決め線とする。

42

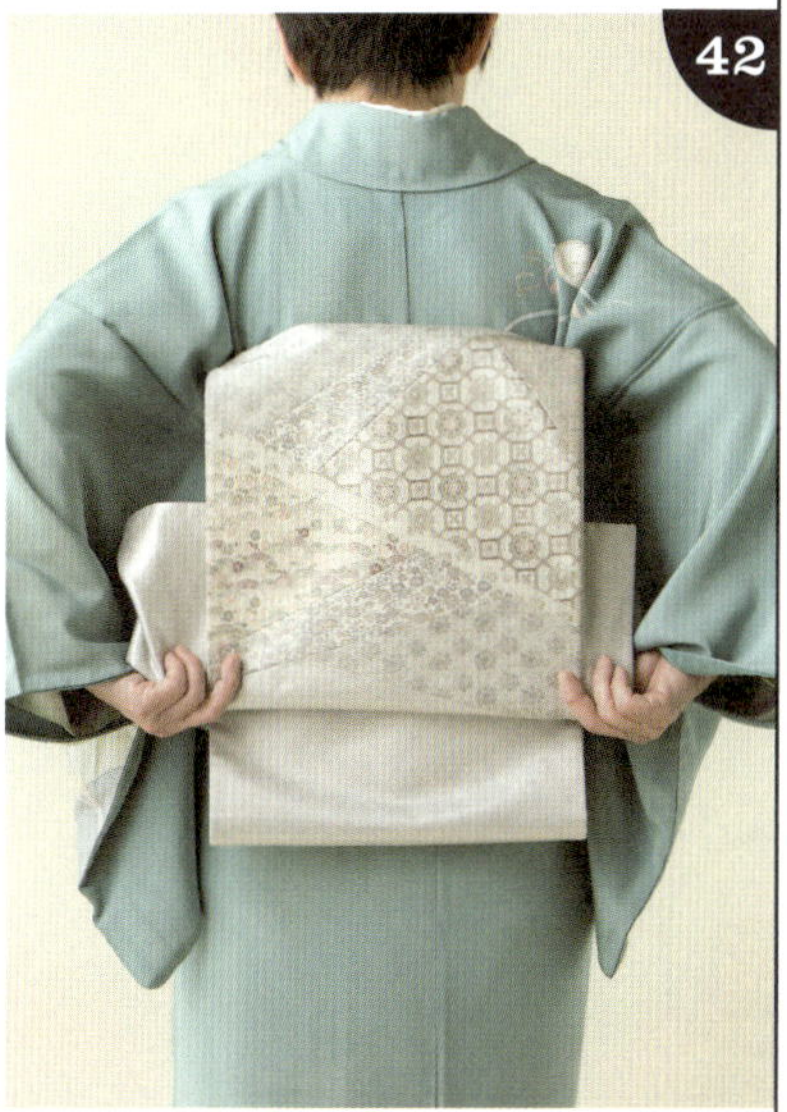

お太鼓の決め線を左と右の角で持ち、て先の帯のわがピタリとお太鼓の下線に付いているか、確認する。

43

名古屋帯の着付けと同様、決め線を左手で持ち、右手でお太鼓内側のたれを折り上げて整える。

44

たれを一緒に持ち、人差し指を下に伸ばしてたれ先の長さを調整する。名古屋帯より少し長めに決めると、帯が立派に見える。

45

お太鼓の決め線に沿って、たれ先を折り上げる。折り上げた決め線は両手で、できるだけ左の角に近い位置で持つ。

× NG

右手で決め線を持つと、左脇に出た残りのてが邪魔になり、左手をお太鼓の中に入れることができません。

46

決め線を持った帯を身体から少し離す。左側のて先を決め、余ったてを決め線の左の角から折り込む。

47

左手の手のひらを背中側に向け、指先を伸ばして、残りの帯を少しずつ入れ込んで整える。

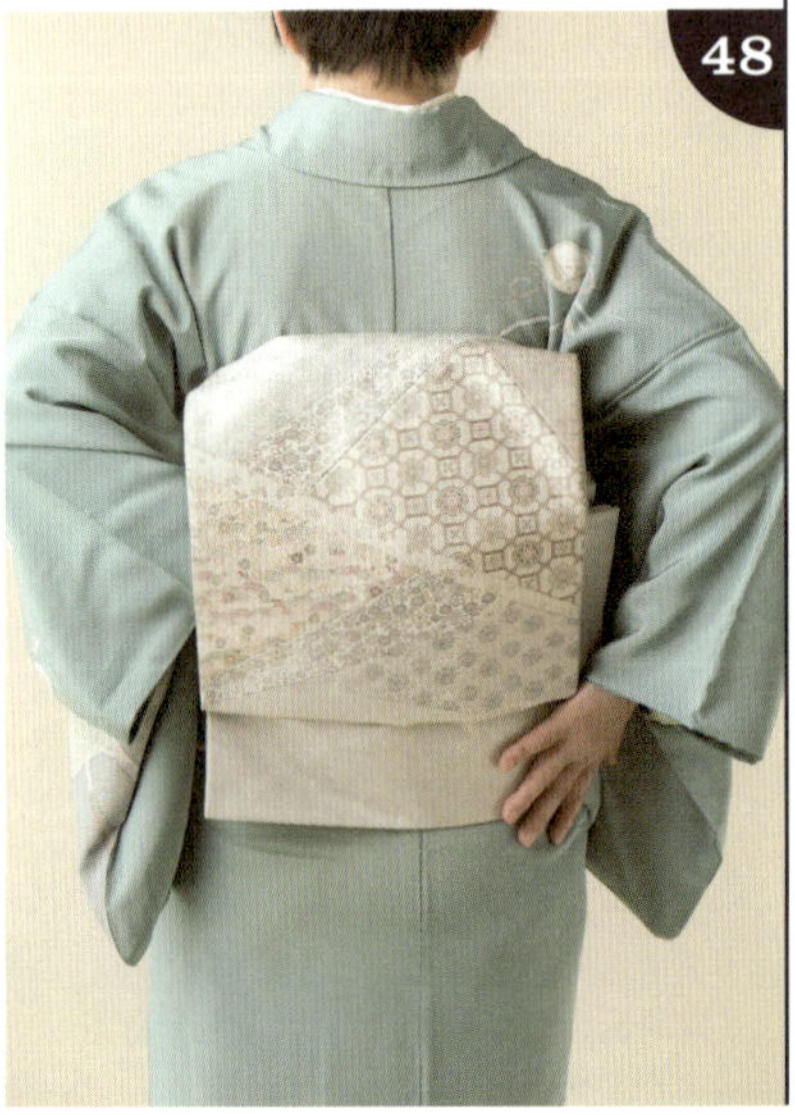

48

右手に持ったたれ先を戻し、身体に付けて整える。左手をての上に入れ、お太鼓の決め線に近い位置で全体を押さえておく。

帯締めを結ぶ

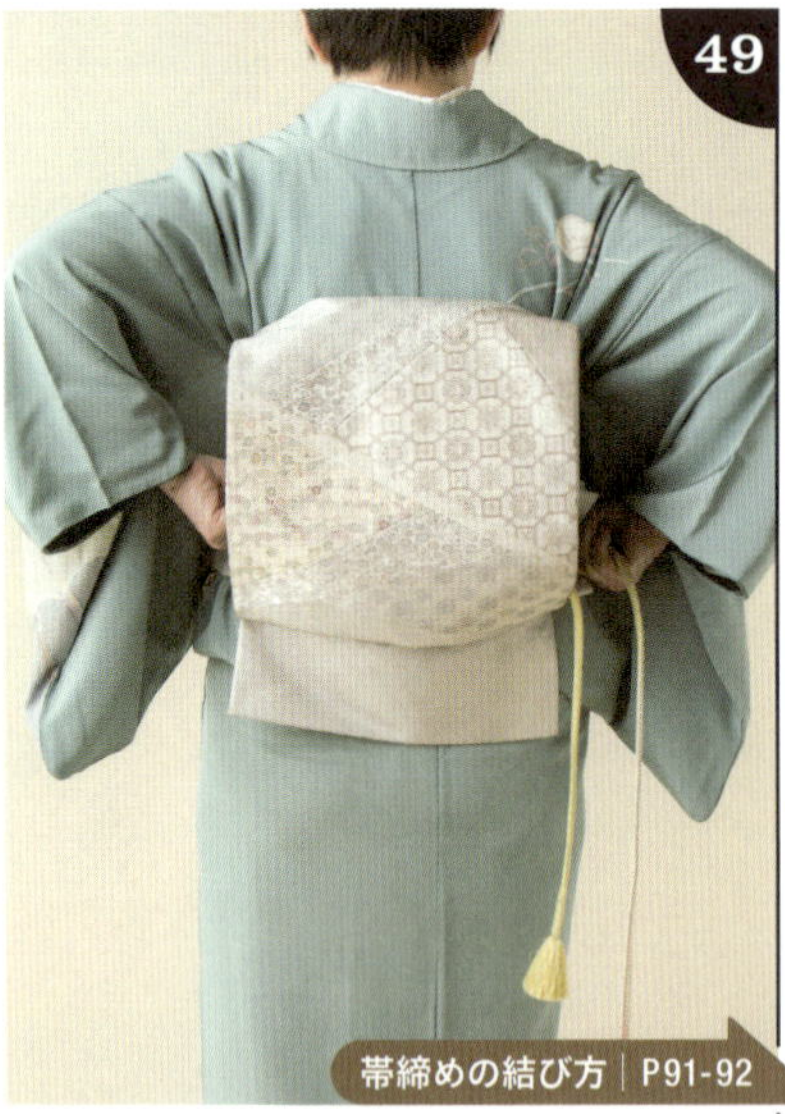

49

右手で帯締めの中央を持ち、ての上を通して左手に渡す。前にまわし、帯幅の中央にくるように結ぶ。

帯締めの結び方 | P91-92

仕上げをする

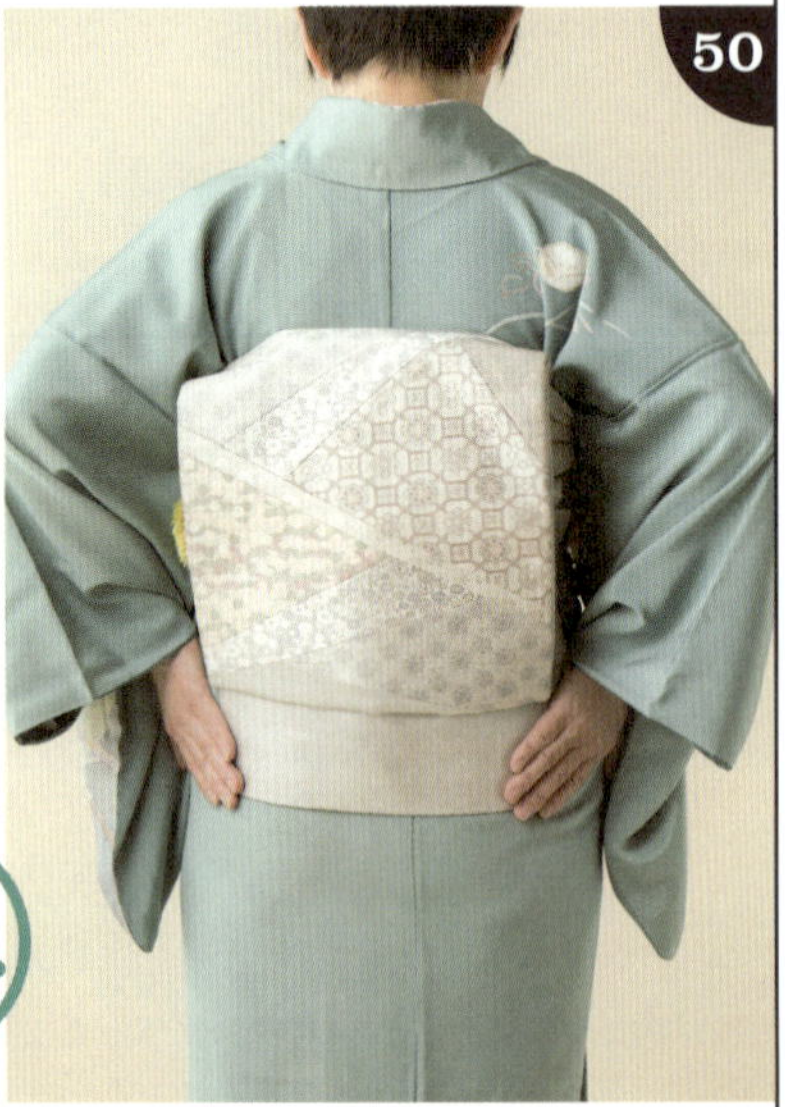

50

たれ先の左右の角を手のひらで押さえてお尻に沿わせ、布目を整える。たれ先を左右に引いてしまうと、布目がゆがむので注意。

らくワザ 1
► P14-15

51

両手のひらを背中側に向け、帯締め位置に入れる。指先を伸ばして下に向け、中央から決め線をしごいて布目を整える。

完成!

52

長襦袢の衿が出ていたら、長襦袢の背縫いを引いて下げる。トイレ後なども同様の手順で衿を整えるとよい。

SIDE

FRONT

基本の手順は
名古屋帯と同じ。
がんばって!

笹島note 5

帯を華やかに見せる、総絞りの帯あげの結び方

礼装に合わせることが多い総絞りの帯あげは、本結びでしっかり締めて。
左右の帯あげに両端をクッション代わりに入れ、ふんわり華やかに仕上げます。

完成。白の総絞りの帯あげは、合わせやすく格調も高い便利なアイテム。ふんわり仕上げた結び目や左右の山を帯の上に多めに出し、華やかな印象に。

1

脇から帯あげを広げて、下から三つ折りに畳む。人差し指や中指でしごいて絞りのしぼの凹凸を整える。左を上に交差させる。

2

帯あげをひと結びする。凹凸がある絞りは、静かにゆっくり締めて空気を抜く。急に強く締めると空気が抜けず、余分な膨らみが残ってスッキリ仕上がらない。

3

上に出た帯あげの右端を身体の中央に戻し、結び目のしわを整える。総絞りは結び目がゆるまないので、手を離しても大丈夫。

4

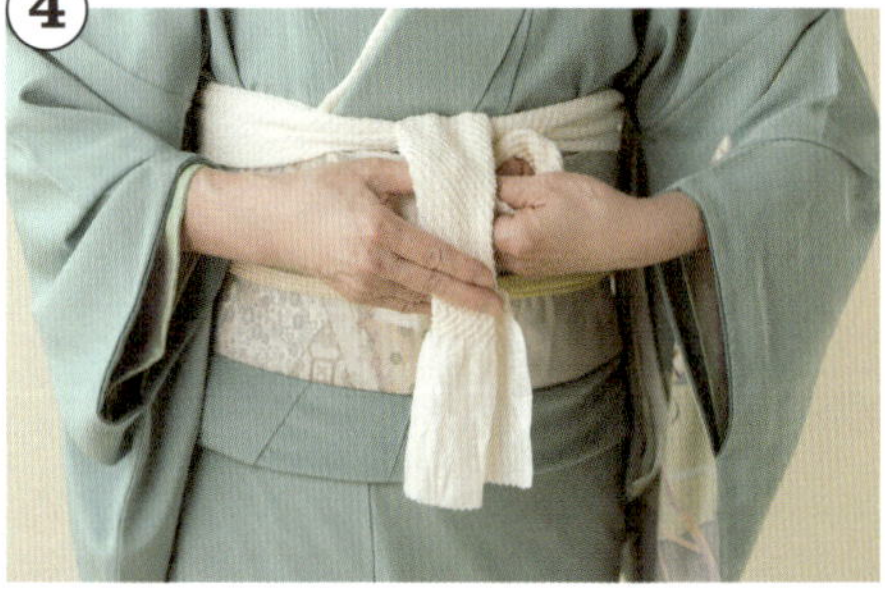

下の帯あげを左手でコの字に曲げ、右手にある帯あげを上からかぶせる。このとき両手とも指をのばして行う。

5

コの字に曲げた先を右手で受け取り、輪をつくる。かぶせた帯あげを下から輪に通し、上に引き出す。左右の端を持って静かに引く。

6

途中で左の人差し指を結び目に入れる。ボリュームのある総絞りの帯あげは、ただ結ぶだけでは結び目が歪んで膨らみ、きれいに仕上がらない。

7

結び目に入れた人差し指を浮かして隙間をつくる。右手の帯あげを静かに引くと結び目がきれいに整う。左手を静かに引いて締める。

8

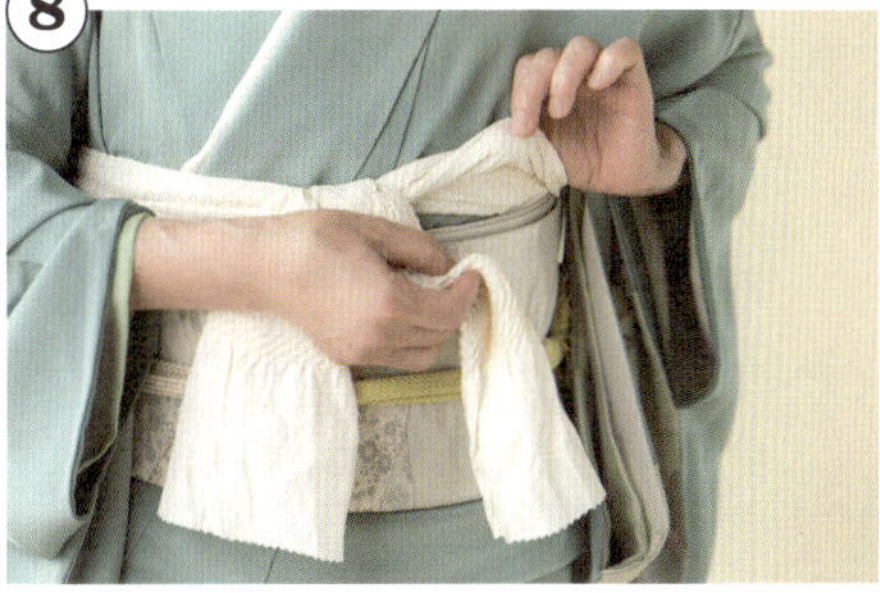

左右の帯あげをそれぞれ広げ、結び目から余った帯あげを入れていく。

9

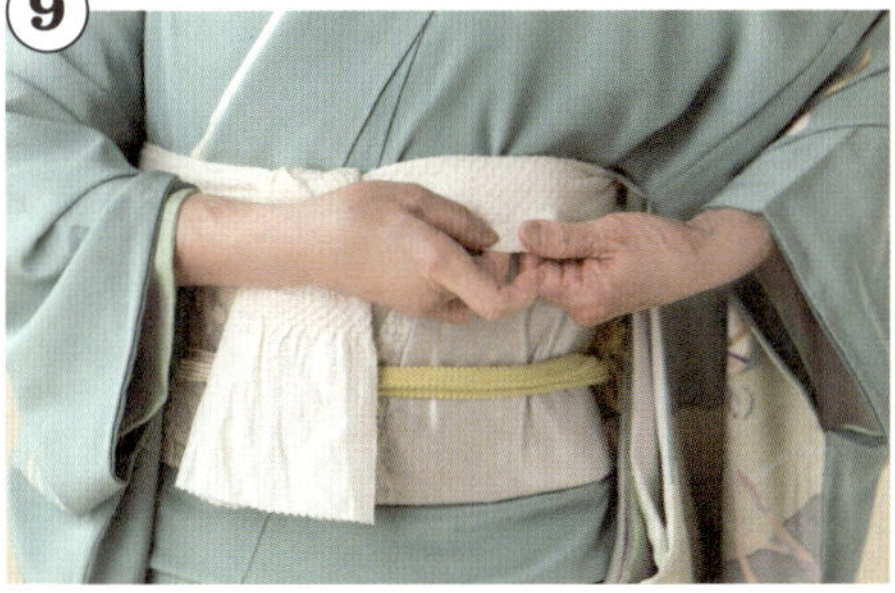

クッション代わりの帯あげは、結び目のほうに多く入れて膨らみを大きくし、脇にいくほど少なくしてスッキリ見せる。

10

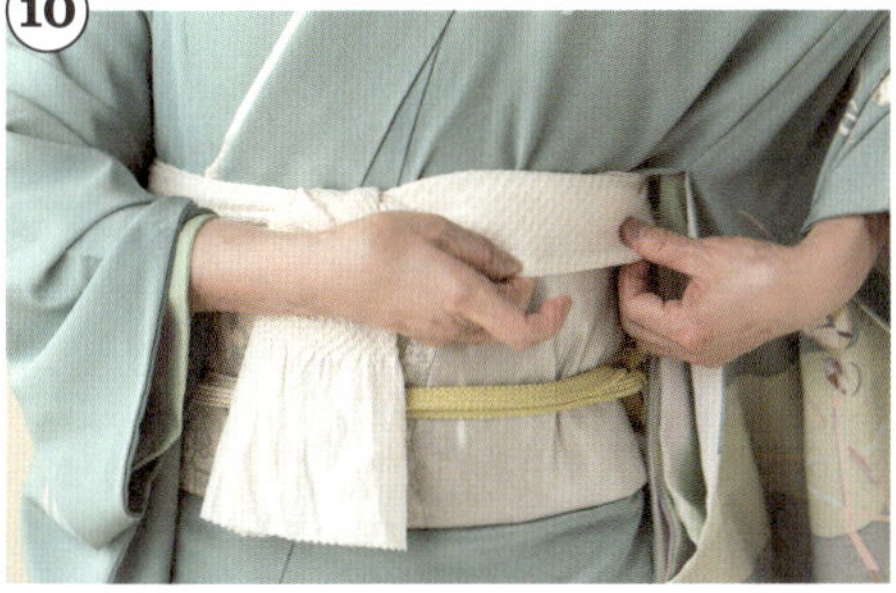

帯揚げの中に指を入れ、ボリュームをきれいに整える。開いた帯あげをきれいに戻し、帯の上端におさめる。反対側も同様に行う。

11

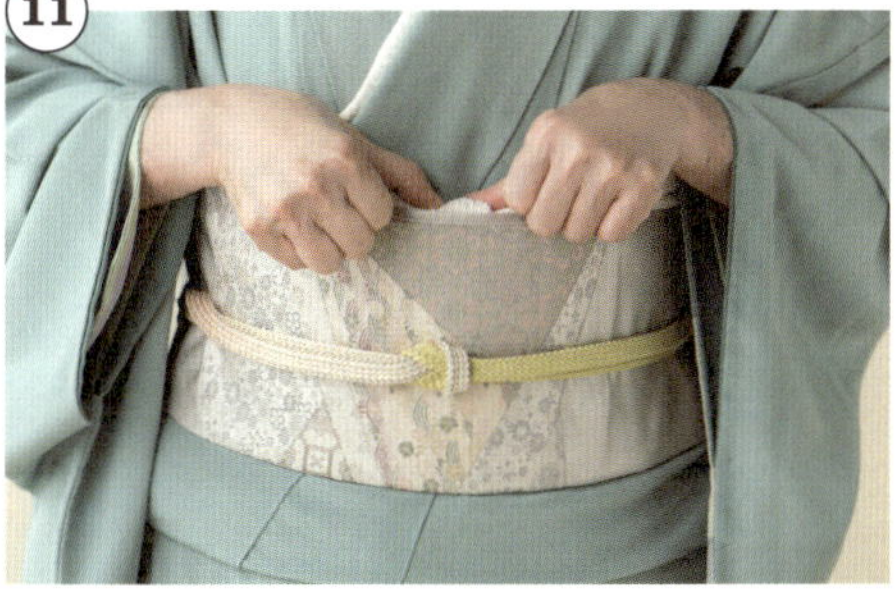

結び目の膨らみを整え、両親指で帯の中に押し込む。

12

指を伸ばして手のひらを身体に向け、親指を帯と帯あげの間に入れる。左右にしごきながら、帯あげを帯の上端におさめ、好みで出し方を調節する。

袋帯〈銀座結び〉の着付けの手順

袋帯の中には、お洒落着用のデザインも増えています。ここでは帯枕を使わない、気軽に装える「銀座結び」をご紹介します。

胴まわりを巻く、締める

1 ウエストあたりまでてを取り、肩に預ける。クリップで衿にてを留める。帯を胴に巻き、表面を軽く叩いて締める。

袋帯の着付け｜P104

2 右手で帯の下端、わを持って締める。クリップを外し、てを後ろに勢いよく下ろす。左手の甲を背中に付け、ての元を持つ。

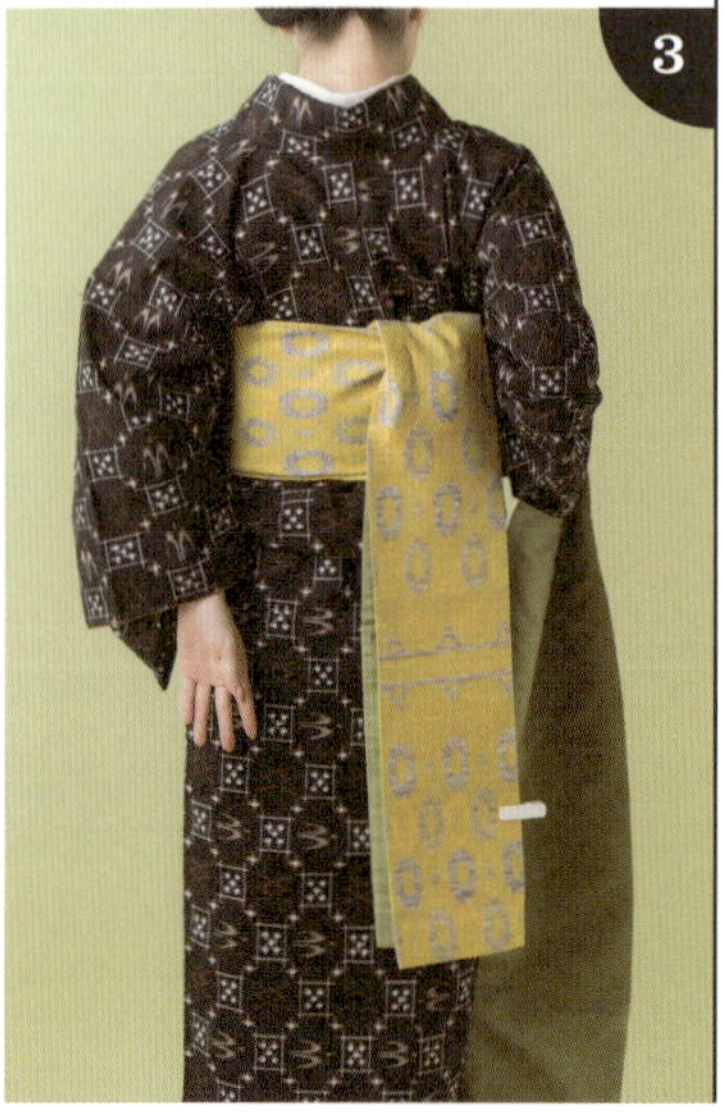

3 左手に持ったてのわが右脇に届くまで移動させる。右手は右脇の位置で帯のわを持った状態。ここまで名古屋帯と手順は同じ。

4 クリップで左脇上の帯を挟み、ゆるまないように留める。ゆるみやすい堅い帯など不安な場合は、上下を留めておく。

帯を結ぶ

5 いったんたれを左側に戻す。てを下、たれを上にして交差させる。

6 左手の親指と残りの指で帯が交差した点を押さえ、たれとてを一緒に持つ。交差したところで上から右手を入れ、たれを引き抜く。

7

たれを持った右手を斜め上に引き、次に左手に持ったてを斜め下に引く。この動作を二、三度繰り返して帯を締める。

8

たれを下げ、お尻の位置で帯を開く。その上の結び目周辺は整えず、そのままの状態に。ここを開くと結び目がゆるむので注意。

てをつくる

9

てをたれの下をくぐらせて上に折り返し、長さを調節する（短い場合は不要）。お太鼓の左右からて先を約8㎝ずつ出すとバランスがよい。

10

胴に巻いた帯にてを重ね、帯幅の中央を仮ひもで押さえておく。ここでは仮ひもに帯締めを使用した。

二重太鼓をつくる

11

たれを開いてひざに預け、手幅二つ分の長さを測る。二重太鼓と同じ方法でお太鼓の大きさを決める。

12

11で決めた帯山の中央を右手で持ち、後ろにまわす。左右の中指を帯山に入れて両端を持ち、お尻の位置で開いた帯を重ねて二重太鼓にする。

13

帯山にガーゼのひもを入れる。両端でひもと帯を一緒に持って引き、帯のしわをのばす。

14

ガーゼのひもと帯を持ったまま、胴に巻いた帯の上まで引き上げる。背中にしっかりと帯山を付けて結ぶ。

帯あげをかける

15

帯あげの幅を四つに折り畳む。

16

結ばない帯あげの整え方｜P94

帯あげをガーゼのひもの上にかける。前にまわして、結ばずに帯の中におさめる。帯枕がないので、ゆるまないように注意。

17

てを押さえていた帯締めを引き抜き、外す。

お太鼓を形づくる

18

後ろで帯締めをピンと張って持ち、腰の下でたれにピタッと付け、お太鼓の決め線を調整する。二重太鼓の決め線と同じくらいにする。

＊撮影のため、帯をクリップで留めています。

19

18の帯締めを水平に移動し、お太鼓に付ける。

手順は同じ。
大きな二重太鼓を
つくる感覚でね

20

人差し指を伸ばし、帯締めを当てたお太鼓の決め線を軸にして残った部分を内側に折り上げる。腰の下なので、腕を上げると楽にできる。

21

お太鼓の決め線を片手で持って身体から離す。もう一方の手をお太鼓の内側に入れて、折り上げた部分をきれいに整える。

22

帯締めとお太鼓の決め線を両手で持ち、たれ先の長さを決める。訪問着の二重太鼓より長いたれ先と大きなお太鼓になる。

23

両手を決め線に付けたまま、お太鼓の左右を少し上げて角をつくる。たれを含めた全部の帯を持つ。

24

全部の帯を持ったまま、左右の手を、胴に巻いた帯の幅の三分の一まで、背中をこする感覚で同時にゆっくりと上げていく。

仕上げをする

25

決め線にある帯締めを前にまわし、結ぶ前に左右に引いて締めてから結ぶ。

26

帯締めを締めるとお太鼓の下がくぼむので、お太鼓の中に片方の手を入れ、内側から突いて底の膨らみをつくる。もう一方の手は外側に添える。

27

てを立ち上げて仕上げる。袋帯の銀座結びはボリュームがあり、小紋にも合う。

第5章

浴衣の着付け

浴衣＋半幅帯

着方の基本と流儀

本来は湯上がり時の室内着でしたが、現代ではすっかり夏のお洒落着となりました。木綿や麻混地などの最もカジュアルな着物です。
　透け感の強いタイプや総絞りの浴衣は長襦袢を着て半衿を出し、夏着物のようにも楽しめます。半幅帯のほか、博多織などの名古屋帯を合わせても素敵です。暑い時季なので、清潔感のある爽やかな着こなしを心がけましょう。

大人の浴衣は、くるぶしの下で着る

下駄や草履を履き、浴衣を街着として着る場合は、着物同様に肌を見せず、品よく装う。裾の長さはくるぶしの下が目安。

衿合わせ

衿は年齢に関係なく、のどのくぼみが隠れるくらい深く合わせると涼やかに見えます。角度が浅いと肌の露出が増え、かえって暑苦しく見えます。衣紋は少し大きめに抜きます。

帯の高さ

帯の上端が、肩甲骨の下にくるように着付けます。若い人は上のほうで羽根を広げて華やかに、大人の女性は帯を下で形づくると落ち着いて見えます。

✕ NG

40代以上

30代くらいまで

浴衣の着付け

決めワザ
1

裾はくるぶしの下、背縫いと脇縫いをキッチリ合わせます

木綿は身体から離れる素材なので、涼しく感じます。しかし絹のように伸縮性がなく、布目が滑らかに動かないので、折り畳むように着付けます。手順やポイントはほかと同じですが、部分的に生地が動かないことがあるので、何度か同じことを繰り返して身体に馴染ませます。

上前は絹の着物より1cmほど深く右脇に引き、動きやすいように準備する。裾は足袋が少し見えるくらいの長さに決める。

着付けるときは、裾を床につけない

木綿の生地は滑らかに動かないので、背縫いと左右の衿を前後で持ち、衿を身体から離して裾の長さを決める。現代の浴衣は街着なので、裾は紬より少し短いくらいがよい。

決めワザ
2

滑らかに動かない木綿や麻地は、ていねいにしわを取る

木綿や麻は伸縮性があまりないので、しわをこまめに取り、決めどころはきちんと決めないと、あとで修正ができません。また薄着なので、下前のおはしょりなど見えない部分をいい加減に着付けると、全体の仕上がりに響くので気を付けましょう。

決めどころの後は、布を引き下げ、空気を抜く

半幅帯は胸元を強く押さえないので、下前のおはしょりはウエストで深く折り返す。決めた後は脇縫いを引き下げ、肩と胸の空気を抜く（＊右の写真は下前の説明のため左袖を脱いでいます）。

左右の手のひらを下に向けて腰に当てる。左右に引き、おはしょりの布目を整えて、重なった生地を馴染ませる。

浴衣の着付けの手順

1 裾よけを長めに着付ける

長襦袢を着ないので、裾よけを長めに着付ける。浴衣を着て、背縫いが背骨の上にあるかを確認し、浴衣を広げて布目を整えます。

2 裾の長さを決める

決めワザ
1
► P123

片方の手で背縫い、もう一方で両衿を持つ。衿を持った手を身体から離して上げ、後ろ身頃を背に付けて裾線を決める。

3

左の脇縫いが太ももにくるように、ピタッと合わせる。縫い合わせが見えないときは、左脇に手を当てて中指で確認する。

4 上前・下前を合わせる

上前・下前の合わせ方 | P57

ほかの着物と同じように、上前と下前を合わせる。

5

腰ひもをする前に必ず腰の下の空気を抜くこと！

右の腰骨に上前を重ね、身八つ口から左手を入れて下前の衿を持つ。腰骨のところで左右を同時に引くと、裾すぼまりに仕上がる。

6

らくワザ
2
► P16-17
腰ひもの結び方 | P24

腰ひもを結ぶ。おへその下から腰盤の上を通り、後ろの第4腰椎に届いたら交差させ、軽く締める。薄着なので強く締めすぎないように。

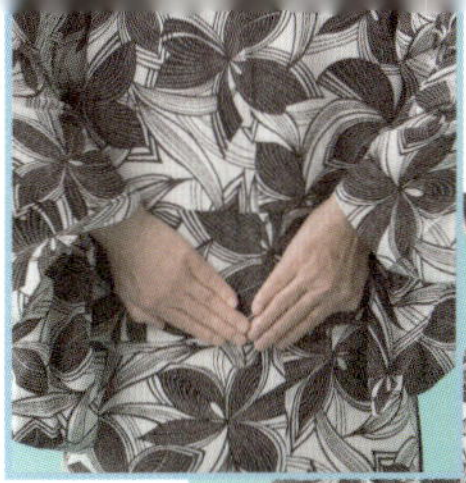

7

おはしょりができたら、両手の指先を伸ばして後ろにまわし、背中心のあたりを手のひらで押さえる。両脇へ動かしながら空気を抜く。

衣紋を抜く

8

背縫いを背骨の上に合わせる。背筋を伸ばして片方の手で衿を持ち、もう一方で背縫いを下げて衣紋を抜く。

9

指を伸ばして両手で衿を持ち、衿元、胸元、おなかの位置と上から順に深く引き、身頃をきれいに整える。

10

9の動作で衿が崩れているので、もう一度**8**と同じ動作で衣紋を抜く。浴衣ではこのように同じ動作を繰り返すことが多い。

おはしょりを整える

11

下前のおはしょりをウエストの位置で内側に折り上げる。右脇まで斜めに折り上げたら、脇縫いを下げて空気を抜く。

＊下前の説明のため左袖を脱いでいます。

衿合わせを決める

12

上前の衿をのどのくぼみが隠れるくらいに深く重ねる。胸元は肩が動き始めると開きやすいので、深く合わせておく。

13

右脇のおはしょりの底に親指を深く入れて、しっかりと右脇に引く。上前のおはしょりの下線がのびて、おなかの部分がきれいに整う。

14

左手を静かに出し、上前の胸全体を押さえる。右手を後ろにまわして背縫いを持ち、衣紋を引く。

胸ひもを締める

15

浴衣では、前で結んだ帯を後ろにまわすので、胸ひもには滑りのよい博多織の伊達締めがおすすめ。幅広で衿合わせを保つのにも向く。

らくワザ 2

► P16-17

16

浴衣の胸ひもは着物よりやや下に締める。手順やポイントは着物と同じで、後ろは交差させてひもを下げ、前にまわしてからげて留める。

胸ひもの結び方 | P52

空気を抜く、しわを取る

17

親指を左右の身八つ口に入れて浴衣を深く持ち、背中心から脇にぐーっと引いて空気を抜く。

らくワザ 3

► P18-19

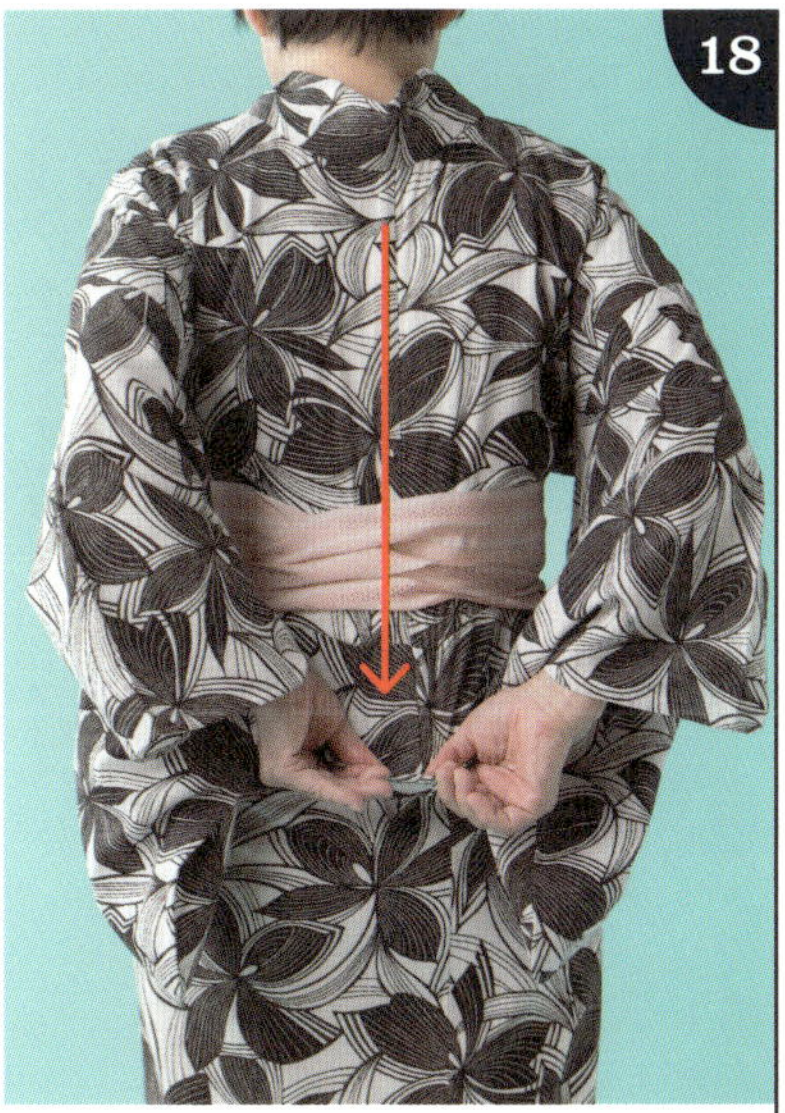

17で生地が動いたので、両手で背中心を約8～10㎝（衣紋の幅）の幅を持って、もう一度衣紋を引き下げる。

18の両手を少しずつ両脇に移動させながら、おはしょりを引き下げ、肩から背中の空気をしっかり抜く。

右手で胸下を押さえ、左手で伊達締めの下の脇縫いを下げて空気を抜く。右脇も同様に行う。おはしょりの前を軽く引き、仕上げる。

SIDE

BACK

半幅帯の着付け

決めワザ 1

ゆるまないように、帯をぎゅーっと結ぶ

半幅帯は身体の前で結び、形づくります。堅めの帯は花束のリボンに似ています。よじったりせず布目を正し、折り畳むようにして結ぶと、隙間ができず、根元からきれいな羽根ができます。結び目を押さえ、ゆるまないように強く締めて仕上げます。

上／巻いた帯の上で結び目近くを持ち、静かに引きます。下／締めた後で結び目を押さえ、ゆるむのを防ぎます。

ひと結びした後、右手で結び目を押さえながら、羽根を強く引いてさらに強く締める。

決めワザ 2

自由なアレンジが半幅帯の魅力です

半幅帯の結び方にはいくつか方法がありますが、結んだ後の成形、羽根のアレンジには決まりがありません。帯締めを使ってお太鼓や銀座結び風にしたり、長さがあれば羽根をたくさん出して華やかにしたり、着る人の発想で自由に演出できます。

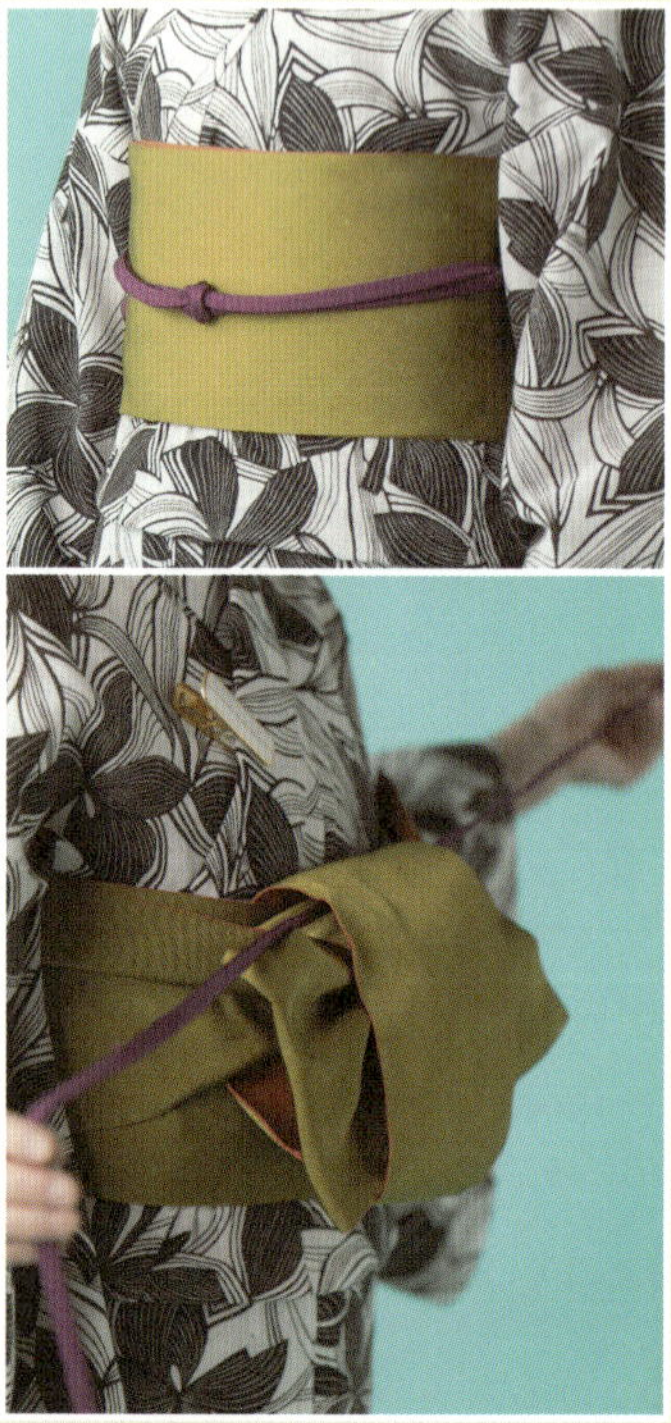

帯締めを半幅帯に結ぶと、街着らしい雰囲気に。帯山に通すことで、お太鼓の形を保ち、下がるのを防ぐ役割も。

文庫結びは結び目がしっかりしていれば、羽根を返したり角度を変えたりして形を自由にデザインできる。

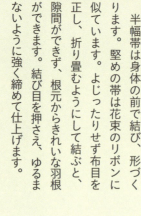

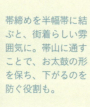

半幅帯〈角出し風結び〉の着付けの手順

帯幅を半分に折り、てを取る。

ての幅を半分に折り、て先から手幅一つ分と少し(約24㎝)を取り、クリップで留める。柔らかく薄い帯の場合は少し短めに。

一巻き目

てを右から後ろにまわす。て先の長さを決めたクリップを、後ろにまわした左手で受け取り、身体の中央に持ってくる。

一巻き目。後ろは帯を高く上げ、背中に付ける。前は下げて、帯のラインを決める。身体の中央でてとたれを交差させ、引く。

らくワザ 5
► P22-23

二巻き目

たれを後ろにまわし、中央にきたら右手で受け取り、下端に持ち替える。左手でて先を左脇まで戻す。てとたれを引いて締める。

帯を結ぶ

ての上にたれを重ねる。帯の表を上にして重ねると、羽根には裏面が現れる。ただし、ねじらないため、ゆるみやすいので注意。

結ぶ前に、たれを裏返しててての上に重ねる。ての下をくぐらせて、たれを引き抜く。

たれを肩の高さに上げ、て先を下げる。たれとて先と交互に引いて帯を結んでいく。

たれを身体の中央に下ろす。両手でて先を結び目の元から開く。

左手の指を伸ばして揃え、て先の端を挟んで折り上げ、輪にする。右手をて先の輪に入れ、たれの端を持つ。

右手で羽根の長さより控えめな分のたれを持ち、ての輪を通して引き出す。左手のて先をたれの輪を通して引き出す。

右手で輪になっている一枚を結び目の元で持つ。左右を引いて結び目のゆるみをなくし、羽根の長さを整える。

右手の指で結び目を挟んで、押さえながら握る。左手でて先を引き、結び目を締めていく。

お太鼓をつくる

13

羽根を整え、たれの布目を整えて広げる。たれは左斜め下に垂れた状態に。

14

たれ先を右斜め上に上げ、右手に持ち替える。左手は下方のたれに添えて、帯の布目を保つ。

らくワザ 1
► P14-15

決めワザ 2
► P128

15

たれ先を結び目の上からくぐらせ、右斜め下に通す。右手でたれ先を斜め下に引く。

16

右下のたれ先を引きながら、左側にできたお太鼓の輪の大きさを決める。

17

たれ先をお太鼓にかぶせるように、斜め上に上げる。胴に巻いた帯と着物の間に左手の親指を入れ、たれ先を入れる隙間をつくる。

18

たれ先を帯と着物の間に入れる。お太鼓の膨らみを調節し、余分なたれを帯の中に入れ込む。帯の上端に沿ってお太鼓の山を整える。

19

左右の羽根ができるだけ外側に向けて開くように整え、仕上げる。しっかりと結んで締めた羽根は勢いがある。

帯を回転させる

20

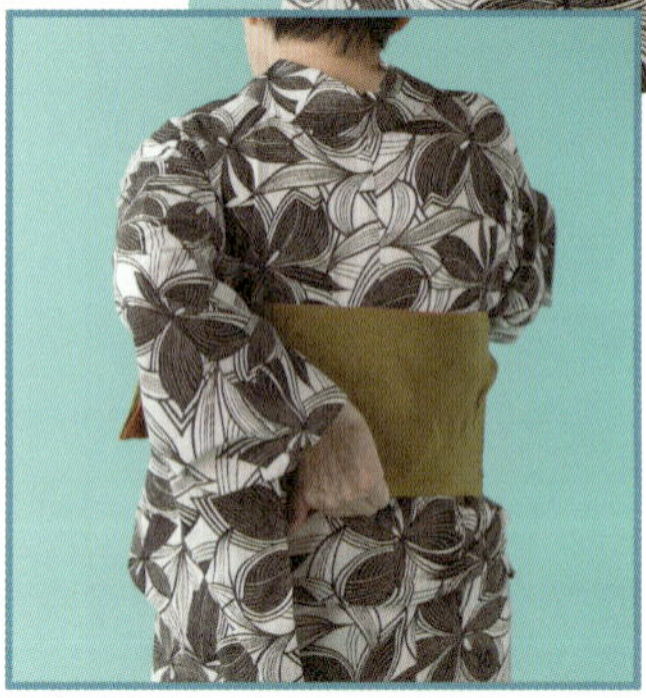

片方の手で帯の中央の上端を、もう一方の手で背中心あたりの帯の下端を持つ。同時に時計まわりに、静かに帯を回転させる。

21

左右の羽根を両手に持ち、外側に突き出すような形に整える。お太鼓も立体的、躍動的なフォルムに仕上げるとよい。

帯板を入れる

22

縦にした帯板を一巻き目と二巻き目の間に入れ、横に倒すようにしておさめる。胴に巻いた帯が引き締まり、表面に張りが出る。

半幅帯〈文庫結び〉の着付けの手順

てを取り、帯を二巻きする

1 帯幅を半分に折り、て先を持って伸ばし、肩のところでクリップを留めて、ての長さとする。角出し風結びと同様に帯を二巻きする。

帯を結ぶ

2 二巻きして締めたあと、ゆるまないように上端をクリップで留める。右手でたれを脇から中央に向けて斜めに折り上げる。

3 胴に巻いた帯の上で、たれを下、てを上にして重ねる。ては必ず身体側に起こすこと。下に向けると帯がゆるむ。

4 交差させたてを下からくぐらせて右上に引き抜きひと結びする。結び目近くのてとたれの元を持って強く締める。

5 左の手のひらで、結び目がゆるまないように押さえる。右上に出ているてを、身体の中央に戻して下ろしておく。

羽根をつくる

6 結び目の元から、左下にあるたれを右上へ持ち上げる。たれの端を右手で持ち、身体の幅くらいの位置で折り返し、羽根の大きさとする。

7 残りのたれを屏風畳みにして重ね、羽根をつくる。

8 羽根をまとめて持ち、左に開く。結び目あたりのしわをのばし、帯幅の中央で右手の指先を当てる。

左手に持った羽根を右の指先の上にかぶせ、中心で指先をつかむ。下から右の指先を突き上げて、折り山をつくる。

9でつくった折り山を中心に羽根の上下を折り、リボンの形をつくる。中心の山が高いと形のよい羽根に仕上がる。

羽根の中心を片方の手で持ち、もう一方の手で羽根の端を引いてしわをのばす。手を持ち替え、反対側の羽根のしわも整える。

決めワザ
1
▶P128

左手で羽根の中心を握り、左に開く。結び目近くのてを右手で持ち、ゆるんだ結び目をしっかりと締める。

羽根の中心を結び目の上に重ね、身体に平行に持つ。右手でてを持ち、大きな輪をつくるようにして羽根の上にかぶせる。

大きな輪を
つくらないと、
帯が通りません

て先を結び目の上から羽根の下にくぐらせ、**13**の輪に通す。このとき身体から羽根を離しておくと、てを輪の中にらくに通せる。

て先を輪から左上に出す。右手は羽根の中心をしっかり握っていること。

16

羽根の中心を右手に持ち替え、左手でて先を持って同時に引き、結び目を締める。

17

決めワザ
1
► P128

て先を左側の羽根の下に動かす。右手の指の間にてと羽根を挟み、結び目全体を握る。て先を前に向けて、さらに結び目を締める。

帯の上端に羽根の結び目が固定されます

てを帯の内側に入れ、結び目を固定

18

羽根を上に向ける。胴に巻いた帯の上端を少し広げ、て先を深く入れ込む。帯の下に出したて先を引き、羽根の結び目を締める。

羽根の形をつくる

19

決めワザ
2
► P128

羽根を一枚一枚開く。角度も自由に表情をつけて仕上げる。しっかり締めた帯は長時間たっても崩れない。

帯を半回転する

20

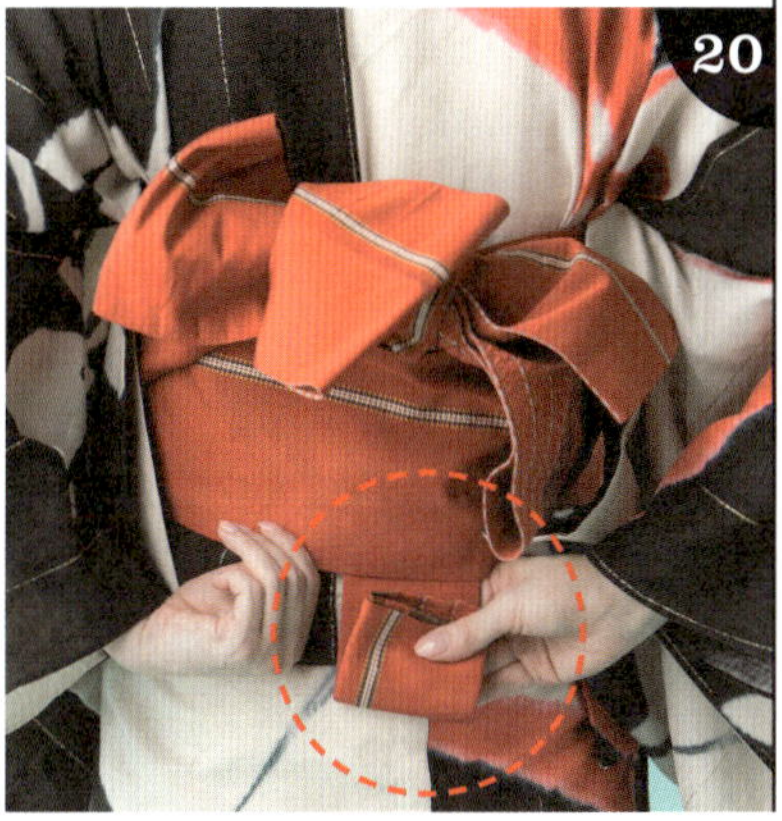

帯を時計まわりに回転させる。帯の下に出したて先は、折り畳んで帯の中に静かにおさめる。

完成!

第6章

笹島先生教えて!
着付のお悩み
Q&A

Q 手持ちのワンピース式肌着は使えますか？

ワンピース式肌着は、着るのが簡単で便利です。また現代では慣れ親しんだ洋服素材に似て、柔らかく心地よいのが特徴です。衣服と身体の間にゆとりがある洋装ならよいのですが、長襦袢と着物、帯を身体に密着させて着る和装の場合、肌着まわりに遊びがなくなり、伸縮が制限されてしまいます。歩くと裾が足の間に入り込み、止まるまで元に戻りません。歩きにくい状態となり、気持ち的にも疲れてしまい、美しく歩く妨げとなります。また上半身の動きが窮屈になって肩に負担がかかり、肩こりや首筋の疲れを招きやすくなります。これを解消するために、ワンピース式肌着の着付けでは、上半身にゆとりを持たせ、ゆったりとした着方をします。裾もはしょって短くするので歩きやすくなります。

A 裾を短くして、上半身をゆったり着付けます

着付けの手順

①付いているひもを持ちながら、伸ばした指をウエスト位置に添える。

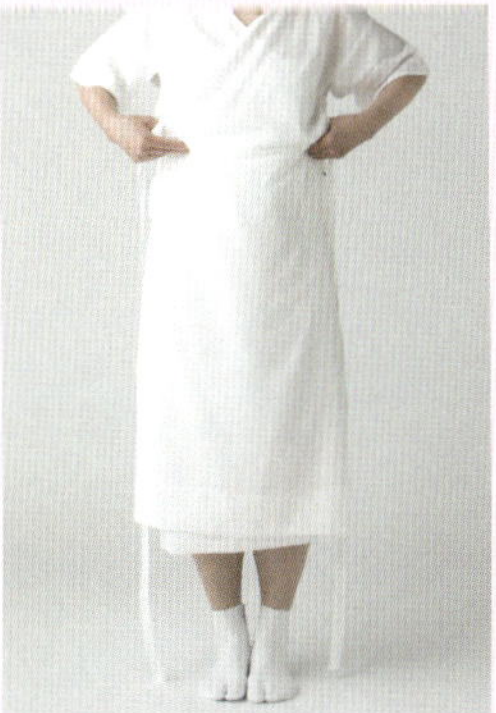

②手首を返し、身頃を持ち上げて胴まわりをはしょる。裾はふくらはぎの位置が目安。

③後ろでひもを交差させ、前で結ぶ。

Q 衿がきれいに決まらず、着ていると崩れてしまいます プラスチック芯はダメですか？

衿まわりの問題の多くは、長襦袢の着付けが原因です。

衿は肩や首、鎖骨などの凹凸部分、のど元で斜めに合わせます。次に弾力あるバストを通り、胸下の柔らかい位置で固定します。堅くて反発力の強いプラスチックの衿芯はそれに馴染まず、衿元が立ち上がり、開いてしまうのです。ただしプラスチック製にも多様な商品があります。柔らかく斜めの動きにも対応できるバイアス加工のタイプ（写真下）なら、身体に馴染みやすいでしょう。

衣紋が詰まるのは、長襦袢の空気抜き（＊P46参照）が十分でないか、胸ひもの結び方に問題があって、上半身が浮き上がるなどの原因が考えられます。着付けのときの姿勢にも気をつけましょう。

A 長襦袢の着方を見直します 身体の凹凸に馴染む衿芯を選びます

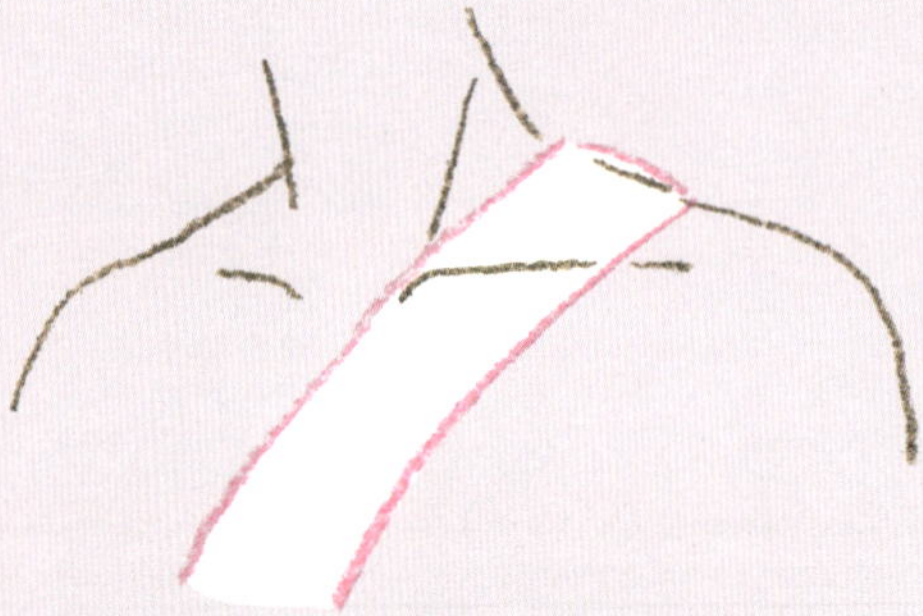

首まわりの凹凸には、補整具よりも衿芯選び

鎖骨など首まわりの凹凸に、堅い衿芯では馴染まず、不安定。胸パッドなど補整具を入れるよりも、凹凸に馴染む衿芯の素材を選ぶだけで衿元は落ち着く。

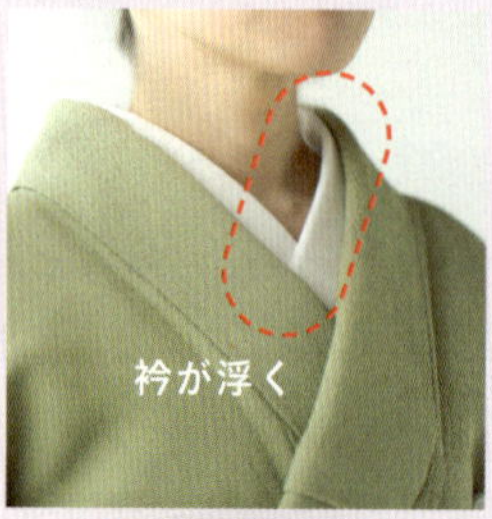

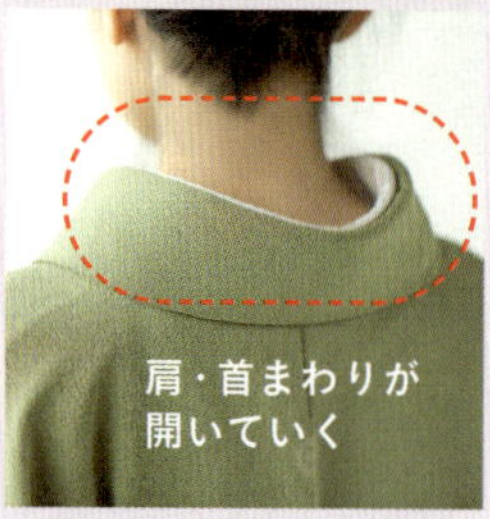

プラスチック芯で起きる問題

上／衿芯が身体から離れようとするため、衿元が浮いてくる。ひもで押さえるなど着付けで工夫しても解決できない。下／衣紋がカーブにおさまらず、左右に開いていく。

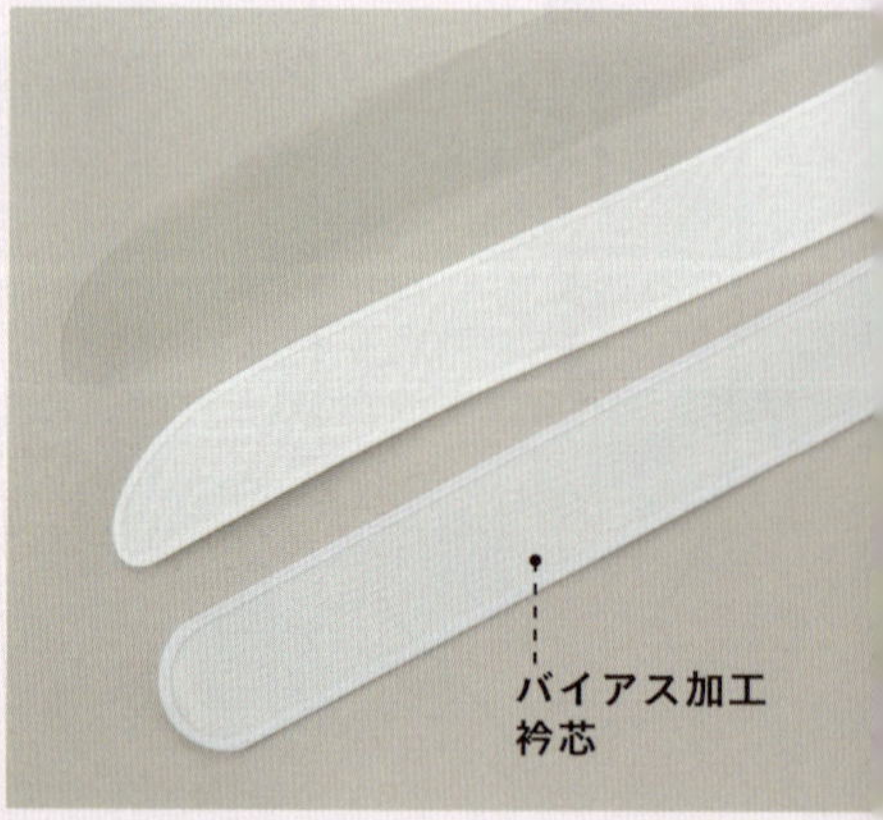

プラスチック芯は素材で選ぶ

単純なプラスチック板では、薄いものでも跳ね返る力が強く、身体の凹凸や斜めの動きに対応できない。おすすめは写真下の繊維が斜めに織り込まれたバイアス加工のタイプ。

紙は体温と汗で柔らかくなる

笹島先生おすすめの紙衿芯。A4レポート用紙を斜めに折ったもの。体温と汗で着ているうちに柔らかくなり、身体に馴染む。

Q 着物を着ると、老けて見えたり太って見えます

洋装では短所を隠そうとすると、かえって強調されることがあります。着物でも老けて見える・太って見えるといった悩みの原因に、骨格や身体に合った着付けではなく、どこか無理のある着方をしていることが多くあります。

笹島式では特別な補整なしに、一つの方法でどんな年齢や体型の人でも、たおやかで美しい着物姿になります。肌着の段階から布目を大事にし、骨格に沿うように着付けることが最大のポイント。おはしょりを持って着物を引き下げ、空気を抜くと、その人が本来持つ美しい身体のラインが現れ、胸や背中もスッキリ仕上がります。気持ちのいい着付けでその人らしさを表現でき、その着姿はどの角度からも美しく見えるものです。

A 身体に合わない無理な着方をしていませんか？ 布目を大事に、骨格に沿って着付けましょう

短所を強調しないほどよい衿合わせ

衿合わせを浅くしすぎると、肌が多く見え、老けた印象になりやすい。また詰めすぎると首が強調され、より短く太く見える。

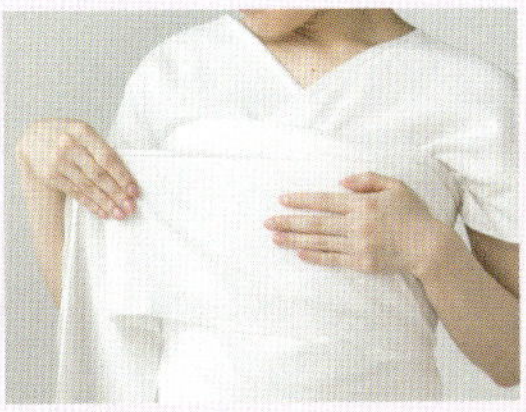

バストが豊かな人は補整のさらしを三重に

バストが豊かな人は、そのぶん胸元が大きく動く。胸元に巻く補整のさらしをもう一巻き加え、三重に巻くと動きを抑えられる。

太ももの外側の線に脇縫いをピタッと付ける

脇縫いは下半身に加わる力を逃がし、足の動きを滑らかにする。ふくよかな人ほど脇縫いが合うよう、身頃を自分に合った寸法に。

前幅は太ももが隠れるラインまで

太ももの外側のラインが隠れるように前幅を合わせ、布目をきちんと整えるとスッキリ見える。

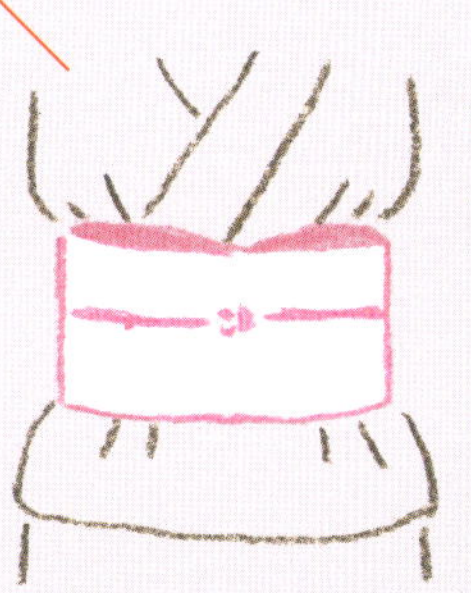

帯は締めすぎると太って見える

帯は着物の隙間をなくし、身体と一体化させる役割もある。内臓を圧迫するまで締めすぎると着物にしわができ、太って見える。

Q 二部式襦袢を上手に着る方法を教えてください

市販の二部式襦袢を上手に着るには、少し手間がかかります。下の部分は裾よけと同様に、裾の長さを足首あたりに決めて合わせ、ひもは脇近くの腰骨の位置で結びます。

上半身の襦袢部分は、まず背縫いの線があるかないかを確認します。ないときは着る前に後ろ幅を二つ折りにし、衿にクリップなど付けると目安になります。付いているひもの位置が下すぎたり、衣紋抜きが短い場合もあるので、身体に合わなかったら使用せず、別の胸ひもで着付けましょう。

背中心を決めて着たら、肩から下に向けて襦袢の生地を引き下げ、ぴんとさせてから衿合わせをします（＊P44参照）。胸ひもを当てたら前後の布目を引き下げ、肩からの空気を抜いて背中と胸をスッキリと始末します。

襦袢部分の裾が長いために、下前・上前の裾を腰から上に折り上げ、後ろは中央部分を折り上げます。着物のおはしょりと腰まわりがスッキリ仕上がります。

A 市販の二部式襦袢は、背縫いがないものや、胸ひも・衣紋抜きが使えない場合もあります

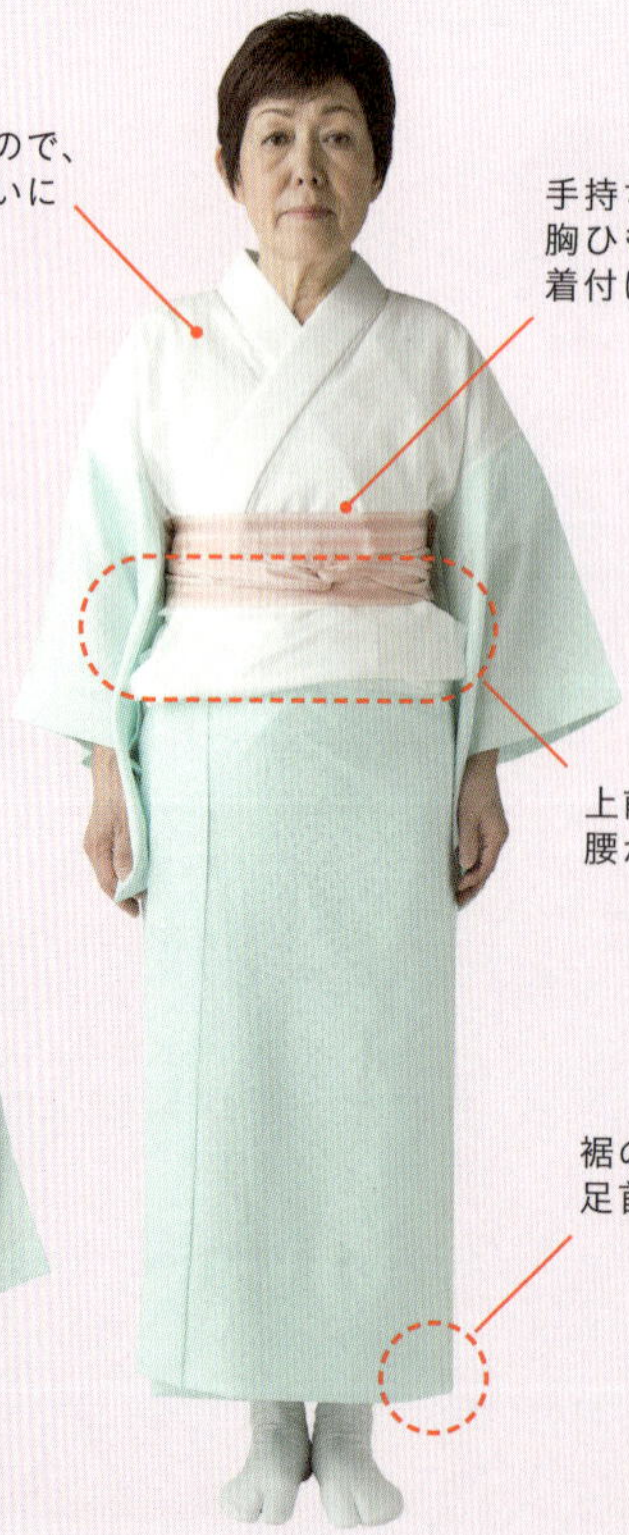
身頃は堅い木綿なので、空気抜きはていねいに
手持ちの胸ひもで着付ける
上前・下前の裾を腰から折り上げる
裾の長さは足首

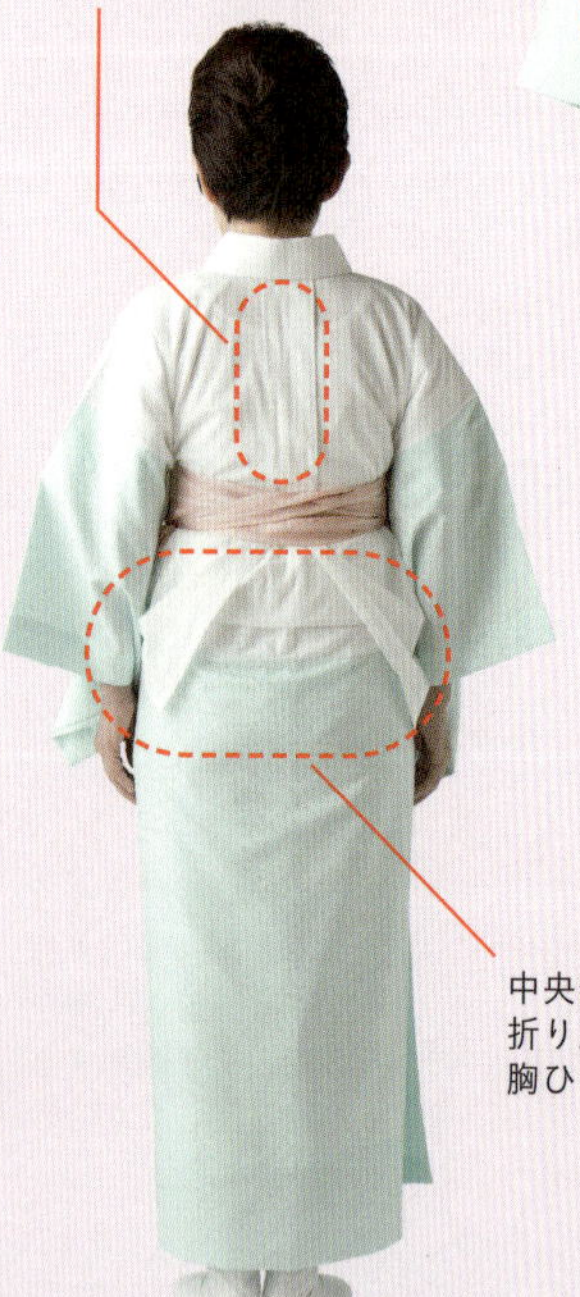
短い衣紋抜きは使用せず、胸ひも下におさめる
中央部分を折り上げ、胸ひもの下に挟む

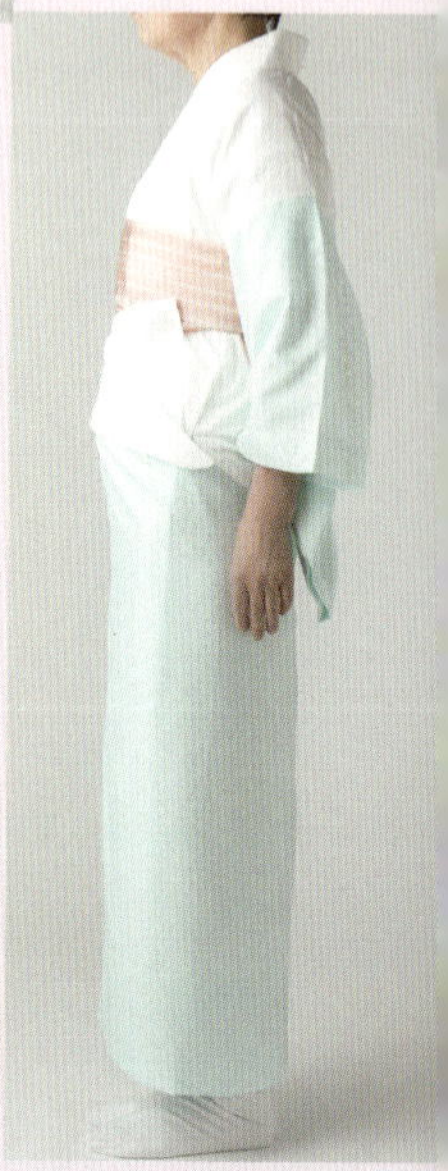

市販の二部式襦袢

身頃は木綿地、袖と裾部分は化繊。半衿付きの商品も多い。胸ひもが下すぎたり、衣紋抜きが短いものがある（写真左）。身頃の幅が狭く、衿がバストトップにかからないものは注意。広幅の生地でつくられ、背縫いがない場合もある。

長すぎる裾を上げる

襦袢部分の裾が長く、着物を着るとおはしょりがもたつき、後ろは裾のラインが出やすい。最後に裾を折り上げる。

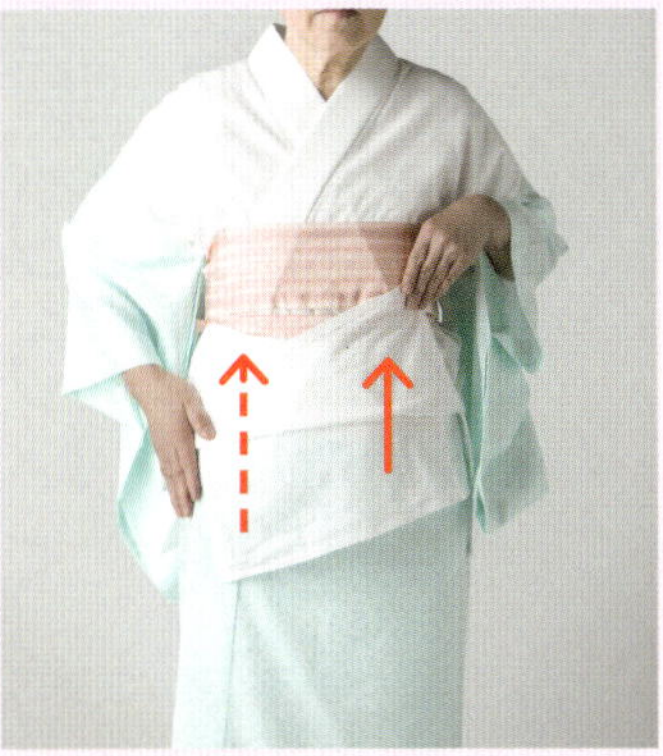

上前の裾を、着物のおはしょりの上になるように折り上げる。

下前の裾も同様に折り上げ、端を胸ひもの下におさめる。

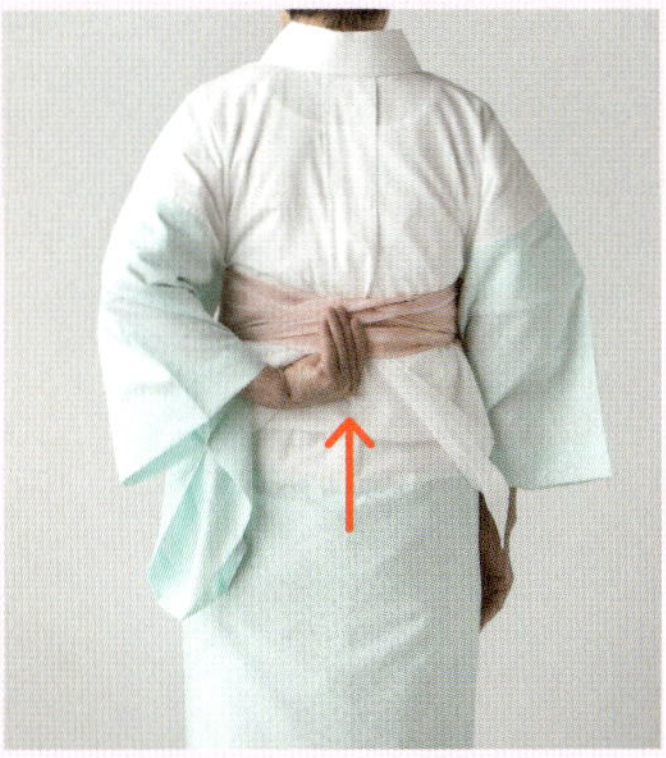

後ろの裾も中央部分を持ち上げ、端を胸ひもの下におさめる。

胸ひもを結ぶ

身体に沿いにくい木綿地なので、胸ひもを当てた後と結んだ後、それぞれ徹底的に空気抜きをする。

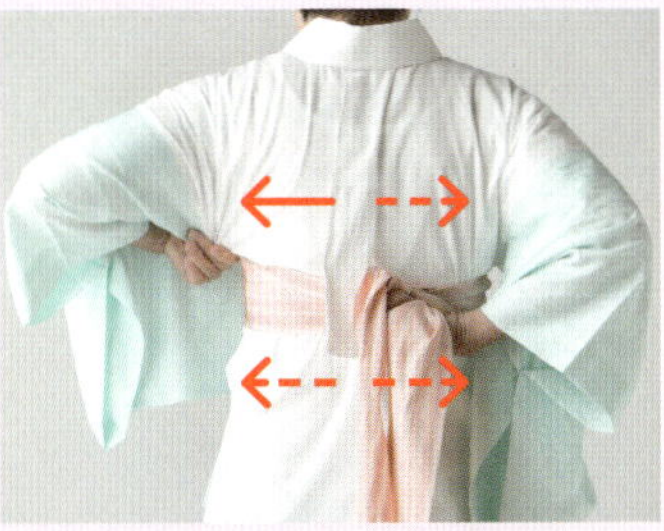

胸ひもを渡したら背中心で片手で握り、もう一方の手で左右上下のしわを取り、最後に中央を引き下げ、空気を抜く。

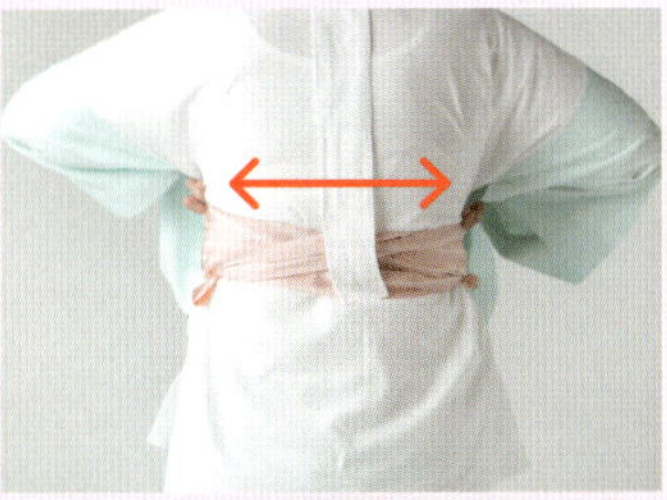

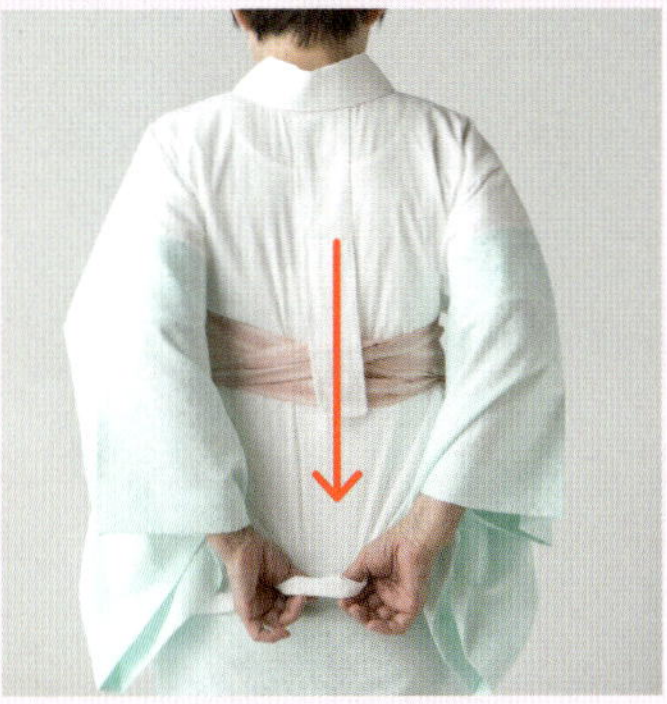

胸ひもを結んだら、指を沿わせて胸ひもの上下の身頃をそれぞれ脇に引き、しわを取る。さらに中央も引き下げる。

使用しなかった衣紋抜きの先端を、胸ひもの下におさめる。

衿合わせ

背中心を決めて着たら、襦袢の後ろを引き下げ、衣紋を抜く。衿合わせを決め、下前・上前の空気を抜く。

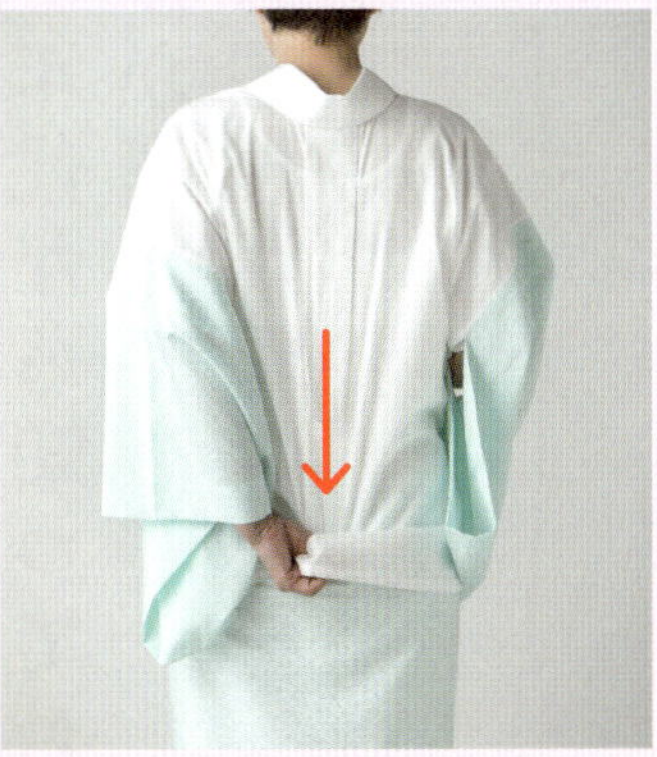

襦袢の後ろを持って引き下げ、生地をぴんと張る。

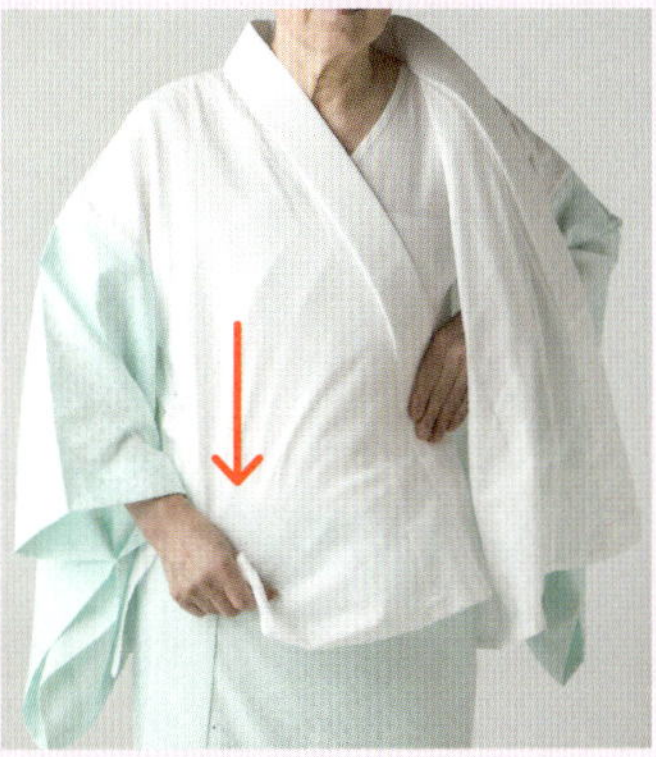

衿の角度を決め、下前の衿を胸下まで身体に沿わせてキープする。右手で裾を持ち、空気を抜く。

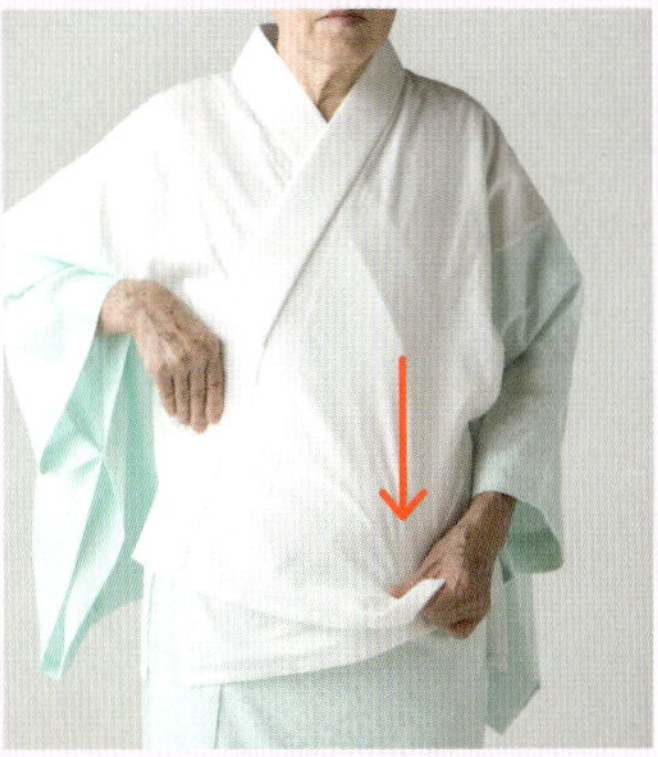

上前の衿合わせを決め、左手で対角線上の裾を持ち、空気を抜く。

Q 年齢を重ねると、着物が着られなくなるのでは、と不安です

A 着物や帯のつくりを早い年代から知っておくと、身体が衰えても、その知恵が着付けを助けてくれます

高齢社会の層が厚く広がる時代になり、私もそのただ中の一人です。個人差はありますが、一般的には古稀を迎えるまでは高齢という意識が薄いように思われます。しかし時が流れ続けていくなかで、大好きな着物を着られなくなったら……という不安を抱くのはよくわかります。その回答にかえて、「80代を迎えた私のきもの道報告」と致しましょう。

●

現在の私にとって、早い時期から着物に親しんできたことが何かと幸いしています。着付けの段取りや作業を知っていることが、加齢に対する不安の速度を緩やかにしています。むしろ謎解きのような楽しみさえあります。着物の組み合わせを想像し、装う身体の力や機能を保ち、その日の自己表現を着付けの中で確認しながらまとめ上げることで、自分の存在意識を持つことができます。

和装は、心身の機能が衰える速度を弱めます。高齢時代に自己責任を持ち、生きがいを持って楽しく生活するためにも、40代後半くらいから、確かな着付けの技術と感覚を養う習慣を身に付けることを、おすすめします。

若い年代に比べて、80代では指先の力が弱くなります。しかし帯結びの仕組みを知っていることによって、その知恵が工夫を生み、らくに着付けられるようになりました。「美調節」シリーズの道具は、その過程で生まれたものです（＊P58、77参照）。

いまの私はそのことが楽しく、加齢を忘れてしまいます。少々ゆるめな着方や帯の結びは、人柄の味わいが溢れる姿となって表現されることでしょう。

加齢で身長が縮み、着物の身丈が長くなったときに

おはしょり調節用「美調節紐」

前はすべりのよい羽二重のひも、後ろが細い3本のゴムになっている、笹島先生考案のおはしょり調節用ひも。加齢で身長が縮んでしまったときはもちろん、初心者にとっては譲られた着物やリサイクル着物の丈が長すぎるときにも便利です。おはしょりの長さを決めるとき、後ろがゴムなので、胴まわりにボリュームがあっても着物に引っかからず、らくに上げることができます。(きもの処 梅田屋)

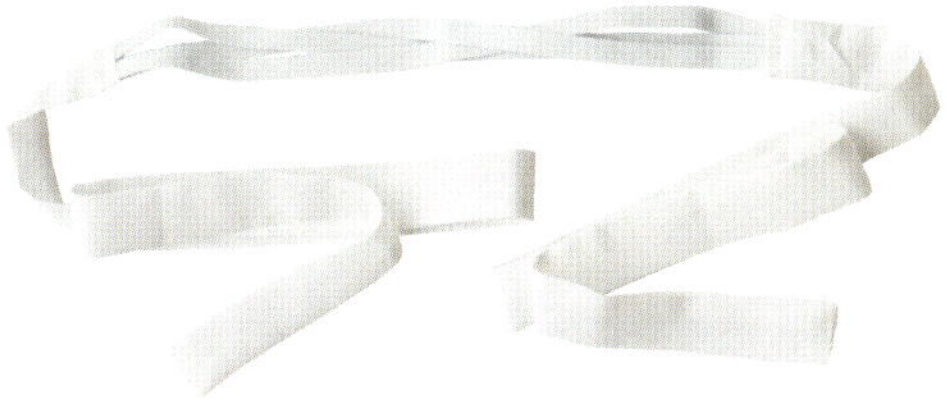

「美調節紐」の使い方

①腰ひもを結んだ後、その上に美調節紐を結ぶ。

②おはしょりがきれいに出る、ほどよい位置まで美調節紐を上げる。

③後ろのゴムも前と同じくらい上げる。

④ふだんの着付けと同じように、おはしょりを整える。

⑤おはしょりの下線をしっかり引いて、空気を抜く。

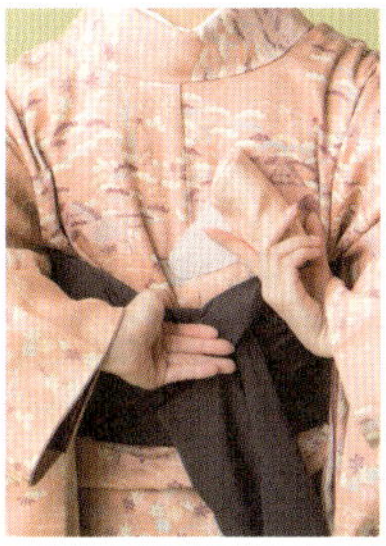

帯枕受け「美調節枕」

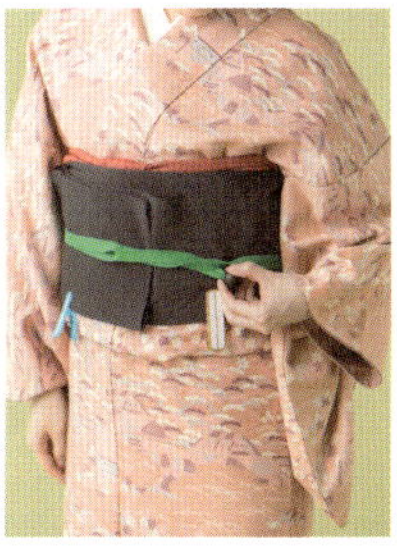

ゴム製仮ひも「美調節ゴム」

名古屋帯の着付け | P77

STAFF

カバー・本文デザイン　若井夏澄（tri）
撮影　岡田ナツ子（スタジオ mug）
イラスト　野村彩子
ヘア・メイク　瑳峨直美
モデル　馬上 梓、吉村紀子
校正　株式会社円水社
編集　藁科裕里
富岡啓子（世界文化社）

提供協力会社

茶房 野の花
東京都中央区銀座3-7-21
野の花 司2F
☎03(5250)9025

きもの処 梅田屋
東京都北区豊島7-1-11
☎03(3919)7473

新宿津田家
東京都新宿区新宿3-38-1
ルミネエスト4F
☎03(3352)3489

笹島式
初めてでもピタッと決まる！
らくワザ着付け術

発行日　2018年10月30日　初版第1刷発行
2024年 6 月15日　第2刷発行

監修　笹島寿美

発行者　岸 達朗
発行　株式会社世界文化社
〒102-8187
東京都千代田区九段北4-2-29
☎03(3262)5124（編集部）
☎03(3262)5115（販売部）
印刷・製本　株式会社リーブルテック
DTP製作　株式会社明昌堂

ISBN 978-4-418-18420-0